숭배 애도 적대

자살과 한국의 죽음정치에 대한 7편의 하드보일드 에세이

초판 1쇄 인쇄 2021년 12월 10일
초판 1쇄 발행 2021년 12월 20일

지은이   천정환
펴낸이   이영선
책임편집   김선정

편집   이일규 김선정 김문정 김종훈 이민재 김영아 김연수 이현정 차소영
디자인   김회량 이보아
독자본부   김일신 정혜영 김민수 박정래 손미경 김동욱

펴낸곳 서해문집 | 출판등록 1989년 3월 16일(제406-2005-000047호)
주소 경기도 파주시 광인사길 217(파주출판도시)
전화 (031)955-7470 | 팩스 (031)955-7469
홈페이지 www.booksea.co.kr | 이메일 shmj21@hanmail.net

ⓒ천정환, 2021
ISBN 979-11-92085-06-7 03300

자살과 한국의 죽음정치에 대한
7편의 하드보일드 에세이

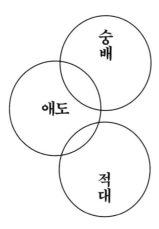

숭배

애도

적대

천정환 지음

서해문집

머리말

 《자살론 — 고통과 해석 사이에서》(2013)를 출간하기 이전부터 '자살'이라고 하는 형태의 여러 죽음과 한국 정치의 관계에 관한 이 책을 구상하고 계획했다. 노무현 전 대통령의 죽음에 대한 초고를 끼적여놓은 지는 벌써 10년이 다 돼가고, 1991년 봄 이른바 '분신 정국'에서 산화한 전남대학교 학생 박승희나 '노동열사'들에 대한 글을 발표한 지도 벌써 7-8년이 지났다. 그러나 이만큼 시간이 흐르고서야 책을 낸다.

 그 사이에 여러 가지 일들이 있었다. 저자 자신이 좀 더 나이가 들었고, 또 예상하지 못했던 여러 가슴 아픈 자살 사건을 직간접적으로 경험하게 됐다. 8년 전 처음 자살에 관한 책을 내던 그때보다는 약해진 것 같다. 스스로 목숨을 끊어 세상을 버린 이들의 이름과 사연을 대하는 일이 힘들었다는 것이, 책이

늦어진 가장 큰 이유의 하나겠다. 안 그래도 답답한 세상에서, 이리 어둡고 우울하고 비통한 일들을 이야기하고, 그렇게 사라진 사람들을 떠올리며 글로 쓰는 게 뭐 좋다고, 중도에 쓰기를 중단해버리고 싶은 생각이 자주 들었다.

그 사이에 한국 사회도 그랬다. 감당하기 어려운, 너무나 아픈, 때로는 무책임한, 자살이 여전히 끊이지 않았다. 많은 죽음들은, 포털 사이트의 '연예뉴스 댓글 폐지'처럼 (꼭 필요하지만) 너무 늦은 사후약방문 같은 조치를 불러오기도 했다. 자살예방법이나 정부의 자살예방정책도 이전과 비교할 수 없게 나아진 면이 있다. 그럼에도 여전히 한국 사회는 별로 좋아지지 않았다. 소외와 고독도, 경쟁과 잔인함도 더 심해진 듯하다. 여전히 세계 1등인 자살률이 그 증거다. 무자비한 진영논리가 '정치'의 요체이며, 엄청나게 커지고 복잡해진 불평등의 구조 때문에 혐오가 횡행하는 현실이 바뀌지 않았다.

자살이 이 사회의 비참 또는 관계의 한계를 증거한다는 점을 당연히, 여전히 생각한다. 그래서 이런 책을 낸다. 죽음이 아니라면 산 자들은 삶을 근본적으로 성찰해낼 방법이 별로 없는데, 죽음이 만연해 있어 무감해져가는 듯하다.

종교나 문화뿐 아니라 정치 역시 죽음을 매개물로 한다. 또는 정치란, 공동체 안에서 발생하는 죽음을 처리하고 죽음과 싸우고 다스리는 일에 다름 아니라고도 말할 수 있겠다. 죽음은 정치에 스며 있다. 세상을 떠난 사람의 유훈이나 이름을 빌린 'OOO 정신 계승' 같은 말들은 물론이거니와, 언제나 정치는 죽음에 개입하고 사람들의 애도와 죄책감을 사용한다. 권력정치(power politics)는 윤리적인 척하지만 성찰성과 도덕적 제약이 없다. 그것을 정당화하는 말들도 참 많다.

문제는 한반도에서 사는 이들이 감당해온 반권력정치, 대항정치(또는 대항운동)도 '죽음을 정치화'했고, 또 그렇게 할 수밖에 없는 정황이 있었다는 것이다. 물론 그 죽음의 정치학은 마치 국가폭력과 대항폭력 사이가 그렇듯, 극히 비대칭적인 것이긴 했다. 이 아포리아에 대해서도 말하고 싶다.

특히 정치인의 자살은 논란과 또 다른 정치적 상처를 남긴다. 어떤 자살의 정황과 귀책을 두고 지금도 남은 사람들은 깊은 분노와 의심의 마음에 휘둘리고 있다. 송사도 마다하지 않고 있다. '한점 의혹 없이' 자살의 원인을 밝히고 억울하거나 답답한 마음을 풀겠다는 심정은 자살을 대하는 남은 사람들의 당연한 마음이다. 풀리지 않는 슬픈 마음이나 충격 또는 고통은 자살 '원인'에 투사되기 마련이다. 그러나 이 책을 통해 여러 번 말하겠지만, 자살의 원인이나 이유라는 것을 한두 가지로 환원하여 언어화하려는 것 자체가 무리다. 그것은 자살을 대하는 모든 남은 사람들의 반응 중 하나이지만(역으로 그런 반응 자체로 어떤 자살의 의미를 보여준다) 궁극적으로는 불가능한 일이다. 우리는 다만 알려진 정황과 유서에 쓰인 언어에 대해 논하고 분석하는 정도의 방법을 통해, 떠난 사람의 심정과 정황을 객관화하고 맥락화할 수 있을 뿐이다.

비통하고 때 이른 죽음을 야기한 것은 이 나라의 정치며 '사회'이고, 다시 한국 사람들은 그런 죽음들이 초래한 어둡고 비통한 '마음'을 또 에너지로 삼아 전후좌우로 비틀대며 나아간다. 그것은 요새 학자들이 자주 '정동(情動, affect)'이라고 말하는 집합적 '감정'의 에너지다. 이 책은 그 정치적 정동의 발생과 효과를 분석하고자 한 것이다. 책의 마지막 장에서는 자살예방정책을 중심으로 오늘날 한국의 자살 현상에 대해 다뤘다. 사람을 자살하게 만드는 어두운 힘은 바로 우리가 사는 학교·가족·이

웃이 근거하는 세계에 있다. 그 힘들을 조절하고 제어할 수 있는 힘 또한 정치다.

독자들께서는 허탄하게 이 책의 모든 글들을 긴 애도문으로 간주하고 읽어주셨으면 좋겠다. 특히 험한 세상에서 고통만 겪다가 떠나거나, 삶이라는 것을 제대로 누리지도 못하고 이른 나이에 스러진 영혼들을 위한.

진작부터 이 책에 실린 글을 읽고 조언하고 격려해준 여러 친구와 동료들께 새삼 깊은 감사를 드린다.

2021년 12월
천정환

2 애도의 정치, 증오의 정치

3 잔혹한 사회, 취약한 인간

서설   끝나지 않은   5월, 1991년

어둠이 빛을 이긴다

2014년 2월 13일 오후 2시, 나는 서울 서초동 고등
법원 형사10부 505호 재판정에 있었다. 이른바 '강기훈 씨 유서
대필 사건'의 재심 판결을 보기 위해서였다.

법정은 좁아 터졌다. 재판부가 이 정치적인 사건에 대한
세간의 큰 관심을 미처 짐작하지 못했는지, 아니면 너무나 잘
알아서 일부러 작은 방을 배당했는지, 나는 좁은 법정의 방청석
뒤편에 서서 사람들에게 꽉 끼여 옴짝달싹 못하고 땀을 흘렸다.
사람들은 눈을 감고 법관의 선고를 들었다. 대한민국 고등법원
의 판사가 '무죄'를 판결하는 긴 문장을 다 읽고 재판 종료를 선
언했을 때 박수가 나왔다. 그러나 그리 힘 있는 것은 아니었다.

강기훈 씨는 1991년 4월 명지대학교 학생 강경대가 경찰에 타살된 이래 조성된, 이른바 5월의 '분신 정국'에서 전국민족민주운동연합(전민련) 동료였던 고 김기설 씨의 유서를 대신 써주고 자살을 부추겼다는 자살방조 혐의로 구속 기소되어 3년간 옥살이를 했다. 이 사건은 당시 5월 투쟁의 분위기를 완전히 바꾸었다. 그리고 강기훈 씨의 옥살이 기간은 3년이었지만 그는 23년간 마음의 감옥에 있었다. 아직 완전히 석방되지도 못했다.

그는 그 세월 동안 '파렴치범처럼' 살았다 했다. 친구를 자살하게 만들었다는 것, 죽음을 이용해 정치적 목적을 이루려 했다는 것. "빨갱이"는 물론 "분신의 배후, 아버지도 청부살인할 수 있는" 등과 같은, 인륜과 관련된 상상할 수 있는 모든 욕설을 들었다 했다. 강기훈 씨의 아이들이 커가면서 어디에선가 사건에 대해 듣고 어느 날 물었다 한다. "아빠! 정말 아빠가 그랬어?"[1]

2014년 그는 간경화와 2기 간암을 앓고 있었다. 그는 간 나쁜 사람 특유의 탁한 낯빛과 무기력해 보이는 자세와 조그마한 음성을 지니고 있었다. 기자회견에서 자신의 발언 차례를 기다릴 때도 그는 무표정하게, 의자에 힘겹게 걸터앉아 있었다.

감히 '우리'도 그 마음의 감옥에 함께 있었다고 해도 될까?

1991년 그해 봄, '거리의 학생' 중 하나였던 나는 오랫동안 사건을 정면으로 쳐다보지 못했다. 비겁과 두려움 때문이겠다.

1991년 5월 거기, 서울과 광주 그리고 안동에나 안양에나 너무 많은 젊은 죽음과 도덕적 궁지와 상처가 가득했기 때문이겠다. 그 검은 것들은 언제나 내 눈을 쏘았다. 정작 이 사건을 조작한 것은 그놈들이었고 그 조작의 대가를 누린 것도 그놈들이었음에도, 죽은 사람들뿐 아니라 강기훈 씨처럼 산 사람들도 희생양이 되었음에도, 어둠이 빛을 이길 수 없다 했음에도, 왠지 똑바로 쳐다보지 못했다. 말하지도 못했다. 오히려 김지하, 박홍, 또 그저 그런 인간들이 빛을 죽음으로, 생명을 죽임으로 뒤바꿔 우리 눈에 검정을 쏘았다.[2] '입속에 검은 잎'을 처박았다.[3]

'어둠의 심연'이라 해야 할까? 세월이 한참 지나고도 아둔한 나는 그 정체가 무엇인지 잘 몰랐다. 그랬기에 강기훈을 단죄했던 법원이라는 곳에 가서 그가 진실의 이름으로 '결국' 승리하는 것을 보고 싶었다.

그날 법정에서 30대가량의 아주 젊고 총명해 보이는 두 배석판사는 희미한 미소를 지으며 법정에 꽉 찬 사람들을 내려다보았다. 그 미소의 의미는 전혀 짐작할 수 없었지만, 나는 그들에게 왠지 말을 건네고 싶었다. 그 판결의 정치적 의미를 잘 알고 있을 사법부의 공복(公僕) 또는 사법 권력자들에게, 말하자면 "안녕들하십니까"[4] 같은 인사 한마디를 하고 싶었다.

그러나 이후 검찰이 강기훈 씨 재심 사건을 다시 대법원에 상고함으로써 이 고등법원 판사들의 노력은 일단 수포가 되고, 대법원 판사와 재판부 공무원들은 또 몇 달간 이 해묵은 사건에 매달려 아까운 시간과 국세를 낭비해야 했다(2015년 5월 14일에서야 대법원은 이 상고를 기각하여 강기훈 씨의 혐의를 최종적으로 벗겨주었다). 오직 정치검찰 조직과 공안검사 출신 권력자 몇 사람의 위신을 위해서였을지 모른다. 1991년 당시 법무부 장관이었던 김기춘, 그리고 전 대법관 강신욱, 검사 옷을 벗고 난 뒤 동덕여대 이사장을 지낸 신상규, 박근혜 청와대의 민정수석을 지낸 뒤 국회의원이 된 곽상도(최근 아들의 '화천대유 50억 퇴직금' 사건으로 자진 사퇴) 등이 관련자라면 그 '정치적인 이유'가 충분하지 않았을까. 그러니까 그날 재심 승소 후 강기훈 씨의 어두운 낯빛과 음성은, 여전히 그 싸움이 끝나지 않았으며 검찰이 결코 반성하지 않으리라는 것을 알았기 때문인 것 같다. 어둠이 빛을 이긴다.

패배의 기억, 어둠의 심연

그나마 '어둠의 심연'을 들여다볼 생각을 품게 된 것은 세월이 20년도 더 흘렀기 때문이겠다. 2011년 5월 11일 저녁, 나는 서울 중구 프란치스코회관 옆의 식당에서 대학 동기 K와 함께 급히 '소맥'을 입에 털어 넣고 있었다. 민족민주열사·희생자 추모(기념)단체 연대회의(추모연대) 등이 주최한 〈91년 5

월 대투쟁의 역사성과 현재성〉이라는 학술행사에 참석하고 난 뒤였다. 그날 어두운 가슴 속에 묻어두었던 많은 말들이 햇빛 아래 드러나는 모습을 보았기 때문이다.

자식을 시간의 제단에 묻은 전국민족민주유가족협의회 (유가협)와 추모연대의 어머니·아버지들이 청중석에 앉으셨다. 그 심포지엄은 일종의 기제사(忌祭祀)나 작은 집회 같았다. '(강) 경대 아버지'가 격려 발언을 하시기를, 1991년에 자기 아들이 죽은 일로 남의 자식들이 그렇게 여럿 죽어 참으로 미안했다고 하셨다. 그러고는 이명박을 임기 종료 전에 끌어내려야 한다고 도 하셨다. 발표자들도 이명박 정권 극복/타도의 방안에 대해 말했다.

1991년 그해 4월부터 6월 사이 약 2300회의 집회가 열리고 수백만의 사람들이 거리로 나왔다. 예컨대 5월 9일에 열린 '민자당 해체와 공안통치 종식을 위한 범국민결의대회'는 전국 적으로 42개 시·군에서 30여 만 명이 참여한, 6공화국 이후 최대 규모의 시위였다. 전국노동조합협의회(전노협) 소속 458개 노조 22만 명이 집회에 참여했다. 5월 15일, 16일, 17일에도 연일 학생운동을 중심으로 전국적인 집회와 가두시위가 전개되었고, 5월 18일의 5·18국민대회와 강경대 장례식에는 전국 81개 시·군의 40여 만 명의 학생·노동자·농민·재야·정당 등에서 거리로 나왔다.[5]

노태우 정권을 물러나게 하려던 시위는 거의 두 달 동안 전국 각지에서 이어졌으나, 이 '5월 투쟁'의 기억은 집단적 트라우마가 되고 말았다. 그러니까 2011년 5월에 열린 몇몇 20주년 행사는 집단적인 치유 의식의 하나이기도 한 것이었다. '1980년대는 1980년 5월에 시작되어 1991년 5월에 끝났다'가 우리의 상식이자 우리 세대의 '기억'이기도 하다. 그러나 발표 중에는 '1991년 5월은 1987년(87년체제)과 1997년(97년체제) 사이에 있었다'라는 주장도 있었다. 그러면 다시, 1987년에서 1991년까지의 역사란 무엇이었나? 그것은 어떻게 '현재'와 연관되어 있나? '1991년 5월은 단지 1987년 이후의 보수적 민주화에 대한 반발이 아니라, 한국식 부르주아 민주주의를 넘어서기 위한 마지막 급진적 이행의 기도였다, 그러나 이후 정치는 의회정치 속에, 노동운동은 기업별 대공장 노동 속에 갇혔다, 그래서 박창수 씨의 죽음이 중요하다'라는, 노동사회학자 권영숙의 정리에 더 공감이 갔다.[6]

거대한 패배는 역사의 거시적인 변화와 주체의 한계(또는 오류), 대중의 이반 같은 것들과 함께 온다. 또는 그렇게 반추된다. 그러나 실제로 현실에서 그 모든 것은, 패배는, 매우 느닷없이 닥쳐온 것 같았다. 그것이 남긴 의미를 되살려 패배 속에서도 무언가를 발견하려 누군가들은 애썼지만 설득력이 없었다. 그것은 확실한, 재앙 같은, 돌이킬 수 없는 패배였다.

젊은 삶/죽음

맹물 같던 소주를 마시며 그날 내가 K에게 던진 질문은 이런 거였다. 그 당시의 20대 운동가들은, 연발하고 빈발하는 죽음(들)의 의미에 대해서, 또는 그 '열사'들의 삶에 대해서, 단 한 번도 토론을 하거나 진지하게 성찰해보지 않았던 것 아닌가? 우리는 진정 죽음이나 타자에 대해 무감각했거나 무지했던 건 아닌가?

마음이 급해 내가 자답했다. 몇 가지 사정이 있다, 무엇보다 20대는 '삶/죽음'을 피상적으로만 느낄 뿐 사유하지는 못하는 것 아닐까, 그것은 그들의 삶을 이루는 젊은 몸뚱이와 마음속 불길 때문이다, 그 사정은 스스로 죽은 그 사람들에게도 마찬가지일 것이다, 그들은 자신의 '삶/죽음'의 의미를 늙은이의 방법으로 찬찬히 숙고해보지 않은 채 죽었을 것이다, 이를테면 그들의 타나토스(죽음-본능)는 너무 뜨거운 에로스(삶-본능)가 순간 전화(轉化)한 것이다…. 그러자 K가 천천히 말했다. 그래… 사실 우리는 죽음과 엉겨 있었다, 1980년 광주의 영들에게, 그리고 조성만부터 강경대까지 빈발하던 너무 젊은 죽음들에 붙잡혀 있었다고.

'삶/죽음'은 하나였다. 그것이 무서우면서도 한 몸이 되어 있었다. 20대였기 때문에 그런 상태를 견뎠을 것이다. 우리가

'죽음'이었기에? 아니, 그 시대에도 젊은 사람들은 늘 사랑하고 늘 웃지 않았나? 그러니까 젊은이는 삶/죽음이다. 그러나 그 견딤은 유리창처럼 한없이 투명한 것이다. '못 견딤'이다. (원래 '어른'이라는 존재는 속물의 삶 자체로서, 자기보존의 훈련된 닳은 역능으로써 죽음을 삶에서 격리해내며 견디어 나가는 것 아니겠는가. 물론 그러다 어느 날 죽음의 역습을 받기도 한다.)

"김지하와 박홍 같은 늙은 개새끼들의 프레임은 차치하더라도, 1991년 5월의 정념은 '죽음'이었다…." K는 김지하나 박홍이 옳은 것은 아니었지만 자신 또한 다른 맥락에서 '이건 아니다'라고 생각했으나, 그것이 무엇인지 말할 수 있는 언어나 인식을 갖지 못했었다고, 사실 연일 들려오는 죽음의 소식에 겁이 나서 학교에 가는 것이 두려웠다고 했다. 그해 5월 총학생회에서 일했던 K는 나와 20년 지기였지만 이런 말을 서로 나누는 것은 처음이었다.

그러다 5월 하순 김귀정이 죽었고, 문득 처참한 패배가 왔다. 그녀의 죽음은 패배의 어떤 상징 같았다. 장례식 날 성균관대학교 교문 앞에서 비를 맞으며, 성균관에 시신이 들어올 수 없다며 장례 행렬을 막아선 '어른'들 앞에 무릎 꿇고 앉아 뜨거운 눈물을 흘리던, 검은 치마 흰 블라우스 상복을 입은 김귀정의 친구들을 평생 잊을 수 없을 듯하다.[7]

패배의 효과, 아포리아

패배는 입을 다물게 한다. 이 패배의 경험은 하도 처절해서, 1996년에도 2002년에도 2004년에도 2008년에도, 웬만한 승리에도 잘 치유되지 않았다. 패배해본 사람들은 마음속 깊은 곳에서부터 자꾸 눈빛이 흔들린다. 그들은 자꾸 회의주의자가 되려 한다. 웬만한 승리에도 믿음이 없다. 말하자면 패배는, 필요한 애도를 제대로 수행하지 못하게 만들었고, 운동 참여자를 '멜랑콜리적 주체'[8]로 만들었다. 1990-1992년의 전환기가 왔을 때 뿔뿔이 흩어져 무책임하게 운동을 정리하게 한 배경이 되었을 것이다.

그해 5월 골방과, 거리와, 그 사이의 빛과 어둠의 격절을 감당하기 힘들었다. 골방에서는 뛰고 싶었고 거리에서는 눕고 싶었다. 그래서 젊어 죽은 사람들의 이름과 삶/죽음 사이의 빗금에 대해 생각하게 된다. 젊어 죽는 혁명가, 전사, 순교자, 그리고 자살한 자들의 삶들. '느닷없는' 삶/죽음. 억울하지도 않은 삶들. 죽어 완성된 미완성의 숭고한 삶들. 이를테면 5월의 삶들. 윤상원, 박관현, 강경대, 김귀정, 박승희, 그리고 더 많은 셀 수 없는 삶/죽음들. 전태일, 이상, 로자 룩셈부르크, 체 게바라, 김수영, 채광석, 전혜린, 버지니아 울프, 이름 없는 빨치산, 이름 없는 시민군….

그날의 20주년 행사와 대화 이후 나는 '열사'들의 죽음에 대해 돌아보기 시작했다. 제대로 돌아보지도 애도하지도 못했던 분노와 슬픔, 죄의식과 연루, 우리를 덮었던 검정 때문에 말하지 못했던 상처를 비로소 보기 시작한 것이다.

열사 그리고 애도

'열사'는 대항정치가 행한 '죽음의 정치'의 대표 기표 중 하나였다. '민족민주열사·희생자 추모(기념)단체 연대회의'의 집계에 따르면, "4·19혁명과 5·18민주화운동 당시 집단적으로 살해된 이들을 제외하고 1950년대 이후 운명한 열사·희생자의 수는 모두 500여 명에 가깝다"고 한다. 그리고 "죽음의 형태는 분신, 할복, 투신, 음독, 고문, 사고, 폭행, 총상, 익사, 병, 교수형 등으로 각기 다양하"다.[9] 따라서 광주와 4·19의 희생자, 그외 잘 알려져 있지 않은 사람들의 죽음까지 따지면 수천 명의 사람들이 직접적으로 1960년대 이후의 민주화운동과 관련되어 죽었다고 추계해볼 수 있다.[10]

한국의 '열사의 정치학'은 '전태일'의 표상을 기점으로 하고, 5·18광주라는 결정적인 역사적 계기와 1980년대 대학생들의 희생에 의해 확대되고 사회화된 것이다. 박종철·이한열의 죽음과 6월항쟁을 다룬 영화 〈1987〉, 그리고 2017년 문재인 정부의 출범에서 보듯, 1980년대 이래 열사의 정치학은 한국 민주화운동과 이를 경험한 세대 전반이 공유하는 중대한 이념적·정서적 자원이 되었다.[11] 그랬기에 민주화의 과정에서 열사의 정치학은 민주화운동 피해자·희생자에 대한 국가(이른바 '민주정부')의 보상과 기념사업 및 과거사 정리 사업 등에 의한 제도화·기념물화를 가능하게 했다.

　　그러나 이제 정치권 586세대 주류의 정신적·정치적 타락과 함께 '민주화'라는 테제가 과거의 유물이 되어가듯, 열사의 정치학도 현재적인 윤리적·정치적 자원이 아니다. 그것은 지난 40년의 세월 동안 점점 '양식화'되고 '화석화'되어 왔다.[12] 어쩌면 그러하기에, 제대로 애도되지도 성찰되지도 못한 채 열사의 정치학이 엘리트 정치의 정치적 자원이 되었다가 다시 박제가 되어간 과정, 그리고 '젊은' 죽음 그 자체의 맥락에 대한 문화정치학적·역사적 고찰이 더 필요하다. 생(명)의 모든 것에는 적절한 때가 있고, 삶은 생장로병사의 자연스러운 과정이다. 즉 태어나고 자라 생을 꽃 피우며 성숙하고, 그러다 차차 나이 들고 적당히 늙어 적당한 때에[13] 죽어야 한다. 이는 우주적 진리다. 그러나 자살한다든지 요절하여 '열사' 같은 (비)존재가 된다는 것은 기본적으로 저 생의 진리를 거스르는, 인간의 비루함과 취약함, 한 사회의 모순과 한계, 체제의 폭력과 잔인성과 비윤리 등과 관계있는 것이다. 이에 대해 말하고 성찰하고 싶다. 저 숭고한 젊은 죽음들이 1990년대 이후 한국 사회에 불러일으킨 (역)효과까지 포함해서 말이다.

젊어 죽은 자들의 삶/죽음 자체를 재구성하고 그 비극을 살펴보는 것은 윤리적이고 실존적인 작업이다. 그것은 어쩌면 그렇게 젊어 죽은 자 자신도 알지 못하던 삶의 비의(悲意), 우리의 삶과 죽음 전체 또는 삶과 죽음의 변증법에 대한 것이다. 또한 '전체로서의 삶'에 배어 있는 영성과 초월성을 생각해야 하는 인간적 의무에 관계된 것이다. 익히 알려져 '열사'라 불리는 이들뿐 아니라 때로 심지어 '기타 열사들'이라고 불린 그런 범칭(凡稱) 속에 개별의 삶/죽음을 가두지 않기 위한 것이다. 이른바 '명문대생'이 아니어서, 또는 언론의 관심을 받지 못해서 아예 이름이 불리지도 못한 죽음들에 대해 말하고 쓴다는 것은 일종의 초혼(招魂)이며 애도다.[14]

끝나지 않은 5월

강기훈 씨 유서대필 조작 사건은 '죽음'을 이용해 정치적 이해관계를 취한 가장 대표적인 사건이다. 당시 정권과 검찰은 이 사건을 조작함으로써 1991년 5월 투쟁의 정국을 반전시키고자 했다. 어떻게 국가권력이 유서대필 같은 사건을 조작해낼 수 있는가? 그런 파렴치한 조작이야말로 당시 대한민국 사법권력의 본질이자 권력정치의 실상이었음을 적나라하게 보여준 사건이었다. 그렇게 1991년의 죽음정치는 오래오래 이어져왔고, 아직도 강기훈 씨는 병과 사투하며 파렴치한 국가범죄와 싸우고 있다.[15]

그리고 23년 뒤 2014년의 새해 첫날은, 가난한 어느 한 사람이 분신으로 죽음을 맞이하면서 시작됐다.

"보이지 않으나 체감하는 공포와 결핍을 가져가도록 허락해주십시오. 두려움은 제가 가져가겠습니다"라는 말을 남긴 이남종 씨는 서울역 고가도로 위에 스타렉스 승합차를 세운 뒤 '박근혜 사퇴, 특검 실시'라는 세로 5미터 길이의 현수막 두 개를 고가 아래로 펼치고, 몸을 쇠사슬로 묶은 채 시위를 벌이다 끝내 스스로의 몸에 불을 질렀다. 그의 수첩에는 '안녕들하십니까'라는 제목의 유서가 적혀 있었는데, 당시 대학가에서 번지고 있던 '안녕들하십니까'라는 대자보와 유사한 형식이었다. 그는 '국민'에게 2통, 가족에게 3통, 평소 도움 받은 이들에게 2통 등 7통의 유서를 남겼다. 그 일부는 2012년 12월 대통령선거 당시 국가정보원(국정원) 등 국가기관의 개입으로 불법 선거가 자행됐으나 박근혜 대통령은 이에 대한 진상 규명을 하지 않고 있다는 비판이 주된 내용이었다. 그리고 "모든 두려움은 내가 다 안고 가겠다. 국민들이 두려움을 떨치고 일어났으면 한다"고 호소했다.[16]

이 죽음에 대한 기사를 보고 적잖은 충격을 받았다. 왜냐하면 그의 죽음이 '투쟁/희생으로서의 죽음'을 적극적으로 택한 전형적인 경우로 보였기 때문이다. 1980-1990년대도 아닌데 말이다. 죽음의 준비 과정과 방법을 보면 그는 '열사' 중에서도 죽음을 정치적 행동으로, 그것도 가장 적극적인 방식으로 의미화·수단화한 경우다. 죽음의 동기나 과정을 다 알 수는 없지만, 오래 생각하고 세밀하게 준비한 시위-자결로서 분신을 택했던 듯하다. 이명박·박근혜의 시대를 어떻게 뚫고 나아가야 할까, 자기의 삶을 희생해서, 분노 속에 살아가면서도 패배감에 젖어 있는 '국민'을 일깨우고자 한 것이다. 41세의 그는 '열사 정치'의 역사와 문화를 너무나 잘 이해하고 있는 사람이었다, 라고 생각되었다.

그러다가 이남종 씨의 면모를 조금 더 알고 나서는 당혹했고, 마음이 아팠다. 조그마한 편의점의 매니저로 일하면서 무척 선하고 차분했다던 이남종 씨는, 1991년에 광주 조선대학교에 입학해 그해 5월을 겪어낸 사람이었기 때문이다.[7] 어쩌면 그는 '열사 정치'의 역사와 문화를 잘 이해하고 있는 정도가 아니라, 그의 죽음 자체가 1991년 죽음들의 자장 안에 있는 것이었을지 모른다. 그해 봄에, 그리고 광주에서, 무슨 일이 있었던가?

1부

열사[1]

열사의 정치학,
기원에
대하여

01

'민주화'와
열사

현상적으로 '1991년 5월 투쟁'은 1991년 4월 26일 명지대학교 학생 강경대가 시위 도중 경찰의 폭력에 의해 사망한 이후 발발했다. 사건 다음날 노태우 대통령은 내무부 장관을 경질해 무마를 시도했으나 전국적으로 대학생 시위가 급격히 번져갔다. 4월 29일 전남대학교 학생 박승희가 강경대 사건 규탄집회 중 분신자살했다. 이때부터 '분신'이 번져가 5월 1일 안동대학교 김영균, 5월 3일 가천대학교 천세용, 5월 8일 전민련 사회부장 김기설, 5월 10일 전남대학교에서 노동자 윤용하 등이 잇따라 투신 또는 분신하여 이른바 '분신 정국'이 조성되었다. 그 와중에 옥중에서 단식농성하던 한진중공업 박창수 노조위원장이 5월 6일 안양병원에서 의문의 죽음을 당했다. 5월 18일에는 노동자 이정순과 고등학생 김철수가 분신했다. 5월 25

일에는 시위 도중 성균관대생 김귀정이 경찰의 진압을 피하다 압사 사고로 사망했다.

　기실 강경대의 죽음은 노태우 정권의 근원적인 체제 불안과 이를 '공안정국'으로 돌파하려는 강경책이 빚은 사건이었으며, 이에 대한 학생운동·노동운동·재야의 움직임은 단순히 그에 대한 저항을 넘어 1987년 6월항쟁의 불완전한 성과를 완수하려는 투쟁이었다. 약 50여 일 동안 각계의 운동 세력은 '노태우 정권 타도'와 '민주정부 수립' 등의 구호를 내세우며 싸웠다.[2] 수십만의 시위대가 거리로 나섰으나 그 싸움은 결국 참담한 패배로 끝났다.

　'열사들'과 시대

　나는 무덤가에서 이 글을 쓰기 시작했다. 여기 거대한 공동묘지가 있다. 민주화운동기념사업회 홈페이지에 있는 사이버 묘소다.[3] 여기에는 민주화운동의 과정에서 세상을 떠난 열사·희생자의 이름들과 삶/죽음에 관한 이야기가 수집·망라돼 있다. 대부분 청춘남녀인 그들의 '꽃 같은' 얼굴 사진도 있다. 이 사이버 무덤은 세계에서 드문, 가장 큰 정치적 공동묘지인지 모른다. 이 역사적 공동묘지는 광주의 망월동 묘지나 마석 모란공원에 비견될 만하다. 그리고 2021년 6월 10일 온라인 민족민주열사·희생자 범국민추모관(http://www.yolsachumo.org)이 다시 열렸다.

　이들 묘지에서 그들은 '열사·희생자'라 불린다. 열사란 '운동'의 직접적인 과정에서 스스로 목숨을 버리거나 권력에 의해 죽임을 당한 사람들을 일컫는 말일 것이다. 특히 스스로 목숨을 끊어 항거하고 저항한 사람이 '열사(烈士)'다. 이 한자어는《사기(史記)》에도 나올 만큼 아주 오랜 역사를 가진 것이다. '열(烈)'은 '의(義)'나 '협(俠)', '충(忠)', '효(孝)' 따위와 계열을 이루고 있으면서도 그들 모두와는 다른 독자적인 의미를 갖고 있다. 그것은 '세차다, 맵다'는 뉘앙스를 가졌다. 미각을 가리키는 이 말 '매움'의 의미를 풀어 말하기는 아주 어렵다. 그것은 적극적이고 고집스럽고 세고 강하다. 범접하기 어렵고, 열정적이고 뜨거운 어떤 상태다.

　국립국어원《표준국어대사전》의 '열사' 뜻풀이도 우리가 아는 뜻에 미치지 못한다. "나라를 위하여 절의를 굳게 지키며 충성을 다하여 싸운 사람"이라는 것이다. 이 풀이는 '의사(義士)'와 혼동되며 '열사'를 애국자화한다.[4] 이는 1960년대 이후 한국의 현대사가 만들어낸 '열사'의 의미를 담지 못하고 있다.

　'의사'와 '열사'는 오래 혼용되었다. '의열지사(義烈志士)'나 '의열단(義烈團)' 같은 말만 봐도 알 수 있다. 식민통치에 대항폭력으로 저항한 안중근과 나석주는 '의사'라 불리기도 하고 '열사'라 불리기도 했다. 1950년대에는 네덜란드 헤이그에서 죽은 고종의 밀사 이준이 의사인지 열사인지를 놓고 논쟁이 벌어지기도 했다고 한다.[5]

똑같이 유교적 '충'의 개념과 젠더 및 신분의 뉘앙스(士)가 결부된 이 두 용어 중에서 북한[6]과 중국은 주로 '열사'를 선호하는데,[7] 왜 대한민국의 민주화세력이 '열사'만을 택했는지는 불분명하다. 어쨌든 '열사'는 1980년대 이후의 한국에서 본격적으로 새로운 의미를 부여받았다.

'열사'에 비해 '희생자'는 피동(被動)의 뉘앙스를 훨씬 많이 갖는다. '희생자'는 자신의 죽음과 관련된 정치적 의미나 자신의 죽음 자체를 의식하지 못했을 수도 있다. 우연히 시위 현장에 갔다가, 또는 예상치 못한 폭력적인 공권력 행사 때문에 의문의 죽음을 당한 경우들이 그렇다. 물론 그런 죽음에는 훨씬 더 강하고 폭력적인 '타의' 또는 '타력'이 개입되어 있다. 그래서 오히려 '열사' 옆에 붙은 '희생자'라는 명명은 적절하지 않을 수도 있다. 죽은 이를 무조건 여리고 선한 존재로 '피해자화'하는 인식이 결부될 수 있기 때문이다.[8]

젊은 죽음, 살아남은 자의 슬픔

죽은 사람들을 '함께' 기리는 민간단체인 '민족민주

열사·희생자 추모(기념)단체 연대회의'와, 국가 차원의 기관인 '민주화운동기념사업회'는 '열사'와 '희생자' 사이에 빗금(/)을 긋거나 가운뎃점(·)을 찍어두었다. 어떤 의도로 그랬는지 알지 못하지만 이 빗금 또는 가운뎃점은 상징적이다. 이는 민주화운동의 과정에서 초래된 죽음들 속에는 '자살(적인 것)'과 '타살(적인 것)'이 혼재되어 있음을 나타낸다. 궁극적으로 '열사'조차 자신의 그 죽음을 충분히 의식하지 못했을 수도 있고, '어쩔 수 없는' 요청이라 생각했을 가능성도 있다. 물론 그 요청이나 불가피는 단지 외적인 강제나 탄압이 아니라 대의와 운명, 시대와 역사 같은 대문자의 것이기도 하다. 즉 그것은 주체가 기꺼이 대면해야 했던 이념적이고 추상적인 힘이다.

죽은 개별자는 자살을 선택함으로써 존재의 단자(單子)성을 모순되게 실천한다. 그의 죽음은 사회나 국가 같은 것이 원인을 제공한 것이지만, 그는 자발적으로 죽음으로써 단독자로서의 자신의 존엄함을 실현한다. 그런데 그 홀로 선택한 죽음은 잊히지 않고 '사회'의 공동묘지에 등재된다. 그는 거기서 '함께' 조금씩 잊혀간다.

적극적인 '열(烈)'과 수동적인 '희생' 사이를 비집고 든 쉼 없는 정치와 그들이 직접 겪은 고난의 시간은, 그들 중 여러 사람들을 실제로 '열사'이면서 동시에 '희생자'인 존재들로 만들기도 했다. 이를테면 5·18민중항쟁에 참가하여 고문과 처벌 때문에 생긴 트라우마로 인해 오래 앓다가 결국 스스로 목숨을 버린 사람들이라든지,[9] 고문 후유증 때문에 정신증을 앓다가 죽음을 선택한 최동(1960-1990)[10] 씨의 경우가 그러할 것이다. 2009년 1월 용산의 남일당에서 죽은 사람들은 또 어떠한가?

자연사가 아닌 죽음으로서 그리고 요절로서, '열사'의 죽음과 '희생자'의 죽음은 공통성을 갖고 있다. 즉 그 죽음은 생로병사의 전 과정을 최대한 느리게 겪는 지복(至福)의 죽음이 아니라, 억지와 폭력이 개입된 갑작스러운 죽음이다. 젊은 죽음이다.

그래서 그런 죽음은 충격이다. 저 무덤의 '열사' 중에서 20대의 비율은 압도적이다. '열사'뿐 아니라 '희생자'의 상당수도 '청년'이다. 사회학자 김홍중의 말대로 요절은 '진정성'과 관계 맺는다. 죽어버린 젊은 삶은 그들이 "짧은 생애를 완전히 연소시켜 최상급의 열정과 심혼을 기울여 살다 갔다"는 신화를 만들고, "그런 신화가 뿜어내는 조명하에서 평범한 실존과 생존은 무언가 덜 진정하고 낭비적이며 부끄러운 무엇으로" 여겨졌다. 그런 죽음은 "불후의 죽음"을 통해 "상징적 생명의 확보를 더 가치 있는 것으로 설정"하는 것이다.[11] 이 같은 설명은 한국 민주화운동과 노동운동의 전개 과정에서 많은 '열사'가 배출되고 '죽음의 정치'가 수행된 이유의 한 측면을 설명해준다. 한마디로, 젊어 죽은 자가 내뿜는 진정성의 아우라는 "마음의 레짐'으로서의 권위"[12]를 가질 수 있었다.

'열사'라는 요절한 사람의 도덕적 헤게모니는 '살아남은 자의 슬픔'[13]을 구성한다. '살아남은 자의 슬픔'은 1980-1990년대 운동권의 집단적 심성을 가장 적절히 시화(詩化)하여 표현한 키워드였다. 이 같은 집단심리적 과정이 곧 운동을 위한 윤리적 동원의 기제로 오래 기능했다. 그리고 이는 한국 운동정치 특유의 '열사의 정치'를 가능하게 한 것이다. 그러나 그러한 진정성의 레짐과 정치가 이제 불가능해졌다는 주장이 맞다. 죽음의 권위와 도덕적 헤게모니가 모두 "소실"[14]되어 과거의 것이 돼버렸다는 것이다.

'열사의 시대' 이후, 추방된 죽음들

2012년 12월 20일, 한진중공업 노조 조직차장 최강서 씨가 목을 매어 자살했다. 다음과 같은 메모를 남긴 뒤였다.

나는 회사를 증오한다. 자본, 아니 가진 자들의 횡포에 졌다. 어떻게 해야 할지 모르겠다. 심장이 터지는 것 같다. 내가 못 가진 것이 한이 된다. 민주노조 사수하라. 손해배상 철회하라. 박근혜가 대통령 되고 5년을 또… 못 하겠다.[15]

박근혜의 대통령 당선이 확정된 다음날이었다. 파업에 대한 사측의 손해배상소송 158억 원도 유서에 언급돼 있었다. 최강서 씨가 죽은 바로 다음날, 현대중공업 사내 하청기업의 노동자였던 이운남 씨가 울산의 한 임대아파트에서 투신자살했다. "무기력한 일상은 심각한 감정의 동요를 가져왔다. 확신이 없다. 아무것도 할 수 없는 상태인 것이 분명하다"라고 쓴 유서를 남겼다.[16]

이들의 자살과 남긴 언어는 공통적으로 절망적인 심리상태를 말한다. '어떻게도, 아무것도 할 수 없음'을 이야기한다. 이는 박근혜 당선이 가져다줬다는 '멘붕' 상태보다 더 긴급하고 절박한 상태를 토로한 것이다. 그러나 이 2012년 12월의 죽음은 이전부터 이어져온 죽음의 행렬의 '연장선상'에 있는 것이며, 동시에 그것을 넘는 우울과 절망에서 비롯한 것이다.

그런데 당시 속출했던 노동자의 죽음은 일부 (이른바 진보적인) 미디어에서만 겨우 다뤄질 뿐[17] 별로 큰 사회적 반향을 이끌어내지 못했다. 그들의 죽음이야말로 '사회적인 죽음' 그 자체임에도 말이다. 쌍용자동차 스물세 사람의 죽음도 그것이 무려 스물셋이나 되었기 때문에 오랫동안 서울시청 앞에 분향소가 설치되고, 유명 작가들이 애써 르포를 써서 논란을 일으키고 국회청문회가 열려서야 비로소 관심과 토론의 대상이 되었다. 이와 같은 '무반응'이야말로 기실 그 잇따른 죽음의 가장 유력한

사회적 원인일 것이며, 한국 사회를 지배하는 죽음문화의 가장
분명한 형식임에 틀림없다.

죽음의 정치,
열사의 정치
학

애초에 민주화운동기념사업회 홈페이지의 열사 데이터베이스(DB)[18]에는 총 열 가지 '분류'가 있었다. 즉 학생열사, 노동열사, 농민열사, 빈민열사, 통일열사, 사회열사, 재야열사, 시민열사, 청년열사, 그리고 '구분 없음'이다.

이런 분류가 왜 필요했는지 정확히 알 수 없지만 고인이 어떤 부문 운동에 주로 종사했는가가 분류의 기준이다. 이 분류에 따르면, 1991년 5월 투쟁의 와중에 투신자살하여 이른바 유서대필 사건의 빌미가 된 전민련 활동가 김기설, 1974년 민청학련(전국민주청년학생총연맹) 사건의 주역이었다가 훗날(1990년) 위암으로 숨진 김병곤, 1980년 5·18광주항쟁의 주역 중 하나였다가 미국으로 망명해 반정부 활동을 벌이다 귀국한 후 2007년에 지병으로 숨진 윤한봉 등은 '청년열사'다. 시민단체 활동가이며 여성주의 시인으로 이름 높았던 시인 고정희는 지리산 계곡에서 실족해 타계했는데, 그녀는 '시민열사'다. 민주노총의 총무 및 선전차장으로 일하다가 2008년 11월 28일 결핵과 패혈증으로 운명한 박윤정도 역시 '시민열사'다.

따라서 '열사'라는 호칭이나 명명은 과용되거나 모호하게 사용돼온 경향이 있다는 것을 알 수 있다. 그런데 이 같은 '열사'의 모호한 용법은 단지 국가기관의 것만은 아니다. 미국 교민들은 1992년 LA 인종폭동 과정에서 싸우다 숨진 교포 청년을 '열사'라고 지칭했다.[19] 1980년대의 서울대학교 학생들은 1986년 5월 한강에 투신해 숨진 박혜정을 '열사'라 부를 것인가 말 것인가를 가지고 토론했다. 무 자르듯 결론을 내리진 못했으나 암묵적인 다수 의견은 '열사'라는 말을 쓰지 않는다는 것이었다.

한편 2013년 4월 성균관대학교 문과대 사학과 학생회는 1983년 강제징집된 후 의문사를 당한 이윤성 "열사"를 기리는 대자보에서, "이 세상은 더 이상 민주화를 이루어내기 위해 목숨을 바치는 열사들의 피를 요구하지 않는다"면서 "오늘날 우리 세대의 열사들이란 바로 부정과 부패, 사회 부조리로부터 이 민주주의의 터전을 지켜내는 일꾼들"이라 했다.[20]

누가 '열사'인가, '열사'의 사회언어학

한국 사회는 누구에게 '열사'라는 호칭을 부여했나? 또 앞으로도 이 단어를 누군가들에게 사용할 것인가? '열사'의 사회언어학은 자살이라는 사건 앞에서 우리가 처하는 윤리적 딜레마나 '언어 너머의 상황'을 보여준다. 우리는 그러한 방식의 사회적 죽음을 맞은 동료 인간을 기념하고 기려야 한다는 도덕적 책무감을 갖고 있다. 하지만 그 죽음과 죽음의 주체를 묘사하고 지칭할 적절한 언어를 갖고 있지는 않다.[21]

이러한 난관은 사실 '자살'이라는 말의 쓰임 자체에도 개재해 있다. 노동운동계나 시민사회에서는 자살한 노동자의 죽음을 가리킬 때 '자결'이라는 말을 사용한다. '자살'이라는 단어에 묻어 있는 부정적 뉘앙스를 피하기 위해서일 것이다. 민주노총이 '자살'을 피해서 '자결'을 사용해온 지는 꽤 오래된 듯하다. 2004년 12월, 민주노총은 한진중공업 마산공장에서 촉탁직으로 근무하다 계약해지를 앞두고 자살한 김춘봉 씨 사건에 대해, "고 김춘봉 노동자 자결 사건 기자회견문"을 발표했다.[22] 또한 민주노총 기관지《노동과 세계》는 기아자동차 노조원 윤주형 씨의 자살 사건을 다루면서 "기아차 화성지회 비정규직 해고자 윤주형 씨 조합원 자결"이라고 제목을 뽑았다.[23]

비단 노동자나 노조만 그러했던 게 아니다. 2004년 민주

화를위한전국교수협의회가 발행하던 《민교협 회보》에는 〈노동
자 자결 사태와 대책〉(조돈문·김인재)이라는 글이 실렸다.[24] 또 손
미아 강원대학교 의학전문대학원 교수는, 현대자동차 철탑에서
고공농성 중인 노동자들의 건강 상태에 대해 언급하면서 "한진
중공업과 현대 사내 하청 노동자의 잇따른 자결로 인한 스트레
스와 심적 고생으로 몸이 안 좋은 것 같다"라고 말했다.[25]

　　이런 용어법에는 자살과 죽음에 대한 복잡한 인식론이 개
재돼 있다. 여기에는 분명 일반적인(?) 자살과 달리, '열사'나 노
동자들의 자살은 다르게 구별되고 취급되어야 한다는 인식이
깔려 있다. 그러면 '열사'의 '자결'과 일반인들의 '자살'은 어떻
게 다를까? 매우 복잡한 난점이 여기에 있다. '열사'의 죽음이 모
두 "불의를 참지 못하거나 지조를 지키기 위해 스스로 목숨을
끊"[26]은 것은 아니기 때문이다. 앞에서 말했듯 자살 속에 능동
과 피동은 모순적으로 결합돼 있다. 따라서 '자결'이냐 '자살'이
냐 하는 양자 선택에서 어느 하나가 정답일 수 없다. 그러나 어
떤 경우든 '자결'이라는 말을 쓰는 사람들은, '열사'에 대해 '자
살'이라는 부정적 뉘앙스의 단어를 사용하는 것이 뭔가 불경하
거나 무례하다고 느끼는 것이다. 이 글을 읽는 독자 중에도 전
태일 '열사'나 노무현 전 대통령의 죽음을 가리켜 '자살'이라 하
면 불편함을 느끼는 사람들이 있을 것이다.

죽음의 형식들, 기억되거나 기억되지 못하거나[27]

그런데 대부분 우리 머릿속에는 전태일·김상진·박종철·이한열·김세진 같은, 기념비처럼 되다시피 한 몇몇 죽음들만 남아 있다. 그들의 죽음도 물론 벅찬 의미와 상징으로 가득하다. 그러나 그 죽음의 배경이 어떤 사건이건, '기억된 죽음'은 주로 서울의 이른바 '명문대' 학생들, 그리고 언론과 대중의 관심을 끌 만한 운동가들의 죽음이었다는 점을 짚고 넘어가야 한다. '기억된 죽음' 외에도 수많은 "열사/희생자"들이 있다. 그중에는 그야말로 '아무도 기억하지 않는' 죽음도 허다하다. 물론이들의 죽음도 젊디젊은 나이의 요절이며 '사회적 죽음'이다.

학생운동이나 노동운동 조직에 속해 있지 않았으면서도 민주화에 대한 뜨거운 열망으로 자기 목숨을 버린, 그야말로 '독립적'이고 '자생적'인 '사회적 죽음'도 많았다는 것은 반드시 기억할 만하다. 말 그대로 '무명(無名)'인 이런 시민들에 의해 '민주화'는 가능했을 것이다.

이를테면 김병구(1955-1990) 씨는 전남 장성에서 자란 독학자였다. 민주노총이나 민주화운동기념사업회에 기록된 그의 생애사와 연표는 너무도 간단해서, 그가 어떻게 "사회운동에 남다른 관심으로 참여"[28]하고, 특히 1980년과 1987년의 항쟁에 어떻게 가담하게 되었는지 알 수 없다. 그는 1987년 12월 대통령선거의 결과를 보고 크게 실망하거나 분노했고, 그 실망과 분노가 그를 죽음에 이르게 한 듯하다. 그는 1988년 10월 18일, 제13대 대선과 총선의 '조직적' 부정을 고발하고 "학살 원흉 처단"을 외치며 연세대학교 학생회관 4층에서 투신했다.[29] 유서에서 김병구 씨는 다음과 같이 썼다.

> 존경하는 애국청년 학도 여러분. 나는 여러분의 애국적인 정열과 태도를 존경합니다. 나라가 부패하고 민중의 삶이 도탄에 빠졌을 때 용감히 일어서서 이를 개혁하려는 의지야말로 민족의 앞날을 밝혀주리라 확신합니다. 우리 조국의 민주화와 조국통일로 가는 길에 나의 몸을 재물로 삼아다오. 나는 몸을 바르게 하지 못하였습니다. 나에 대한 우호적인 표시는 사양합니다.
> 김병구 드림[30] (※5째 줄의 '재물'은 '제물'의 오기인 듯하다. - 인용자)

그리고 남긴 대자보에서, "지난 양대 선거의 부정을 개인 차원에서 추적 분석해왔"다면서 "양대 선거는 왜곡 변질되었으며 여론조사 방법을 원용하여 한국갤럽여론조사도 조작되었습니다. 사전선거구와 투표구별로 퍼센트를 안배하여 전면 조작, 투표함을 바꿔치기하였음을 확신"한다고 했다. 그의 주장은 반향을 일으킨 것도 아니었고 증명될 수도 없는 것이었다. 그러나 그런 의심은 김병구 씨만의 것은 아니었다. 군사독재의 (약한)

연장을 야기한 '1노 3김'(노태우·김영삼·김대중·김종필) 여야 후보들 사이의 기막힌 득표 분배와, 그가 지적한 것처럼 "지역감정을 심화 유도시켜 놓아 지역분열 정책에 의한 민족분할을 의도적으로 사실화시켜 그들 지배체제의 기득권을 유지하고 정권을 유지"[31]하기에 딱 좋을, 지역 간의 극심한 투표 쏠림 현상에 대해 의심하는 사람들은 또 있었다.

어쨌든 '진실'이 통하지 않는 세상에 대한 안타까움과, 자기 한 몸을 "조국의 민주화와 조국통일로 가는 길"에 '제물(祭物)'로 삼을 수 있다는 인식이 공중에서 몸을 날리게 했다. 그는 "조국이여, 국민이여, 잠들지 말아다오"라고도 했다. 이 같은 언어와 인식은 많은 1980-1990년대의 '열사'들이 죽음을 택한 이유 및 방식과 일치하는 것이다. 즉 그것은 첫째, 기꺼이 '민주화 제단'에 자기 목숨을 제물로 내놓고자 하는 것, 둘째, 죽음으로써 진실을 지키거나 알리고자 하는 것, 셋째, 한계에 달한 자기의 인식과 역능을 죽음으로써 반성하거나 돌파하고자 하는 것 등등이다.

그러나 불행하게도 김병구 씨는 이날 자기 뜻대로 죽지 못했다. 오히려 더 큰 고통을 겪어야 했다. 다친 몸 때문에 "입원 치료를 받았으나, 치료비 문제로" 이듬해 2월 퇴원했다. "후유증 고통을 겪었"으며, "자신의 처지가 가족들에게 짐이 되는 것을 안타까"워했다 한다. 결국 1989년 2월 2일, 그는 다시 자살을 시도했다. "어머니 아버지 불효 드려 죄송"하고, "아우들아, 나의 책임을 다하지 못하고 가는 것을 미안하게 생각한다"는 유서를 남긴 채였다. 이번에는 목을 맸다.[32]

'민주화운동 관련자 명예회복 및 보상 심의위원회'나 '민주화운동기념사업회' 같은 국가기관이 그런 죽음들을 거두어 기억해주었지만, 경우에 따라서는 아예 사건 자체가 제대로 조사되지 않았거나 사인이 제대로 밝혀지지 못한 경우도 여전히 여럿 있다. 기혁(1964-1985)과 김두황(1960-1983)의 죽음도 그러하다. 기혁은 전남대학교 의대 학생으로서 부당한 유급제 반대 투쟁의 과정 중에 1985년 1월 초 행방불명되었다가, 1월 15일 무등산 바람재에서 "얼음덩이 시체"로 발견되었다.[33] 그리고 고려대학교 학생이었던 김두황은 학생운동에 참여했다는 이유로 강제징집된 후 전두환 정권의 보안사령부(보안사)가 벌인 이른바 '녹화사업'[34]에 동원되었다가, 머리에 총을 맞은 시신으로 발견되었다.[35]

물론 대학생이 아닌 경우도 여럿 있다. '억울하다'는 말로는 도저히 표현도 안 될 기막힌 죽음들이다. 1987년 대우중공업 노조 건설 투쟁의 과정에서 실종되어 9개월 만에 야산에서 백골로 발견된, 그 후로도 죽음의 진상이 밝혀지지 않아 무려 23년 간이나 미뤄진 장례식을 2010년에야 치른 정경식(1959-?)[36] 씨. 왜, 누가, 그를 죽였는지 전혀 밝혀지지 않았다. 그리고 대명천지

민주화가 됐다는 시대에도 '의문사'가 있다. 2002년 미군 장갑차에 의해 살해된 '미선이·효순이 사건'을 전국적인 이슈로 만들고 촛불집회를 처음 시작했다는 제종철 씨는 2003년 11월에 의문의 죽음을 당했다. 경찰은 제대로 수사도 하지 않은 채 서둘러 '자살'로 처리했다 한다.[37]

'열사/희생자' 중에는 신병으로 세상을 떠난 청년도 많다(과도한 정신적·육체적 소모가 그들의 젊고 돌연한 죽음을 직접 야기했는지, 이를테면 '운동'과 그로 인한 고난 때문에 암과 뇌출혈 같은 병이 앞당겨졌는지는 불확실하다). 1987년에 충남대학교 총학생회장을 지냈으며 제1기 전국대학생대표자협의회(전대협) 부의장을 한 윤재영(1965-1992)은 27세의 나이에 천식으로 숨졌다. 전문대 학생으로서 부산에서 학생운동을 하던 육지희(1971-1995)는 스물넷의 나이에 암에 걸려 죽었다.[38]

최명아(1963-1998)의 죽음이 조금 더 '전형적'이다. 그녀는 충북의 교사의 외동딸로 태어나 1985년 2월에 이화여대 행정학과를 졸업했다. 당시의 많은 대학생이 그랬던 것처럼 '학출'(학생 출신) 노동자가 되어 인천의 전자·가구·의류 공장 등에서 일했다. 1990년대 초에 시대가 바뀌어 사람들이 대거 운동을 그만두고 고시를 보거나 대학원을 가거나 또는 대기업에 입사할 때도, 그녀는 '현장'을 떠나지 않고 노동조합을 지킨 사람의 하나였다. 민주노총 결성과 함께 1995년 12월부터 조직국부장이 되어 "뜨거운 열정과 강한 책임감으로 활동"했다. 1998년 IMF 경제위기가 야기한 노동 정세에서 정리해고제 도입이 현실화되자, 이에 맞서는 민주노총의 교육·선전 활동 때문에 "과로를 거듭하다가" 결국 뇌출혈로 쓰러졌다 한다.[39]

35세의 젊은 나이로 마감한 그녀의 삶을 친구들은 다음과 같은 관형구들로 기억하고 있다. "인간애로 꽉 찬 멋지고 매력적인",[40] "미련하리만치 헌신적인",[41] "꼴통"이며 "운전면허도 따지 못한 바보",[42] "남에게 베풀지 않고서는 한시도 견디지 못했던" 등등. 요컨대 "사랑이며, 이 땅의 노동자로 흔들림 없이 살아간"[43] 그녀는 '진정성'의 화신이었던 것이다.

노동운동과 열사

1980년대 이래 열사의 정치학은 재야 시민사회와 전투적 민주노조운동에 의해 변형되고 발전해왔다. 이는 '민주화'나 국가의 기념사업 등과는 상호작용하며, 때로는 그런 '민주화'와 적대하며 전개되어왔다. 한국 노동운동은 수많은 '열사'를 '배출'했다. 1990년대 초반까지 주로 분신의 방법으로 행해진 노동자의 '자결'은 '약한 자'의 무기로 선택된 최후의 윤리적 '수단'[44]이라 할 수 있었다.

무려 100여 명에 달하는 이 '숭고'하고 성스러운 단독자들의 기획은 노동운동이 한국 사회운동의 이념적·도덕적 중심에 서는 과정이나 '노동계급의 형성' 과정과 조응했다. 그렇다면 '열사'는 어떻게 한국 노동계급의 형성에 '기여'했는가? 또는 열사의 정치학과 노동운동의 전개 과정은 어떤 관계에 놓여왔는가? 그 윤리적·문화적·정치적 측면은 서로 병립할 수 있는 관계에 있다.

정치학자 김원은 칼 슈미트나 샹탈 무페의 '정치적인 것'의 개념에 의거해 '노동열사'가, 국가권력과 자본가를 노동자의 공동체 외부로 밀어내고 노동해방을 지향하는 동질적인 주체들 간의 새로운 정치공동체를 구성하며 '정치적인 것'을 구성하는 매개가 되었다고 주장했다. 또한 '열사'의 죽음 이후 "일어나는 죽음의 의례, 투쟁의 맹세, 자본가 권력에 대한 적대감의 분출, 그리고 국가권력과의 내전을 방불케 하는 극단적인 폭력의 가능성이 내재한 정치적 적대 행위" 등을 통해 "열사-전사-투사로 연결되는 형제와 동지들 간의 공동체"의 경계와 '정치적인 것'은 다시 구성되었다고 했다.[45] 1980-1990년대 전투적 노동조합주의에서 '열사'의 의미와 의례에 대해 생각하는 데 도움이 되는 논지다.

그러나 적(대)의 창출과 공동체의 구성으로만 노동계급의 형성이나 열사의 문화정치학을 설명하기에는 논리적 부담이 있다. 왜냐하면 상당히 광범위하게 열사의 정치학이 효력을 가질 수 있는 것은, 그것이 민중주의나 그것에 개재된 초월적 도덕과 연관되기 때문이다. 다시 말해 전투적 노동운동 내에서 '열사'의 죽음은 진정성이나 의(義), 그리고 죽음의 숭고함과 연관될 수밖에 없기 때문이다.[46] 열사의 생애, 행적, 품성, 그리고 '죽음의 결단'의 과정은 열사에 대한 서사화와 기억의 정치에서 중요하다. '열사'는 물론 도덕적인 사람이지만 특별한 사람이 아니며, 흔들리고 회의하며 또 자기연민에 빠지기도 하는 평범한 사람들과 우정과 동료애를 나누던 사람이다. 그래서 오히려 열사는 언제나 '올바른 것'(도덕)과 '정신 차리기'(각성)의 준거가 된다.[47]

　　정치학자 조현연은 노동자 열사의 분신이 '누적된 분노의 응축된 폭발 혹은 돌발적 표출'이거나 아니면 '준비된 정치적 자결'로 나뉠 수 있다고 하며 양자를 구분해야 한다고 했다.[48] 설득력은 있으나 결과론적이다. 1990년대 초까지 노동자의 죽음 중에서 '준비된 정치적 자결'은 적기 때문이다. 몇몇 대학생 '열사'처럼 운동 전반에 대한 상을 자기의 희생과 결부시키는 경우는 그리 많지 않다. 노동자 '열사'의 상당수는 너무 억울한 일을 당하고 분에 이기지 못해서 목숨을 끊거나, 엄청난 폭력적 탄압 앞에 자기를 바치며 저항한 것이었다. 때로는 돌발적으로 육신을 불사르거나 예견하지 못한 폭력에 희생되기도 했다.

　　앞에서 나는 김병구 씨의 유서에 나타난 자살 동기에 대해 말하면서 '운동'에 자기 목숨을 수단으로 내놓고자 하는 희생의 의도, 죽음으로써 진실을 지키거나 알리고자 하는 생각, 그리고 한계에 달한 자기의 인식과 역능을 죽음으로써 성찰하거나 돌파하고자 하는 의도 등이 섞여 있다고 했다. 이런 '의도' 또는 '동기'들은 노동운동가들의 죽음에서도 유사하게 관찰된다.

이런 주체의 '죽음에의 의지'는, 죽음을 목도하게 될 타자에 대한 영향뿐 아니라 타자들의 죽음관과도 상호작용하는 것이다. 그런데 전태일의 죽음, 그리고 그 죽음 이래 한국 사회의 '민주화'와 발전(?) 과정에서 이어졌던 특유한 방식의 싸움과 희생의 제의(祭儀)는 거의 언제나 공감을 얻어왔다. 그것은 멀게는 죽은 자 앞에서는 조건 없는 경모를 바쳐온 한국의 전통적 죽음 문화와 무관하지 않으며, 가깝게는 노동운동의 성장·전개 과정에서 감성적·윤리적 자원으로서 '열사의 정치학'이 선택될 수 있었다는 것을 의미한다. 즉 '열사의 정치학'은 다음과 같은 남종석의 설명처럼 극적 의미화나 미학화의 효과를 동반한 것이기도 했다.

비극은 우리에게 주인공의 욕망에 대한 긍정과 그 욕망을 부정하는 세계에 대한 자각을 일깨운다. 비극은 희열(욕망)과 죽음(몰락)을 극적으로 결합시킴으로써 우리에게 교훈과 함께 우리 자신은 그런 비극으로부터 벗어나 있다는 안도감을 줌으로써 외설적 쾌락을 제공한다. 비극을 본다는 것은 대상과의 거리를 둔 채 타인의 죽음을 상징적으로 소비하는 경험이다.[49]

열사의 죽음이라는 비극은 그것을 직접 목도하거나 (추)체험하는 자들에게 가장 극적인 도덕적 고양을 이루게 할 뿐 아니라, 아예 도덕적인 퇴로를 차단하는 공포와 숭고의 기획이다.

숭고함이란 이성적 사유를 넘어서는 어떤 감정이다. 그것은 우리 자신이 다가갈 수 없는 고귀함과 함께 두려움, 광기, 죽음충동을 상기시킨다. 숭고한 존재는 사랑, 정의, 욕망으로 우리 자신의 생명을 충만하게 하는 동시에 죽음의 공포와 외상적 충격, 혼돈을 드러내는 것이다. 그것은 존재의 심연에 감춰진 어둠을 드러내면서도 새로운 긍정을 만들어낸다는 점에서 그 자체가 문제가 되는 미적 경험이다.[50]

따라서 열사의 죽음에 대한 경험은 외상적이고 양가적인 것이다. 이럴 때 그것은 앞서 김홍중이 말한 '진정성의 레짐'을 경과하면서 동시에 초과해버리는 것이 된다. 그 강렬함 때문에 열사의 정치는 한국 운동사회의 정동(情動)정치의 핵심이 되었다. 남종석은 위 인용문에서 결국 그 비극이 새로운 긍정을 생성하는 것으로 해석했지만, 그것은 전적으로 상황에 달려 있는 듯하다. 우리는 1991년 5월 이후의 경험을 통해, 긍정에 귀결되지 않는 비극의 효과도 보아왔다.

어쨌든 1980년대 이래 이어진 본격적인 죽음의 행렬은 한국 노동운동 특유의 윤리·행위양식·의례를 구성하게끔 했으며, '열사 정치'[5]라는 한국 사회운동 특유의 '죽음의 정치학'의 중요 부분을 구성했다. 열사의 죽음은 높은 수준의 계급적 각성의 결과이자, 다른 노동자 계급 동료와 시민을 각성케 하는 추동력이기도 했던 것이다.

그래서 전태일을 비롯한 '열사'는 여전히 한국 노동자 정치의 가장 뚜렷한 문화적 상징이자 자원이다. 말 뜻 그대로의 '열(烈)', 즉 희생과 죽음의 정념이 한국 노동운동의 지표이자 특징이기도 했다는 것이다. 또한 이 정념은 노동해방의 '이념'과 뗄 수 없이 얽혀 있다. 열사의 삶/죽음에 대해 읽고 쓰는 행위 자체가 노동운동의 중요한 구성 부분이다.

예를 들어 민주노총 충북지역본부가 2010년부터 발행해 온 노보의 표제는 《열사노보 일어나라 열사여》다. 그 창간사 격인 〈"열사노보 일어나라 열사여"를 발행하며〉에 따르면, "민주노조운동의 불씨인 전태일 열사 40주기가 되는 해"를 맞아 "노동운동의 초심을 회복하고 이 땅의 민주화와 노동해방을 향한 노동운동의 역사를 통해 조합원 역사의식을 강화하고자" 이 노보가 발행된다. 또한 다음에 서술된 바와 같이, 열사들의 삶을 조명하고 계승하는 것 자체가 운동의 목적이다.

'일어나라 열사여'를 통해 전태일 열사를 비롯해서 이 땅의 수많은 열사들의 삶을 조명하고 밝혀 조합원들과 함께 지역 노동운동의 단결과 연대, 그리고 투쟁의 전통을 계승하고자 합니다.
단위노조 사업장은 이 노보를 조합원들이 열람할 수 있도록 제시 및 배포하여 주시기 바랍니다.[52]

한편 2010년 11월 울산 현대자동차 정문 집회 현장에서 분신을 기도한 황 모씨는 몸에 부을 기름을 사러 가며 "40년 전 청계천에서 분신한 태일이 형이 날 보고 있는 것 같았"고, "5년 전 세상을 떠났던 기혁이 형도 떠"올렸다고 했다.[53] 개별적이고 구체적인 노동자의 '자살생각'에 '선배 열사'가 영향을 준 것이다.

이인휘의 장편소설 《노동자의 이름으로》(2018)는 민주노조운동의 '정치양식'으로서 1980-1990년대 노동소설의 세계관과 윤리, 서사문법과 형상성 등 미학적 요소를 집성하고 또 나름대로 갱신해서 보여주는 중요한 작품이다. 이 소설은 1987년부터 지금까지, 한 세대를 건너 연속 또는 불연속으로 이어져 온 한국 노동운동을 돌아보는 내용을 담고 있다. 특히 현대자동차 노조 운동사를 배경으로, 1995년 부당해고에 맞서다 분신자살한 현대자동차 노동자 양봉수 열사를 주인공으로 하고 있다. '서영호·양봉수 열사 정신 계승사업회'가 작가에게 창작 지원을 해주어 쓰인 작품으로, 출간 뒤 열린 북콘서트도 이 단체와 '박영진·김종수 열사 추모사업회'가 함께 주최했다.[54]

거론한 경우 외에도 다른 사례들이 있다. '열사'는 깊은 수준의 정치적 무의식이나 사생(死生)관에도 영향을 미쳐왔음을 알 수 있다. 1980년대 중반 이후부터 2010년대에 이르기까지 노동자의 분신과 자살은 계속돼왔으며, 이 사건들은 서로 영향을 미친 것으로 보인다. '분신 정국' 등으로 호명돼온 연쇄적인 자살 사건도 1991년 5월 투쟁 때만 있었던 것이 아니었다. 김영삼 정권 때인 1995년과 1996년 초 사이, 노무현 정권 초기인 2003-2004년, 그리고 2011-2012년에도 연쇄적인 자살기도 사건이 벌어졌다. 이런 관점으로 노동자들의 죽음과 그 역사적 과정에 대해 조망해보려 한다.

노동열사 정치:
전태일에서 1990년대
까지

열사의 정치학의 기원에는 1970년에 분신한 전태일과 그의 표상이 한국 사회운동 전체의 상징이 되었다는 역사적 사실이 있다. 전태일의 죽음은 1970년대 재야와 학생운동, 그리고 시민사회에 큰 충격을 가져다주었다. 그의 죽음이 운동과 실존의, 삶의 새로운 계기점이 되었음을 고백하는 1970-1980년대 운동가들이 수두룩하다.[55]

전태일의 이름과 그 이야기가 계속 호출되고 만들어지는 이유는, 단지 전태일이 박정희 식 축적체제의 피해자이고 여전히 한국 사회가 약자에 대한 착취와 '근로기준'을 무시한 노동체제로써 '부'를 축적하며 희생자들을 만들고 있기 때문만은 아니다. 그리고 또 어떤 이들이 비판적으로 말하듯 전태일이 의례화된 '열사 정치'의 어떤 시조 같은 존재여서도 아니다. 전태일은 가장 낮은 바닥에서 일어난 적극적이고 창의적인 저항자이며 실천가였다. 자신보다 더 여리고 힘든 타인을 늘 돕고자 했고, 친구들과 함께 조직을 만들어 국가와 지배에 저항했던 것이다.

그러나 전태일이 처음부터 노동계급의 대표적인 '열사'나 사회운동의 성자처럼 기념되고 추앙되었던 것은 아니다. 물론 처음부터 강렬하게, 그러나 기본적으로는 피해나 희생으로서 전태일의 죽음이 의미화되기는 했다. 당시 이화여대 교수였던 윤정옥은 한 신문 칼럼에서, 전태일의 마음이 "정신적으로 종교의 경지까지 성숙"한 것이라 지적했으나 세상에 대해 풀 길 없는 분노를 품고 총을 난사해 사람을 죽인 '증오범죄'(이른바 '묻지마 범죄')를 저지른 청소년과 전태일을 대비했다. 또 대통령선거에 나섰던 김대중 후보는 전태일을 "고발정신의 정수"[56]라 칭하기도 했다.

처음에 전태일의 '친구'들에게도 그는 한 명의 '희생자'였고, 그 죽음은 없어야 할 '비극'이었다. 최초의 '전태일 추모가'는 1970년대 후반 그의 친구들에 의해 '자생적으로' 만들어졌다 한다.

지금도 가슴속에 파고드는 소리
전태일 동지의 외치는 소리
근로기준법을 지켜라

헛되이 말라

외치던 그 자리에 젊은 피가 흐른다

다시는 없어야 할 쓰라린 비극

이 노래는 이른바 '노가바'(노래가사 바꿔 부르기)인데, 심지어 그 원곡은 라디오 반공 드라마의 주제가였다. 그래서 전태일의 친구이자 청계노조위원장 및 전태일기념사업회 운영위원장을 지냈던 민종덕은 이 노래를 싫어했다 한다.[57] 1970년대에 아직 '전태일'은 독자적인 표상을 갖지 못했으며, '열사의 죽음'과 관련된 언어도 없었기 때문일 것이다. 그리고 '전태일'이라는 이름은 그가 죽은 1970년 11월 13일부터 1971년 초까지만 신문 지상에 비교적 자주 등장했을 뿐, 대통령선거 이후에는 완전히 사라지다시피 했다.[58] 심지어 청계천 주변의 기업주들과 경찰은 전태일과 그 친구들이 '일하기 싫어 소란을 피운 깡패'라는 식으로 악선전했다. 노동교실에 다닌 청계피복 노동자들 정도만 전태일의 이름을 제대로 알고 기억할 정도였다.[59]

1980년대 초에 이르러 전태일은 조영래 변호사가 쓴 《전태일 평전》에 의해 대학생과 노동자들 사이에서 크게 부활했다 (1983년 평전의 초판은 《어느 청년노동자의 삶과 죽음》이라는 제목으로 출간됐다). '민중'의 초월적 가치화·정치화의 과정에서 '광주'와 함께 '전태일'이 중대한 계기가 된 것이다. 이후 '전태일 정신'은 노동운동은 물론 운동 전체의 보통명사가 되었다.[60] 전태일을 한국 사회운동의 상징으로 만드는 데 크게 기여한 《전태일 평전》은 꽤 소상하게 전태일이 죽음을 결심하게 된 과정과 분신을 결행한 상황을 그리고 있다. 전태일의 죽음이 내포한 동기·방법·의례성 등이 이후 운동가들의 심성과 사생관에 영향을 미쳤다고 할 수밖에 없다.

분신: 숭고의 스펙터클, 최후의 '도덕적' 무기

분신이라는 자살 방법은 문제적이다. 분신은 일반적인 자살과 달리 공개된 장소에서의 공개 자살이자, '현장'의 다중을 의식하는 자살이기 때문이다. 또한 분신은 치사율이나 죽음의 참혹성 면에서도 '사회적인 효과'가 크고, 그것이 일종의 스펙터클일 수도 있다는 견해도 있다.[61] 그러나 이는 다소 일면적인데, 한국 노동자의 분신자살 중 상당수는 경찰이나 사측이 고용한 용역 등의 폭력 때문에, 급박하게 사전준비 없이 수행돼왔기 때문이다. 어쨌든 분신자살이 다른 자살에 비해 목격자들에게 훨씬 더 큰 트라우마적 경험과 기억을 가져다준다는 것은 사실일 것이다.

지배권력이 압도적인 폭력을 휘두르고 모든 언로마저 장악하고 있을 때, '약자가 최대한의 도덕적 힘을 발휘할 수 있는 무기'로서 분신자살이라는 저항의 수단이 다수의 노동자들에 의해 선택되기 시작한 것은 1980년대 중반이었다. 특히 1986년 박종만(민경교통), 김태웅(대화운수), 변형진(삼환택시), 박영진(신흥정밀) 등의 잇따른 죽음 이후, 한국 노동운동에서 분신자살은 다른 의미를 갖게 되었다. '열사'라는 용어도 새롭게 정치적 의미를 부여받으며 확산되었다.[62]

그중 박영진과 그의 죽음은 여러 가지 면에서 1980년대적 '노동열사'의 전형이라 할 수 있을 만하다. 그는 그야말로 '1980년대적인' 상황의 민주노조 건설 운동의 과정에서 희생됐다. "동일제강 민주노조 건설에 핵심적 역할을 해낸 그는 신흥정밀에 입사하여 부당노동행위 및 임금착취"에 대해 항의하다가 해고당했고, 해고 철회 투쟁을 벌이는 과정에서 "공권력 투입에 밀려 경찰과 회사 측의 폭압에 맞서 '근로기준법 지켜라, 노동3권 보장하라'"며 분신했다.[63]

박영진은 분신 사흘 전에 동료에게 보낸 편지에서, "나는 내가 누구인지 안다. 배운 것 없는 무식한 놈, 가진 것 없는 가난뱅이, 그래서 인간 대접도 받지 못하고 짐승처럼 노예처럼, 로보트처럼 시키면 시키는 대로 일만 하고, 주면 주는 대로 받을 수밖에 없는, 힘없고 보잘것없는 한평생을 굽신거리며 살아야 하는 노동자 계급임을"이라고 썼다. 즉 진한 자기의식을 가진 '각성한' 노동자였던 그는 특히 전태일을 "한국의 예수"라 칭하며,

전태일의 행위를 인류애에 입각한 것이라 했다. 그리고 전태일의 어머니 이소선 씨가 지켜본 임종의 순간에 "삼반세력 타도하자! 투쟁하자! 노동자가 주인이 되는 사회가 되어야 한다!"[64]는 말을 남겼다 한다('삼반'이란 반민족·반민주·반민중을 뜻하며 당시 정권을 지칭한다). 전태일이 처했던 상황과 그 의식, 그리고 투쟁과 죽음의 방법에 자신을 동일시했던 것이다.

1980년대와 1990년대의 사이에도 많은 노동자가 자신의 몸에 시너나 휘발유를 끼얹고 불을 붙이는 방식으로 투쟁을 하고 목숨을 버렸다. 1988년 강원탄광 노동자 성완희, 1990년 금강공업 원태조·박성호는 경찰이 무리하게 시위를 진압하는 과정에서 자신의 몸에 불을 당겼다. 이 모두는 급박하고 절박한 상황에서 택한 저항이었다. 따라서 죽음의 '직접적인' 원인이란 '현장'의 공권력이었다. 전두환 정권의 공권력은 대학생도 아닌 '공돌이·공순이'들의 노조와 집합행동을 무자비하게 짓밟았다.

〈새벽출정〉(방현석, 1989), 《파업》(안재성, 1989) 같은 대표적인 노동소설이나 〈파업전야〉(장산곶매, 1990) 같은 독립영화에도 그려져 있지만, 그 핵심 서사는 노동운동의 노선이나 사회주의적인 계급적 시각에서 한국 정치 상황을 그리는 것이 아니다. 어디까지나 그 핵심은 단순하고 소박하다. '민주노조 사수'이며, 공권력(경찰) 및 사측이 동원한 구사대(救社隊)와의 싸움에 초점이 맞춰져 있다. 그 싸움들이야말로 노동운동과 그 이념·경험·

감성을 실제로 규정해왔던 것이다.

그 총체를 흔히 '전투적 노동조합주의'라 불러왔다. 전투적 노동조합주의는 궁극적으로는 "인간답고 정의로우며 노동자들이 평등하고 자유롭게 사는 노동해방의 세상을 꿈꾸었던 고유한 사고의 형태"이며 노동운동의 지배적 노동자 형상이다.[65] '전투적'이라 했지만 그것은 기실 이념이나 체계화된 노선이라기보다는 방어적·수세적 활동 방식이자 자생적 의식이다. 1987년의 6월항쟁과 7·8·9월 노동자 대투쟁을 거치고 난 뒤 '민주화'가 된 이후에도 노동운동 탄압은 그치지 않았기에, 민주노조운동의 '전투성'은 더 굳어졌다.

전국노동조합협의회(전노협) 건설기인 1989–1990년부터 1995년 해산까지의 시기만 따져보면, 노태우·김영삼 정권의 극악한 탄압으로 구속된 노동자는 2300여 명, 노동조합 활동을 이유로 해고된 노동자는 3000여 명에 달했다.[66] 또한 1986년 이래 속출하기 시작한 '노동열사'들이 노태우·김영삼 정권 시기를 거치며 더 늘었다. 2005년까지 대학생(21명)보다 두 배가 더 많은 노동자(45명)[67]가 분신자살로 항의하고 또 호소했다.

앞서 말한 것처럼, 그러한 노동자들의 죽음 중에서 '준비된 정치적 자결'은 적다. 너무 억울한 일을 당하고 분에 이기지 못해서 목숨을 끊거나, 경찰과 구사대 따위의 살인적 탄압 때문에 현장에서 저항의 수단으로 육신을 불살랐다. 이렇게 한국 노동운동에서 '열사의 정치'는 전투적 조합주의의 핵심적인 정념적·문화적 구성요인이 되었다.[68] 〈새벽출정〉이나 《파업》을 비롯한 여러 노동소설은 그러한 죽음과 그 윤리적·정치적 효과를 직접적으로 소재화했다.[69]

'민주화' 이후의 노동자의 죽음: 1990년대의 '노동열사'

'세계사적 대전환'이 일어나고 탈냉전·탈이념의 시대가 열렸다는 1990년대 한국의 노동 현실은 1980년대와 그대로 이어져 있었다. 1990년대의 '노동열사' 또한 이름을 다 열거하기 힘들 만큼 많다.

1996년 1월, 전국전력노동조합(전력노조) 한일병원지부 위원장 김시자(1961-1996) 씨는 노조 회의장에서 분신했다. 간호사였던 그녀는 1996년 1월 12일 경주 교육문화회관에서 개최된 전력노조 중앙위원회에서, 자신에 대한 징계 건에 대해 소명하며 호소했다. 징계를 강행하는 투표에 지부장들이 참여하지 말 것을. 그러나 중앙집행부의 지시로 투표에 참여하는 지부장들을 보며 회의장 근처에서 분신했다.

그 죽음에 즈음하여 '공공부문 노동조합 대표자회의'가 발표한 성명에 따르면, 1995년 12월 김영삼 정권의 재정경제원

(현 기획재정부)은 공공부문의 노조 전임자 축소 정책을 입안한 뒤 어용적인 전력노조 중앙집행부와 협의하여 노조 전임자 수를 줄이고 민주노조 세력에 대한 징계권을 주기로 했다. 전력노조 한일병원 노조의 지부장이었던 김시자 씨는 중앙집행부의 어용성을 비판했다는 이유로 징계에 회부되었다. 전력노조 중앙집행부는 1996년 1월 12일 징계를 위한 중앙위원회를 개최했고, 바로 그날 김시자 씨는 회의장에서 '노조 민주화'를 외치며 분신했던 것이다. 그녀의 죽음은 '노사갈등'이 아니라 이른바 '노노갈등'에 의한 것처럼 꾸며졌다.

김시자 씨는 왜 분신이라는 방법을 택할 수밖에 없었을까? 그녀는 밝고 쾌활하며 '단아한' 여성 활동가였다 한다. 한마디로 통념상의 '자살자'들과는 가장 거리가 멀게 느껴지는 성품과 행동양식을 가진 '왕언니'였다. 그녀의 "분신 사유"에 대해 《김시자 평전》(2006)을 쓴 안재성은 다음과 같이 단언했다.

본인의 어떤 성품이 스스로 죽음을 택하게 만들었을까? 취재의 시작부터 끝까지, 작가의 의문이자 모든 사람들의 의문이었다. 취재를 하면서 혹시, 죽음으로 내몰릴 만큼의 개인적인 고민은 없었을까 끊임없이 의심해보지 않을 수 없었다.
하지만 개인적인 사유는 없었다. 죽기 전 몇 해 동안, 그녀의 고민은 오로지 전력노조 민주화에만 집중되어 있었다. 가족 문제도, 연애 문제도, 금전 문제도 없었다. 오로지 전력노조의 어용성만이 그녀를 괴롭히고 분노에 사로잡히게 했다. (중략) 의문은 풀렸다.

김시자의 분신 사유는 명백하다. 오로지 한전 노동자들의 보다 나은 생활과 인격적인 대우를 위해서였다. 이를 위하여 노동조합이 올바른 민주적 절차와 활동 내용을 가져야 한다고 목이 아프게 외치고 또 외치다가 한계에 부딪히자 자신의 몸으로 그 벽을 뚫어보려고 했다. 반노동자적인 자본주의 권력, 그리고 이와 결탁한 어용 집행부의 노동귀족들에 맞서 싸우다가 못해, 마음만 있을 뿐 행동에 옮기지 못하는 동료 조합원들을 각성시키기 위해, 죽음이라는 극한적인 방법을 택했다. 그것은 계란으로 바위 치기와 같은 무모함은 있었을망정 결코 자살은 아니었다. 장렬한 전사였고 희생이었다.[70]

'우울'과 '절망' 없는 순수한 '항거'였기에, '전사(戰死)'이지 "자살은 아니었다"는 것이 작가의 주장이다. "가족"이나 "연애" 문제도, 내면적·개인적 동기도 없는, 철저히 외부에서 강제된 심리적 상황이 야기한 죽음이었다는 것이다. '어용 노동귀족들'에 맞서 싸우다가, 또 "마음만 있을 뿐 행동에 옮기지 못하는 동료 조합원들을 각성시키기 위해"서 말이다.

'노동열사' 중에서는 여성이 차지하는 비율이 남성에 비해 훨씬 적고, 특히 분신자살의 경우는 상당히 드물다. 1970–1980년대에 치열했던 여성 노조운동 과정에서도 그렇다. 그런데 김시자 씨의 죽음이 이른바 '민주화' 이전과 다른 노동 정세를 상징한다고 볼 수 있을까? 이 죽음의 서사에는 구사대나 경찰의 폭력이 등장하지 않는다. 죽음의 장소도 노조 회의장이다. '민주화'와 함께 노동운동에 대한 탄압은 이전보다 훨씬 교묘해졌고, '법'의 탈도 쓰게 되었다. 직접 탄압하기보다는 더 세련된 방법을 쓰기 시작하면서 갈등을 '노노 대립'으로 꾸며낸 경우도 많아졌다. 이는 과도기적인 '민주정부'로서 김영삼 정권의 성격과, 달라진 노동정책을 반영한 것이다.

그렇다. 이제 뭐가 어떻게 달라졌는가? 1996년 '연세대 항쟁'(일명 '연대 사태' 또는 '한총련 사태')[71] 이후로 대학생이 분신하거나 의문사를 당하는 일은 거의 사라져갔다. 물론 대학생과 학생운동의 사회적 위상 자체도 달라졌다. 또 그와 같은 '민주화'와 자유주의화의 과정에서 분신의 '도덕'은 역효과를 발휘하기도 했다(1991년 5월 투쟁이 결절점이 되었다). 점점 '열사 정치'가 대중에게 공포심이나 혐오감을 불러일으킬 수 있다는 생각도 퍼졌다. 물론 거기에 김지하나 박홍 같은 자들의 마타도어와, 언론권력의 지속적인 상징폭력이 큰 몫을 했다.[72]

그러나 이른바 '민주화' 이후 '열사' 속의 노동자 대열은 오히려 늘어났다. 이 사실은 '죽음의 정치'가 저항하는 쪽에서 기확하거나 의도한 것이 아니라는 점을 증명한다. 너무 억울하거나 끓어오르는 의분(義憤)을 어쩌지 못한, 그러나 '법'을 비롯해 아무런 자원도 갖지 못한 사람들이 자기 목숨을 수단으로, 가능한 최대한의 저항을 하는 것, 누구도 봐주지 않는 진실을 알리려는 절망에 찬 행동을 누구도 막을 수 없었기 때문이다. 노동자들은 계속 가혹한 탄압과 절망의 상황에 몰렸기 때문이다.

김시자 씨가 죽음에 내몰리던 1995년부터 1996년 초까지는 "가히 분신 정국이라도 해도 좋을 만큼"[73] 노동자들의 분신과 빈민·학생의 사망 사건이 잇달았다. 1995년 5월 15일, 회사 정문 앞에서 분신한 현대자동차 양봉수 씨도 사측과의 직접적인 대결 과정에서 숨졌다. 노조 대의원이던 그는 회사 측이 노사 합의를 위배하자 이에 항의하며 생산 라인을 잠시 중단시켰고, 그 때문에 해고당한 상태였다. 회사에서 열린 집회에 참석하려다 정문에서 경비들에게 저지당하자 몸에 시너를 붓고 불을 붙였다.[74]

1995년 6월 21일 낮 12시경, 대우조선 노동자 박삼훈 씨는 몸에 휘발유를 끼얹고 불을 붙인 후 투신했다. 회사 내의 특수선 본관 사무실 옥상에서였다. 그는 "이놈에 세상, 가진 자만이 판치는 세상 (중략) 사용자여 각성하라 / 앞서간 노동 동지 뒤를 따라갑니다" 등이라 쓴 유서를 남겼다. 당시 대우조선은 이른바 "신경영 전략으로 현장의 노동통제를 통해 노동강도를 강화하고, 개인의 사생활까지 감시·감독하는 인간말살 정책을 펴왔으며, 단체교섭에서도 무성의한 태도로 일관"하고 있었다.[75] 따라서 박삼훈 씨의 분신은 이 같은 상황에 대한 저항과 반격의 의미를 가진 것이었다. 그는 두 아이와 아내가 있는 '가장'이었다 한다. 그의 죽음은 2000년대에도 계속된 조선업계 노동자들의 죽음과 맥이 닿는다.

1995년 9월 4일에 분신한 전국철도노동조합 서전근 씨도 노조 활동가였다. 사측이 그를 오지로 전출 보내기로 결정하자, "(이 같은) 선례를 남기게 되면 철도 민주화를 위해 애쓰는 동지들이 줄줄이 오지 전출을 받게 되어 수십 년에 걸친 어용의 굴레를 영원히 벗어날 수 없기에 이를 결사적으로 막고자"[76] 대전지방철도청 차량정비창 정문 앞에서 분신했다.

이들 노동자들은 모두 대표적인 대기업 노조의 현장 활동가로서, 회사 측의 부당하고 집요한 탄압과 해고 등에 맞서다 분신이라는 방법을 택한 경우였다. 이들은 '각성한' 노동자였고, 모두 회사에서 분신했다. 자살의 형식을 고려할 때 이들의 자살은 절망적인 반격과 저항의 수단이었다고 할 수 있다. 그중 "앞서간 노동 동지 뒤를 따라갑니다"라고 쓴 박삼훈 씨의 유서가 주목된다. 투쟁의 문화, 그리고 분신한 다른 노동운동가들에 대한 심리적 동일시가 분신을 결행하는 데 영향을 미쳤음을 알게 해주기 때문이다.

그런데 투쟁 현장에서 경찰과 용역 또는 동료들이 보는 앞에서 분신을 기도했는가, 아니면 고립된 상황이나 고립된 공간에서 목숨을 끊었는가 하는 점은 분명 차이가 있다. 1995년 12월 5일, 대우정밀 해고노동자 조수원 씨가 30일이 넘는 단식농성 끝에 스스로 목숨을 끊은 곳은 민주당 서울지부당 건물의 비상계단이었다.[77] 그의 죽음 이후에 그가 투쟁해서 싸우던 문제는 해결됐지만, 그의 자살은 이제까지의 죽음들과는 너무나 달랐다. 그는 남의 눈에 잘 띄지 않는 공간에서 외롭게 목숨을 끊었던 것이다. 이런 '고독한 죽음'은 2000년대 이후에 늘어난 자살의 형식을 예고하는 것이기도 했다.

'강성 노조' 혹은 '노조의 전투성'에 대하여

지금 우리 사회에는 '강성 노조'가 이른바 국민경제와 노사관계에 해악을 끼쳐왔다는 선동의 목소리가 높다. 이러한 비난은 아마 전노협과 민주노총으로 이어진 노동운동의 '비타협성'에 대한 비난의 맥락 안에 있는 것일 테다. 여기에는 보수언론은 물론 중간층적인 시민사회나 일부 지식인들도 동참해왔다. 최후(?)의 수단이어야 할 파업이 마치 민주노조운동의 지표라도 되는 양 '투쟁 만능주의'와 '비타협주의'가 엄청난 사회적 비용을 발생시키며, 나아가 '대중성의 상실'과 노동자들 사이의 '분열'로 귀착되기 십상이라는 것이다.

그런데 이런 상투적 비판에 대해, '전투성'은 자본과 권력의 극악한 탄압에 의해 강제된 불가피한 것이라는 반비판도 늘 있었다.[78] 이 간명한 반비판은 그러나 근본적인 것이다. 정리해고와 '노조 금지'는 거시적인 수준에서 한국 자본의 주요한 축적 전략이자 지배 이데올로기 그 자체였지만, 구체적인 작업장과 노동운동 과정에서는 자주 끔찍한 사태를 일으켜왔기 때문이다. 2017년의 다음과 같은 서사는 1980-1990년대 노동소설들의 서사와 얼마나 같고 다른가?

> 동광기연이 설을 앞두고 전체 조합원 62명에게 정리해고를 통보한 데 이어 용역을 동원해 농성장 침탈을 시도했다. 동광기연은 '1월 25일 자정까지 농성을 풀지 않으면 손해배상 청구, 업무방해 고소 등 민·형사 책임을 묻겠다'고 겁박했다.
> 용역 50여 명이 1월 25일 10시쯤 안산시 단원구 동광기연 안산 공장에 몰려들었다. 용역들은 11시 30분 1층 유리문을 깨고 계단으로 진입을 시도했다 방어 울타리에 막혀 진입에 실패했다. 이들은 13시쯤 지게차에 사람을 태워 올려 유리창을 깨고 다시 진입을 시도했다.[79]

대한민국의 자본과 권력(미시·거시 권력)은 해고를 쉽게 행하고 노동조합 결성과 유지를 저지하기 위해 이제까지 엄청난 비용을 지불해왔고, 근래에도 여전히 그렇게 하고 있는 것이다. 공공연한 불법과 인간 파괴도 서슴지 않는다.

상상해볼 필요가 있다. 한국 사회에서 정리해고를 막거나 (민주적이고 자주적인) 노조를 건설하는 일이 어떻게 가능한지? 그때 무엇이, 어떤 노력이 필요한지? 아마 이를 주도하는 개별 자들은 거의 자신의 전 존재를 걸어야 할지도 모른다. 그래서 여전히 한국의 노조 조직률은 10% 정도에 그친다. 그리고 대부분 대기업과 공공부문의 정규직 노동자다.

그렇기에 이제는 과거가 되다시피 한 '전투적 조합주의'가 단지 "화염병을 들고 싸우는 호전성이 아니라, 노사협조주의에 대한 거부이고 파쇼적 탄압에 대한 굴복의 거부"이며, 또한 '노조의 전투성'이 "노동자의 자부심이고, 노사대립관계에 대한 과학적 인식에 기반한 것"이라는 정당화도 가능했다.[80] 여기서 '전투적 조합주의'는 '(노조 간) 연대'와 함께 스스로의 계급성을 자각하는 가치로 격상된다. 즉 '노조의 전투성'은 "기업별 노조체계 속의 노동자들이 연대성을 발전시켜 나가기 위해 자연스럽고 또 의식적으로 추구해야 했던 것"이며, "민주노조운동은 바로 연대투쟁"이라는 자각도 포함한 것이었다. 결국 '전투성'은 노선이라기보다 극심한 탄압 때문에 강제된 노동자들의 활동 방식이었던 것이다.[81]

노동조합 활동가들은 이런 정신을 체화한 사람이었거나 그렇게 요청받은 사람들이었다. 그러나 '현실'은 그들의 의지나 노력과는 전혀 다른 비루하고도 억압적인 것이었다. 그래서 그들은 이런 사회에서 존재 자체가 위태로웠다. 노동운동의 과정에서 목숨을 잃은 많은 이들의 명복을 빈다.

오월 혹은
요절

죄의식의 계승과
　젊은 죽음에 관한
두 개의 고찰'

5월 광주, '1980년대적 죽음'의 사회적·도덕적 연원

    1980년대를 넘어 1990년대를 건너오면서 '열사'는 '분신'과 함께 모든 한국인에게 익숙해진, 그러나 결코 익숙해질 수 없는 단어가 되었다. 1985년 9월 17일 경원대학교 학생 송광영이 분신한 이래 많은 대학생들이 자신의 몸에 불을 붙였다. 1980년에서 1987년 6월항쟁까지, 전두환 정권에 항거하며 자살을 선택한 학생은 총 9명이었고, 그중 네 사람이 분신해서 목숨을 끊었다.[2]

    '민족민주 열사', '노동해방 열사', '통일열사', '빈민해방 열사' 등 넘쳐나는 '열사' 호칭과 그 변주는, '열사'라는 존재가 모든 사회의 영역에서 얼마나 자주 등장했는지를 보여주는 말이며, '열사의 정치학'의 범위를 가늠케 해주는 말이기도 하다.

    그것은 절대적인 적(敵)인 군사독재, 그리고 독점자본과 제국주의의 지배에 맞서 '죽음의 윤리'를 동원하는 것을 의미한다. 다시 말해 자살과 그 표상은, 현실의 비참에 대한 각성과 집단적 행위를, 도덕을 통해 동원하는 매개가 되었다. 그리고 그 이면에는 삶/죽음에 대한 사생관과 '마음'에 대한 강렬한 정치화의 기제가 있다. 이는 특수한 것과 보편적인 것을 넘나든다. 다시 말해 삶/죽음에 대한 인간 보편의 윤리와, 한국 현대사의 경험에서 비롯한 특유의 감성이 개재된 것이다.

그중 하나가 요절에 관한 것일 테다. 한자 '어릴-요(夭)'는 '젊음, 어림, 한창때' 같은 뜻을, '꺾을-절(折)'은 '꺾임, 부러짐'이라는 뜻을 갖고 있으니, '요절'은 '젊어 한창인 때에 꺾임'이다. 단어 자체에 이미 억울하고 안타깝다는 감정이 들어 있다.[3]

요절한 자에 대한 애도와 부채의식(부끄러움)이 단지 자기동일체적인 범위를 넘어섰을 때, 그것은 1970-1990년대 '민주화'와 민중주의의 영성 혹은 '초월적 도덕'과 연관될 수 있었다. 영성 혹은 초월적 도덕은 '현실원칙'으로부터의 초월과 자기희생 등으로 집약되는 윤리적 태도를 칭한다. 기본적으로 이는 사랑·자비·인(仁) 등과 통하는 것이며, 또한 타자 및 타자적인 것(죽음)과의 거리를 넘어서는 행동의 원리다. 물론 이는 초개인적인 윤리이기에 어떤 공동체성과 집단성으로 표현될 수 있다.

황지우는 1987년에 쓴 시 〈나는 너다〉에서 "만세! 나는 너다. 만세, 만세 너는 나다. 우리는 一體(일체)다. 성냥개비로 이은

별자리도 다 탔다"고 노래했다. '나=너'가 될 수 있는 순간은, 물론 '운동'의 순간이다. '운동'은 고통의 목격으로부터 시발된다. '타자의 철학자' 에마뉘엘 레비나스의 말처럼 '모든 고통은 상처를 입는다'는 점에서 수동적이다. 아무리 노력해도 '거리두기'가 불가능한 고통 앞에서 주체는 타자의 지배를 받듯 고통에 의해 지배된다. 감정은 이때 타자와 주체가 조우하는 장소가 되고, 자아는 변화를 일으켜 '동일성으로부터의 탈출'이 성립된다.[4]

이는 민중주의와도 연결·확장될 수 있는 것이었다. 한국의 운동은 기층의 생존권 운동이든 사회주의적 이데올로기를 강하게 내장한 것이든, 민중주의에 강하게 기반한 것이었다.[5] 민중주의는 종교적이거나 초-세속적인 도덕에 대한 요청이었다. '윤리로서의 민중주의'는 죽음과 '세계의 비참'으로 요약되는 타자(적인 것)에 대한 감성을 통해 드러나고 형성된다. '세계의 비참'은 빈곤 그 자체, 그리고 빈곤이 초래하는, 또는 빈곤과 서로 떨어지지 못하게 연관된 폭력과 도덕적 곤경을 가리킨다. 폭력과 곤경에는 '가난한 사람들'과 '민중'이 필연적으로 연루되어 있다.

요컨대 '윤리로서의 민중주의'는 공동의 시공간에서 죽거나 또는 사는 타자들에 대한 연민의 감각과 관련된 것이며, 그래서 민중주의는 일종의 강력한 평등주의다. 물론 이는 1970년대 이래 '운동' 안에서 공유된 것이지만, 1980년대적인 삶/죽음에 대한 감각에는 거기에 더해진 게 있었다. '광주', 그리고 더 강한 혁명적 이념과 더 강한 '죽음에의 동일시'라 요약할 수 있다.

'1980년대적'인 죽음

분신을 비롯한 '1980년대적'인 젊은 죽음에 대한 논의는 이제 적지 않다.[6] 이런 논의들을 통해 '열사'의 자살이 "소영웅주의적·허무주의적 분위기에 감염된 사회적 병리 현상이나 개인의 일탈행위가 아니"며, 분신자살이 "개인이 자신의 생존 욕구에 근거한 집합적 의무감을 역사적 행위자로서의 집합적 정체성으로 전환시켜 나가는 사회적 구성 과정의 한 형태"임이 강조되기도 했다.[7]

또한 '1980년대적 죽음'의 사회적·역사적 연원이 고찰되기도 했다. 그중 가장 중요한 것은 1980년대의 원점에 있었던 5·18광주민중항쟁이었다. 조현연은 일찍이 대학생들의 분신자살에 대해 논하며, "광주를 경험한 1980년대 학생운동가들은 어떤 세대나 운동집단보다 슬픔과 분노의 감수성, 위기의 감각이 훨씬 높다는 특성을 기본적으로 지니고 있기 때문에, 분신이라는 극한적인 자기희생을 통한 저항의 길을 선택할 가능성이 상대적으로 높았다"고 진단했다.[8]

그러나 이 견해는 부분적으로만 받아들일 수 있겠다. 1980년대의 운동집단 중에서 학생들이 더 깊고 강한 분노를 갖고 있었다고 말하는 것은 과장이며, 그래서 '극한적 자기희생을 택할 수 있었다'는 논리적 연결에도 빈 데가 있다. '광주를 경험했다'는 말도 오해의 여지가 없지 않다. 광주에 대한 경험은 대부분의 대학생(그리고 노동자나 시민)에게도 간접적이고 사후적인 것이었기 때문이다.

그러나 광주를 거론한 것 자체는 타당하다. 광주의 희생과 피해는 분명 1980년대 운동의 가장 원초적인 윤리적·정서적 동기를 제공했기 때문이다. 1980년대의 운동가들은 의식·무의식 속에서, 피 흘린 광주의 노동자·학생·시민에게 자기를 동일시하거나 광주의 희생에 대해 깊은 죄의식 같은 것을 느꼈다. 특히 열흘간의 광주항쟁의 종결점에 있었던 5월 27일 새벽 전남도청 등에서의 항쟁과 시민군의 죽음이야말로 어떤 도덕적 지표가 되었다. 사회의 가장 밑바닥 자리에 있던 사람들이었으나 끝까지 정의와 평등을 위해 싸웠던 사람들, 공수부대에 의해 죽음을 맞을지 알면서도 총을 들고 최후의 자리를 지켰던 젊은 청년들은 과연 누구였으며, 그들은 어떻게 그런 일을 할 수 있었던가?

다 알 수 없지만 그들은 각자의 윤리에 따라 그렇게 행동했다. "왜, 죽을지 알면서 거기 남았을까요?" 살아남은 시민군 한 사람은 자신도 지금까지 "미스터리"라고 말한다. 5월이면 몸이 아프고 술도 많이 먹는다는 또 다른 이는 '그때 죽었어야 했다'고 말한다. 또 누군가는 '그렇게까지 해야 했을까? 자문했지만 그래도 후회가 없다'고도 한다. 한 어머니는 고등학생인 아들을 도청에서 나오도록 설득할 수 없었고 오히려 자신이 설득당해 발길을 돌렸다 한다. 그렇게 못 돌아올지 몰랐다고 했다.[9] 그래서 그 아들은, 그들은 여전히 죽지 않았다.

"거기 어떻게 그들을 버려두고 갈 수 있었겠어요?" 그들은 몸을 정갈히 하고 새 옷을 입고 그 새벽을 맞았다 한다. 이 인류성은 원래 그 존재에게 주어져 있던 것에, 열흘간의 저항 공동체가 고양시키고 또 확인해준 것이리라. 그들은 "광주를 지킨다"고 했고, "우리를 기억해달라"고 했다.[10]

그들은 대부분 스무 살 남짓한 대학생, 고등학생, 재수생, 그리고 가난한 노동자들이었다. 서른 살의 윤상원을 비롯해 '어른'들도 몇 명 있었다. 자기보존의 원리와 죽음의 두려움을 이긴 그것은 정확히 재현할 수는 없지만, 간명한 것이다. 당자들에 의해 그것은 '사람으로서의 도리, 의리' 같은 것이라 발화된다. 그런 간명한 도리, 의리에 대해 모르는 사람은 별로 없다. 그런데 왜 우리는 새삼 윤상원이나, 항쟁의 현장에서 붙잡힌 사람들을 엄청나게 고문하고 죽였던 상무대까지 갔다가 살아남은 사람들에 대해 다시 이야기할까?[11]

'애도되지 못한 죽음'의 죄의식

그런데 1980년대 대학생들의 그 동일시와 '죄의식'이 어떻게 집합적인 사생관의 변화를 일으키고 많은 이들을 '자살' 앞에 서게 했을까? 김원이 가능한 한 가지 답변을 했다. "트라우마적 사건"이었던 1980년 광주항쟁 이후에도 "제대로 애도되지 못한 억압된 죽음의 의미가 1980년대라는 시공간 속으로 귀환한 것"이 "저항형 분신"이었다는 것이다.[12] 이 같은 해석에는 애도의 기능에 대한 정신분석학적 논리가 포함돼 있다. '억압되고 지연된 애도'의 문제가 그것이다. 사회학자 김명희가 5·18을 소재로 연구했듯, 제대로 애도되지 못한 죽음은 트라우마로 내장되고 영혼을 찍어 누르는 억압이 되어, 알 수 없는 미래에 죽음충동을 불러일으킬 수 있다.[13]

광주항쟁은 모두에게 트라우마적 사건이었으되 오랫동안 매도당하고 억압당했다. 그것은 전두환 신군부 독재정권과 언론에 의해 '빨갱이'와 '폭도'들이 저지른 사건으로 치부되었으며, 광주의 진실을 말하는 것조차 모두 금지되었다. 일부 우파는 집요하게 북한군의 개입설도 제기했다.

또한 광주의 죽음은 심각하게 모독당했다. 이를테면 '국립묘지'가 되기 전의 망월동 묘지는 원래 진입로조차 제대로 포장되어 있지 않은, 시 외곽의 초라한 공동묘지였다. 가로등 하나 없는 질척질척한 좁은 시골길을 한참 들어가야 나오는 그 공동묘지 한편에 5월 희생자들의 무덤이 있었다. 마치 함부로 버려진 주검들처럼, 그들의 무덤은 낮고 초라했다. 한꺼번에 대충 만들어지고 급하게 묻힌 듯한, 비석이라든가 뭐 하나 제대로 된 기념물을 거의 달고 있지 않은, 봉분이라 말하기에도 민망한 작은 흙더미들에 불과했다.

외국 언론에 의해 촬영되어 몰래 유포된 광주항쟁 비디오나 사진들의 이미지와 조응하는 그 무덤들은, 강력한 심상으로써 죄의식과 분노를 일깨웠다. 백주대낮에 총칼과 곤봉으로 저질러진 학살, 몸과 머리가 찢기고 부서져 버려지고 학대받은 시신, 나무 관에 누운 채 제대로 치러지지 못한 젊은 요절한 사람들의 상례(喪禮)는 도덕과 사생관의 임계점을 건드린다. 그리고 지속된 억압과 차별이 '죽음에 대한 공포와 이끌림'을 주기에 충분했을 수 있다.

그래서 어쩌면 1980년대의 그 많은 싸움 자체가 광주의 5월과 그 정신을 향한 애도와 계승의 제의(祭儀)였다고도 볼 수 있다. 1991년 5월 광주의 투쟁 양상도 이와 관련된다. 죽음마저 억압하는 억압에 대해, 또한 애도 자체를 불온시하는 억압에 대해 저항할 마땅한 방법이 없었던 것, 그것이 1980년대의 죽음들과 깊은 관련을 가진 것이다.

그러나 광주의 경험과 죽음은 억압됨으로써 오히려 1980

년대 내내 대학생과 운동가들에 의해 더 강하게 추체험되었다. 광주의 죽음은 그들에게 어떤 도덕적 기준이 되었다. 해마다 5월이 오면 1980년대의 대학 캠퍼스 안에는 '광주의 벽'이 마련되었고, 1987년 6월항쟁 이후에는 '광주 순례단'도 생겨났다. 그들은 윤상원을 비롯해 전남도청을 끝까지 지키며 결국 목숨을 잃었던 시민군의 '혁명성'에 자기를 동일시했고, 이 같은 정서는 당시 널리 회자되던 '살아남은 자의 슬픔'이라는 시구로 요약할 수 있다.

> 물론 나는 알고 있다. 오직 운이 좋았던 덕택에
> 나는 그 많은 친구들보다 오래 살아남았다.
> 그러나 지난 밤 꿈속에서
> 이 친구들이 나에 대하여 이야기하는 소리가 들려 왔다.
> "강한 자는 살아남는다."
> 그러자 나는 자신이 미워졌다.
>
> ― 베르톨트 브레히트(1944)

이 죄책감은 상당히 오래 갔다. 사진기자로서 1980년 5월 광주를 취재한 이창성은 광주항쟁에 대한 사진집《28년 만의 약속》을 2008년에야 냈다. 당시에 찍은 사진을 군부의 검열 때문에 공개하지 못하다가 28년 만에 모아 출간한 것이다.[14] 이창성도 서문에서 이렇게 쓰고 있다. 28년 동안 죄책감을 아프게, 생생하게, 그대로 간직하게 만든 힘은 역설적으로 억압이었던 것이다.

또다시 오월이 왔다. 매년 오월이면 나는 광주항쟁 기간 중에 마주쳤던 시민군들의 그 형형한 눈빛을 잊을 수가 없다. (중략) 거의 모두 사망했다. 나는 살아남은 자로서 그들에 대한 책무감과 죄책감에서 벗어날 수가 없었다. (중략) 그들은 (중략) 목숨까지 바쳤는데 나는 기껏 사진 몇 장을 공개했을 뿐이다. 눈물 어린 회한과 아쉬움이 앞선다. 이제야 광주항쟁 당시 시민군 지휘부에 약속한 대로 나의 사진을 역사의 증언으로서 온전하게 세상에 내놓는다.[15]

1986년 5월, 스물세 살 박혜정

이 죄의식와 관련하여 짚고 넘어가야 할 죽음이 하나 있다. 스물셋이었던 서울대학교 학생 박혜정은 1986년 5월 21일 한강에 투신했다. 그해 4월 28일, 김세진·이재호 두 서울대생이 신림사거리의 한 건물 옥상에서 '반제·반미'와 '군사교육반대' 구호를 외치며 분신 후 투신하여 죽고, 역시 5월 20일 서울대생 이동수가 많은 학생이 지켜보는 와중에 학생회관에서 투신자결한 직후였다. 그녀를 죽게 만든 다른 1986년의 자살자들과 달리, 박혜정은 자신이 스스로 목숨을 끊는 이유를 비교적 분명히(?) 밝혔다.

왜 죽을 수 없을까? 왜 죽지 않을까? 왜 자살하지 않을까?
자살하지 못하는 건, 자살할 이유가 뚜렷한데 않는 건 비겁하지만, 자살은 뭔가 파렴치하다. 함께 괴로워하다가, 함께 절망하다가, 혼자 빠져버리다니. 혼자 자살로 도피해버리다니.
反省하지 않는 삶. 反省하기 두려운 삶. 反省은 무섭다. 그래서 뻔뻔스럽다. 낯짝 두꺼워지는 소리….
아파하면서 살아갈 용기 없는 자, 부끄럽게 죽을 것.
살아감의 아픔을 함께할 자신 없는 자, 부끄러운 삶일 뿐 아니라 죄지음이다.
절망과 무기력.
이 땅의 없는 자, 억눌린 자, 부당하게 빼앗김의 방관, 덧보태어 함께 빼앗음의 죄.

더 이상 죄지음을 빚짐을 감당할 수 없다.
아름답게 살아가는 모든 이들에게 부끄럽다.
사랑하지 못했던 빚 갚음일 뿐이다.
앞으로도 사랑할 수 없기에.
욕해주기를… 모든 관계의 방기의 죄를.

제발 나를 욕해주기를, 욕하고 잊기를…

1986. 5. 20.

예민하고 섬세했던 그녀는 수많은 희생들 앞에서 '살아 있음'이 곧 '죄'가 되는 상황을 언어로 표현할 수 있었던 것이다. 이것이 1980년대의 도덕감정이며, 죽음에 대한 감각의 일부였을 것이다.

박혜정의 유서는 브레히트의 시보다 한걸음 더 나아간다. 박혜정은 살아 있는 존재(즉 결국 죽게끔 예정돼 있는 존재)가 지닌 도덕의 궁극적인 경계, 그리고 삶과 죽음의 경계가 무엇인지를 말한 것이다. 삶/죽음 사이에서 끝없이 운동하는 모순은 윤리적인 인간이라면 모두가 감당해야 할 삶의 비의(悲意) 자체다. "아파하면서 살아갈 용기 없는 자, 부끄럽게 죽을 것", 즉 자살은 '도덕적 행위'다. "살아감의 아픔을 함께할 자신 없는 자, 부끄러운 삶일 뿐 아니라 죄지음"이기 때문이다. 즉 삶은 죽음에 대해 죄를 짓는 행위다. 그러나 그리하여 죽음을 택할 때 그것은 또 다른 죄를 삶에 짓는 것이 된다. 그녀는 어떻게 저 같은 깊은 통찰에 이르고, 왜 저처럼 깊은 죄의식에 사로잡혀야 했을까. 그것은 그녀의 특이성과 집단의 감각이 조우하던 지점에서 일어난 일이었을 것이다.

유서에서 저와 같은 명징한 언어로 죽음에 대해 말했기 때문에, 오히려 그녀의 죽음은 어떤 이들에게는 더 풀기 어려운

수수께끼가 되었다. 더 정확히 말하면, 그녀 스스로는 저런 강하고 선명한 언어로 제 젊은 죽음을 감당했지만, 타인들에게 그녀의 죽음은 제 바람대로 잊히지 못하고 누군가들에게는 평생의 '화두'가 된 것이었다. 이해할 수는 있지만 결코 도달할 수 없는, 죽음이나 결단 앞의 외로움이나 죽음으로써 성취한 도덕의 높은 경지 때문이다. 박혜정의 죽음은 '열사'들과는 또 다른 차원에서 '1980년대적인 죽음'의 상징이 되었고, 숱한 문학의 모티프가 되었다. 살아남은 자들은 상처 때문에 무엇인가를 추구하게 된다. 자살의 미스터리는 많은 이들로 하여금 많은 말과 글을 품게 한다. 젊은 죽음은 그 자체로 미스터리가 되고, 살아남은 영혼에 깊게 흔적을 남기는 것이다.

2000년대에 한국에서 발표된 가장 좋은 단편소설의 하나로 꼽힌 바 있는 김연수의 〈다시 한 달을 가서 설산을 넘으면〉(2005)은 박혜정의 죽음을 모티프로 삼은 것이다. 주인공 청년은 연인의 자살의 미스터리를 풀기 위해 생을 걸고 헤맨다. 연인의 죽음에 관여할 수 없었다는 죄의식과, 그녀의 외로움이나 존재의 위기 자체에는 닿을 수 없었던 사랑의 한계 때문이다. 청년은 어쩌면 전형적인 '자살생존자'[16]의 면모를 가지고 있다. 자살자를 진실로 사랑한 가족·연인·친구들은 자살한 사람이 남긴 말과 '알 수 없는' 죽음의 이유를 평생의 '화두'처럼 삼을 수밖에 없다.

이념과 '삶' 사이에 있는 것: ──────
1991년 5월, ──────
열아홉 살 박승희 ──────

전남대학교 2학년 학생 박승희는 명지대생 강경대가 백골단의 폭행에 죽은 지 사흘째 되던 날인 1991년 4월 29일, 교정에서 자기 몸에 시너를 붓고 분신했다. 그녀는 "2만 학우 단결투쟁! 미국 반대! 노태우 정권 타도!"를 외치며 집회가 열리던 광장을 불덩이의 몸으로 질주했다. 주변의 학생들이 곧 불을 껐지만 그녀는 온몸에 입은 화상과 싸우다가 21일이 지난 후 결국 숨졌다. 이렇게 박승희는 그해 5월에 죽은 여러 사람들의 행렬의 선두에 서게 되었다. 1991년 봄의 광주는 1972년 4월에 태어난 만 열아홉 살 '소녀'가 당긴 불길 때문에 아주 뜨거웠다. 전남대 학생들은 연일 가두시위를 벌였고, 그녀의 장례식이 열린 날 광주 시내에는 10만이 넘는 군중이 모였다.[7]

박승희는 전태일 이래 한국의 수많은 분신자결자들 중에

서도 가장 의식적이고 치밀하게 죽음을 준비했던 듯하다. 의식과 이념, 언어와 정서의 모든 면에서 그녀는 명징했다. 그녀는 세 통의 유서를 쓰고, 아무 일도 없다는 듯 태연하게(?) 부모님께 인사를 하고 죽음의 길로 갔다.[18]

'나'와 '너', 죽음과 상호작용하는 정동

2011년은 박승희가 죽은 지 20년이 되는 해였다. 그녀는 그해 죽은 어떤 사람도 받지 못한 큰 '추모'를 받았다. 광주의 시민사회단체와 전남대학교 동문들이 '겨레의 딸 자주의 불꽃 박승희정신계승사업회'를 통해 대대적인 추모 행사를 열고 자료집·사진집 등도 발간했다. 그녀가 나온 여고에는 흉상도 건립되었다. 그 죽음과 추모의 방식이 모두 의미 깊다.

2021년의 '5월 투쟁 30주년'에도 광주에서는 망월동 민족민주열사 묘역에서 추모문화제가 열렸다. 열사의 부모·형제자매, 은사, 지역 국회의원, 시민 등이 참석했으며, 1991년 당시 '박승희 열사 민주국민장' 집행위원장이었던 이철우 목사와 고등학교 1학년 때 담임교사였던 구신서 박승희장학재단 이사장 등이 추모사를 낭독했다.[19]

박승희는 세 통의 유서를 남겼는데, 그 안에 모두 죽음만큼이나 선명하게 운동의 논리를 체화한 말을 써넣었다. 그 내용의 밀도와 표현의 열도가 높았기 때문에 많은 이들에게 오랫동안 큰 영향을 남겼다. 특히 다음과 같은 말들 때문이었다고 생각된다.

(1) 제 길이 **2만 학우 한 명 한 명에게 반미의식을 심어주고 정권타도와 함께 힘썼으면 하는 마음에 과감히 떠납니다.** 불감증의 시대라고 하는 지금 명지대 학우에 슬픔과 연민을 가지다 다시 제자리로 안주해 **커피나 콜라를 마시는** 2만 학우가 되지 않기를 바라는 마음입니다.

− 《해방의 코스모스−박승희 열사 추모문집》(2011) [20]

(※번호와 강조는 인용자가 한 것이며, 이하의 유서 내용도 이 책에서 인용했다.)

'~하는 마음에 과감히 떠납니다', '~를 바라는 마음입니다'와 같은 문장에서 알 수 있듯, 그녀는 자신의 죽음의 '이유'를 스스로 분명히 했다. 또한 자신의 죽음이 남은 자들에게 가질 의미까지 명확히 규정해주었다. 자기의 죽음이 계기가 되어 "학우 한 명 한 명"이 "반미"에 각성하고, 죽음의 충격을 벗어나 일상에 복귀할 때 다시 안주하여 "커피나 콜라를 마시는" 존재가 되지 않고 "불감증"을 벗어날 것, 즉 존재를 변화시킬 것을 요구한 것이다.

'나의 죽음'을 통해 '너'가 변화할 것을 진심으로 요구하는 것, 또한 그것을 명징하게 발화하고 목숨을 끊는 일은 그리 흔한 형식의 죽음이 아니다.[21] 그리고 이러한 요청은 '나'와 '너'가 하나의 공동체에 소속돼 있는 존재이며, '나'의 유서를 읽을 '너'가 '나'의 죽음을 진정으로 슬퍼하거나 이해하리라는 믿음이 전제됐을 때만 가능한 것이다. '너'는 "2만 학우"이고, '나'의 유언은 그들을 향한다. "2만 학우"란 표면적으로는 전남대학교 학생들을 지칭하지만('OO만 학우'는 1980-1990년대 대학 사회에서는 아주 흔한 클리셰 중 하나였다), 그녀의 사고 단위는 유언의 청자가 단순히 대학생 또는 전남대 학생들로 한정돼 있는 것이 아니라, '나≒너'일 수도 있는 공동체의 범위이기도 하다. 이 공동체의 모습은 박승희가 분신하고 난 뒤 광주의 1991년 5월 투쟁을 통해서, 그리고 2011년 20주년 '추모'를 통해서도 볼 수 있다.

박승희는 청자 또는 독자가 명확하게 규정되어 있는 또 다른 문장들을 남겼다. (1)의 청자가 '일반 학우'(즉 "2만 학우")라면 아래 (2)의 독자인 "너희"는 박승희의 동지나 친구인 활동가들로서, 특히 박승희가 활동하던 전남대 교지《용봉》편집실의 동료들이다. 이 글에서 그녀는 이미 죽은 자가 되어 자신이 죽은 뒤를 상상하며, 자신의 '죽음을 슬퍼하고 있을' 또 다른 '너(희)' 산 자들을 (내려다)보며 미리 당부한다.

(2) 슬퍼하며 울고만 있지 말아라. 그것은 너희들이 해야 할 일

이 아니다. **너희는 가슴에 불을 품고 싸워야 하리. 적들에 대한 증오와 불타는 적개심으로 전선의 맨 앞에 나서서 투쟁해야 하리.** 그 싸움이 네 혼자만이 아니라 **2만 학우 한 명 한 명의 손을 잡고 하는, 함께 하는 싸움이어야 하리.** 내 항상 너희와 함께하리니 힘들고 괴롭더라도 나를 생각하며 힘차게 전진하라. **내 서랍에 코스모스 씨가 있으니 2만 학우가 잘 다니는 곳에 심어주라. 항상 함께하고 싶다.**

박승희는 (2)의 독자인 "너희"에게는 (1)에서보다 훨씬 더 강하고 구체적이고 격한 언어로 요구한다. 적들에 대한 증오와 불타는 적개심으로 전선의 맨 앞에 나서서 투쟁할 것, 그리고 자신의 유지가 잊히지 않도록 코스모스를 길가에 심을 것. 그리고 "함께"가 여러 차례 강조되고 있다. 아마도 그녀가 생각한 운동의 가치 중 "함께"가 중요했기 때문일 것이다.

그렇게 명확하게 요구했기 때문인지, 박승희가 남긴 말들은 곧 그녀의 죽음을 기리거나 의미화할 때 여러 번 곱씹어지고 복창되었다. 그리고 시화(詩化)했다.

어여쁜 가을꽃아 봄날에 피지 마라
스무 살 고운 꽃잎 너 홀로 피지 마라
철 이른 그대 넋이 불타네 타오르네

온 몸에 불을 놓아 새날이 밝아오네

그대의 뜻을 따라 민주의 불꽃이 되어

뜨겁게 뜨겁게 타오르리

　　　　- 정세현(범능 스님), 〈봄날의 코스모스 - 박승희 열사 추모곡〉(부분)[22]

코스모스를 심어달라는 유언대로 박승희는 사후 20주
기를 맞은 광주와 전남대의 '코스모스'가 되었다. 실로 그녀를
'꽃'과 '코스모스'로 비유하는 시와 상징물은 허다하게 많다. 이
'꽃'의 표상은 순결함·젊음·아름다움의 이미지와 연쇄를 이루
며, '불' 또는 '불꽃'과도 병치된다. '불'과 '불꽃'의 표상은 전태
일 이래 특히 분신한 '열사'들이 자주 공유해온 표상이다. 예컨
대 《전태일 평전》 영역판의 제목은 'A Single Spark'(하나의 불
꽃)[23]다.

　　그리고 그러한 박승희를 기리며 표상을 환기하는 주체들
은 여러 시 속에서 투쟁하고 있다.

몸을 불사르는 뜨거운 분노로 / 원수의 심장에 불벼락을 내리자!

피로 얼룩진 항쟁의 거리에 / 통일조국이 숨 쉬며 용솟음친다.

동지의 발자취 머무는 곳에 / 붉은 꽃 코스모스를 피우리라.

　　　　- 이철원, 〈동지의 발자취 머무는 곳에〉(부분), 1991[24]

승희야, 그날이 오면

네 무덤에 승리의 꽃다발 바칠

그날이 오면 / 삼천리 크고 작은 길가마다

소곤대며 피어나는 / 코스모스 꽃무더기에

승희꽃이라 / 승희꽃이라 이름 지으마

그날 위해 우리 오늘 / 도청으로 가나니

그날 위해 우리 오늘 / 죽기로 싸우나니

가슴에 불을 품고 싸우나니 / 너 진정 자유로운 새 땅에서

길가마다 키가 큰 승희꽃으로 피어나

해방의 땅 일구는 사람들

지켜보아 주려무나

　　　　　　　　- 〈승희꽃이라 부르마〉(부분), 《용봉문학》 집단창작시, 1991[25]

　　박승희의 유언은 적어도 시 속에서는 완벽히 실현된 셈이다. 또한 그녀의 언어는 저와 같이 대학생들이 '통일'과 '해방'의 열정에 달떠 있던 1991년뿐 아니라 20년이 지난 2011년까지도 영향을 끼쳤다.

　　승희야, / 아시아의 불꽃, 서울의 불꽃, 광주의 불꽃

　　분단된 나라의 불꽃이구나

　　그대의 죽음 앞에 하루도 못 가서

커피 마시고 콜라 마시고 / 더 깊은 무관심에 빠져들고

그대 숯 덩이처럼 남은 몸둥이

숨 쉬는 몸둥이라고 볼 수 없는 그대 몸둥이

자주, 해방의 날 구하며 / 구국의 불꽃으로 타올라간

그대 숯덩이가 된 몸둥이 / 슬퍼하지만 말아다오

전선의 맨 앞에서 서서 투쟁에 나서다오

그대의 말 / 해방되는 그날을 부르며

우리를 부르고 있구나

- 박석률, 〈20주년을 맞이하여 다시 보는 박승희〉(부분)[26]

박승희에 관한 표상들도 분신한 1991년에 만들어져 지금
까지 사용되고 재생산되고 있다. 2011년에 나온 추모문집의 제
목은 《해방의 코스모스》이고, 추모 다큐멘터리의 제목은 〈내 가
슴 속의 코스모스〉다. 또한 공식적인 추모사업회의 이름은 '겨
레의 딸 자주의 불꽃 박승희 정신 계승사업회'였다.

이념의 정치적 맥락

단지 강경대를 죽인 노태우 정권 타도를 위해서가
아니라, "학우 한 명 한 명에게 반미의식을 심어주고" "커피나
콜라" 따위를 마시는 학우가 되지 않기를 바라는 마음으로 "과

감히" 죽음의 길을 떠난다는 유언을 어떻게 생각해야 할까? 이에 대해 이창언의 다음과 같은 운동론적 해석도 가능할 것이다.

> NL론을 수용한 박승희 같은 학생들에게 민족주의는 "완성된 민족의 세속화된 낙원으로서 '성화'를 위한 순교"를 요구할 수 있을 만큼 확실한 하나의 세계관이 될 만한 의미를 만들어주었고, 따라서 민중을 위한 전사와 순교자들도 그 어느 때보다 많이 나타났다. 그토록 열망하던 민중을 위한 순교자가 되어 위험을 감수하는 모습은 함께 항거하지 못한 죄의식과 함께 반제민족주의에 대한 공감대를 확산시키는 데 일조하였다.[27]

이는 우선 '민족주의'와 '순교'라는 코드를 통해 박승희의 죽음을 설명한 것이다. 종교화된 민족주의가, 1980년대에 분신한 학생들이 자신을 '전사'나 '순교자'와 동일시할 수 있게 했다는 것이며, 박승희의 사고도 그러한 양상의 하나로 간주될 수 있다는 것이다. 동시에 그러한 민족주의의 이면에서 '반제(반제국주의) 민족해방론'(이하 NL론)이 작동하는 것으로 파악했다.[28] NL의 반제-민족주의는 일종의 절대주의였다. 그것은 민족주의 일반이 그러하듯 '신성한 민족'과 '민족의 수난'이라는 정념에 기초해 있지만, 그 강도와 밀도는 통상의 민족주의와도 같지 않았다고 본다.

한편 저 해석에 의하면, 박승희가 제국주의 지배의 상징으로서 "커피나 콜라"를 거론한 것은 단지 그녀의 개인적인 결벽성 때문이 아니라, 1980-1990년대 운동이나 NL론 특유의 문화적 민족주의에 연관된 것이다. 민족주의 자체가 기본적으로 문화주의의 속성을 갖기도 하지만, 특히 근본주의적 성격을 지닌 민족주의는 모든 사상(事象)에 대해 종족적 기호와 상징성을 부여하려 한다. 여기에는 자연과 인간 행동의 양식뿐 아니라 산업 생산물도 해당된다. 그래서 1980-1990년대 학생운동가들은 쉽게 커피나 콜라 같은 대상을 '양키문화'나 제국주의의 상징으로 간주했다. 심지어 때로는 청바지도 그 일부로 여겼다.

그런데 흥미롭게도 NL론은 여타 민족주의처럼 민족(또는 국가)의 문화와 성정을 완결된 것으로 간주하면서도 특히 그 논리의 문화적 표현을 품성론으로 발현시켰다. 1980년대 후반 이후 NL 성향의 학생들에게 지대한 영향을 끼친 팸플릿 《강철서신》에서 보듯, 그 운동론은 독특하다. 《강철서신》은 남한 사회변혁의 사회경제학적 전망이나 주관적·객관적 조건에 대한 논의, 혹은 마르크스주의의 역사유물론에 대한 논변이 아니라 품성론부터 시작된다. 다른 어떤 변혁의 논리보다도 먼저 대학생-운동가들의 '윤리'적 자세(품성)에 일차적인 강조점을 두었던 것이다.

품성론을 운동론의 제1장 제1절로 배치했던 반미(반제)-

민족해방의 논리는 운동가들에게 무한한 헌신성과 도덕적 무결성을 요구했다. 이는 남한 사회의 변혁과 거기에 참여하는 운동가들의 정치문화에서 독특한 윤리적 특성의 일부를 형성했다.

물론 NL 이외의 운동가와 조직들도 '운동'에 필연적으로 요청되는 헌신성과 민중주의적 도덕을 '학습'하고 체화하고자 노력했다. '운동'은 일반적으로 당연히 사랑과 연대, 연민과 자기희생의 논리를 내포하고, 또 그것을 운동가에게 요청한다. 그런데 '운동'의 품성은 추상적인 권위와 권력에 비타협적으로 저항하는 것뿐 아니라, 다른 인식을 가진 자들과 '적'에 대해서 적대할 것도 포함한다. '운동'이 간혹 잔인성을 띨 수 있는 이유는 그 때문일 것이다. 그러한 적대 또한 사랑과 연대·연민·자기희생과 같은 가치에서 비롯하는 것이지만, 현상적으로는 그 원천과 반대되는 가치행동이다. 또 '운동'의 문화는 운동가에게 이념에 대한 신념을 가질 것을 요구한다. 그러나 그것은 종교적인 믿음이 아니라, 그와 반대되는 냉철한 이성과 주지주의적 태도에서 비롯되고 양성되어야 할 것이었다. 따라서 운동가는 양가적인 문화 속에서 '영성'과 '이성'이라는, 모순적일 수 있는 심성을 가질 것을 계속 요구받는다. 운동가들에게 그러한 괴리는 결코 작은 것이 아니라서, 엄청난 도덕적 딜레마와 분열증을 불러일으킬 수 있다.

그런데 품성론으로부터 운동론을 시작한 NL론은 이러한 운동의 정치문화의 일반성을 일부 공유하면서도 상당히 다르기도 했다. NL 활동가들은 훨씬 덜 주지주의적이거나 덜 과학적이며, 대신 훨씬 더 강한 자기희생과 겸손의 윤리를 체득할 것을 요구받는다.[29] 박승희의 분신 역시 이러한 NL론과 '반미 직접투쟁'의 논리를 실존화/육화시킨 행동이었을 수 있다. 이 실존화/육화는 다음과 같은 비교 대상을 갖고 있기도 하다. 1980년대 말 발표되어 학생운동가들 사이에 널리 불리고, 박승희도 좋아했다던 〈애국의 길〉(윤민석 작사·작곡) 1절이다. 박승희 유서의 내용과 정서나 의식의 면에서 일치한다 할 수 있다.

> 식민지 조국의 품 안에 태어나 / 이 땅에 발 딛고 하루를 살아도
> 민족을 위해 이 목숨 할 일 있다면 / 미국놈 몰아내는 그것이어라
> 아 위대한 해방의 길에 이름 없이 쓰러져간 전사를 따라
> 나로부터 일어나 투쟁하리라 / 반미 구국투쟁 만세

그런데 다분히 '북한풍'으로 간주되던 이 노래의 가사는 희생과 반미-민족주의를 기본으로 하는 추상적인 것이다. NL의 운동론 또한 희생과 죽음을 타의로 강요한 것은 아니었다. 오히려 그것은 '마음으로부터 우러나는' '애국심'이나 '신념'을 강조한 논리였다. 따라서 외부의 힘이 그런 정도의 행위를 요구

하지 않았음에도 박승희는 절대적 적을 물리치기 위한 정치적 순교 행위가 필요하다 판단했고, 또한 완벽하고 단호하게 혼자 기획하고 실행한 것이다. 그녀는 집단의 논리와 정서에 과잉 동일화함으로써 그 집단을 초월했다.

다시 박승희의 유서로 돌아가보자. 그녀는 부모에게도 유서를 남겼다. 그 글의 내용과 태도도 일관돼 있었다. 그녀는 "불효녀"로 자처하면서 명징하고 단호한 언어로 부모에게, 자식 잃은(을) 슬픔을 분노로 바꿀 것을 요청했다. 또한 글의 마지막에서는 '반미자주'를 강조했다.

먼저 떠남의 불효를 어찌 갚을 수 있을까요?

하지만 제가 가는 이 길을 슬퍼하지만은 마세요. 그 슬픔을 분노로 바꾸어 열심히 싸워주세요. (중략) 엄마 아빠. 데모하지 마라 데모하지 말고 공부만 열심히 하라는 부모님의 말씀을 따를 수가 없었습니다. (중략)

더 이상 보고 있을 수만은 없습니다. 이 한 몸 불살라 그 불씨가 반도 남단 곳곳에 심어진다면 자랑스럽게 이 길을 갈 수 있을 것 같습니다. (중략)

제발 천 사람 만 사람의 가슴에 자주 민주 통일에 대한 불씨가 붙어 미국놈들을 이 땅에서 몰아내고 민주정부 수립의 길로 총 매진하도록 힘써주십시오.

통일진군 **47. 4. 27.** 불효녀 승희 올림

　　한국에서 부모라는 존재와 '반미자주' 투쟁 같은 가치는
병립·병치되기가 쉽지 않다. 부모나 가족, 연인 등의 존재는 흔
히 정치로부터 배제되거나 정치적 가치판단 대상에서 제외된
다. 이는 군이 공사(公私) 분리의 원리를 들먹이지 않더라도, 친
밀성의 원리나 경험이 작용하여 사적인 관계와 공적인 가치를
구분하게 만들기 때문일 것이다.[30] 또한 분단·내전·학살의 역사
와 군부독재의 극악한 탄압은 운동에 참여한 학생·청년들의 부
모에게 엄청난 공포심을 안겨주었다. 1986년의 건국대학교 점
거 투쟁(일명 '건대 사건')[31]과 1989년의 임수경 방북 사건[32] 등은
특히 중산층 부모들에게 큰 충격을 주었다. 그래서 1980-1990
년대 대학생의 부모들은 자식이 '의식화'되고 운동권에 참여할
까 늘 전전긍긍했고, 대학생들은 기성체제와 가치에 물든 부모
와 대립하거나 부모를 속이고 운동에 참여해야 했다.
　　그러나 대단히 급진적이면서도 공적인 가치가 절대적인
것으로서 강하게 주체에게 내면화되어 있다면, 부모나 사적 관
계에 있는 존재도 그 가치 속으로 통합될 수 있다. 그리고 부모
는 '부모이기에' 자식의 논리를 이해하고, '투쟁의 길'로 나설 수
있었다. 민가협(민주화실천가족운동협의회)이나 유가협(전국민족민
주유가족협의회) 같은, 어쩌면 대단히 '한국적'이라 할 조직이 존

재했고 그 부모들이 그렇게 살았다. 박승희의 부모 또한 딸의 당부대로 "자주·민주·통일과 미제축출"을 위해 살겠다고 다짐했다.[33]

두 개의 결론: 죽음의 개별성과 역사성

이제 죽음의 개별성의 차원으로 되돌아가 보자. 정치와 이념에 관한 논의는 거시적인 맥락을 구성해주기는 하되, 그 삶/죽음의 개별성을 충분히 말해주지 못하기 때문이다. 전태일과 허세욱(2007년 한미FTA에 반대하며 분신), 이한열과 강경대, 박혜정과 박승희의 죽음은 모두 다르다. 실제로 자신의 몸에 불을 지르거나 목숨을 잃은 뒤에도 그 몸과 삶은 전혀 같지 않은 것이었다. 그러므로 그/그녀의 삶을 '전사'가 아닌 다른 자리에, 이를테면 열아홉 살 여성의 삶과 자아라는 존재의 위치에 놓는다면 어떨까? 차라리 다음과 같은 서술이 삶/죽음의 변증법을 더 잘 드러내는 것일까?

짧은 커트에 안경을 쓰고 목포 출신답게 〈목포의 눈물〉을 구성지게 부르던, 가만히 눈을 감고 입을 열어 손가락으로 장단을 맞추던 승희가. 친구들에겐 색 화선지를 곱게 붙여 봉투와 편지지를 만들고, 샴푸와 린스에 수질오염을 일으키는 성분이 있다고 비누로 머리를 감고 마지막 헹굴 때 식초 두세 방울을 풀어 헹구라고 가르쳐주던, 하이타이도 퐁퐁도 콜라도 손 안 대던 작은 애국자.

청소를 누구보다도 열심히 하고 편집실 식구, 친구들을 많이 생각하던 평범하고 정 많았던 한 여대생이 신나(시너)를 사고 유서를 쓰고 제 몸에 불을 지르게 되기까지 이 땅에서는 과연 무슨 일이 일어난 것인가.[34]

박승희의 친구가 쓴 위 글은 "평범하고 정 많았던" "승희"를 하나의 우주, 그리고 개별적인 경험과 인성을 지닌 한 사람의 개별자로 되돌려놓는다. 그리고 "제 몸에 불을 지르게 되기까지 이 땅에서는 과연 무슨 일이 일어난 것인가"라고 적절히 묻는다. 물론 이런 질문은 좀 더 정밀해져야 한다. 뭔가 일어난 것은 '이 땅'(만)이 아니라, 열아홉 살짜리 대학생과 그녀가 발 디뎠던 주변의 땅과 사람들과의 관계들이기 때문이다.

다정다감하고 섬세한 소녀인 '그녀'. 그리고 "2만 학우 한 명 한 명에게 반미의식을 심어주고 정권타도와 함께 힘썼으면 하는 마음에 과감히" 제 목숨까지 버리는, 세속적인 삶에 안주하려는 타인의 '자유'마저 규제하려 한 민족해방 전사 사이에는 그 어떤 간극 또는 매개가 있는 것일까? 친구들과 '학우'들을 내려다보듯 '너희'라 부르며, 동시에 그들을 온전히 자신에게 일

치시키며, "~하리", "~하라"라는 어미를 구사하는 저 목소리의 주인은 누구인가? 그렇게 그녀의 개체성에 개입되고 기입된, 집합성과 '역사(歷史)'의 검고도 큰 힘이란 무엇인가? 그리하여 자기의 여린 몸에 불을 지른 그녀의 '나'는 어떤 심연이거나 고원인가?

20년이 지나 박승희라는 인간을 회고하는 부모·친구들은 그녀의 개인성으로부터 '이유'를 찾으려 한다. 무한히 착했고 어른들의 예쁨을 받았던 그녀지만 어릴 때부터 고집이 셌다는 것. 이른바 '전교조 1세대'로서 운동의 논리를 배운 그녀가 고3 때 1989년 교사해직반대 농성을 홀로 지켜냈다는 것. 박승희의 분신 소식을 들었을 때 그녀의 고교 동문들은 '승희 성격이면 그럴 수 있겠다' 했다는 것. 그녀는 기본적으로 '원칙론자'였다는 것 등등.[35] '자주통일의 불꽃'이니 '5월의 코스모스' 같은 호명이 아니라 이런 회고를 통해서 그녀는 조금 더 개별자에 가까워진다. 그럼에도 미진하다. 존재는 말을 넘어서고 죽음은 모든 것의 너머에 있기 때문이다. 광주 이후에 많은 사람들이 죽었지만 또 많은 사람들은 그 죽음을 헤치고 지금껏 살아 있지 않은가.

저러한 차원을 제외하고 한걸음 떨어지면 우리는 1980-1990년대 한국 학생운동가들의 망탈리테, 즉 집단적 심성구조나 그들의 생사관을 지렛대 삼아 실마리에 가 닿을 수도 있다. 당시의 '우리-그들'인 20대 운동가들은 연발하고 빈발하는 젊은 죽음(들)의 의미에 대해서, 또는 그 '열사'들의 삶에 대해서 오히려 진지한 성찰이 부족했던 것 아닌가? 죽음에 대해 무지했던 것 아닌가? 젊은이들은 자신의 삶/죽음의 의미를, 자연사하는 노인의 방식으로는 전혀 숙고해보지 않기에. 그리고 1980년 광주 이래 허다했던 죽음의 경험들이 작용한 결과는 아니었을까? 약간 다르게 말하면, 그 시대의 젊은 운동가들은 '요절'에 너무 익숙해져 있었던 것이 아닐까? 바로 그 만연했던 '친구'의 죽음들 때문에. 분명 그해 5월의 정념은 '죽음'이었으되 '그들/우리' 또한 그 죽음의 사태−짐을 감당하기 어려웠고, 상당히 긴 시간이 지나서야 그 죽음에 대해 사고하고 성찰하고 애도하게 되었다.

> 어두운 죽음의 시대 내 친구는 굵은 눈물 붉은 피 흘리며
> 역사가 부른다 멀고 험한 길을 북소리 울리며 사라져간다
> 친구는 멀리 갔어도 없다 해도 그 눈동자 별빛 속에 빛나네
>
> − 민중가요 〈친구 2〉의 가사(부분)

　　1991년 5월의 죽음들은, 따라서 1980년 이래의 죽음으로부터 이어진 것이며 동시에 한 시대의 종언이자 또 다른 시작을 알리는 서막이었다. 그런데 1990년대 초의 대한민국과 같은 물질만능 세속적인 사회에서 어떻게 희생적 죽음에 대한 매혹과

숱한 정치적 순교가 가능했는가 하는 점도 물어야 할 것이다. 이는 당대 한국 사회 전반의 문화정치 구조와 학생운동의 위상과 관련된다. 스스로 목숨을 버린 대학생의 상당수는 속물적인 중산층 가정의 아들이고 딸이었다. 그리고 이런 대학생 희생의 역사는 1960년에 시작하고 1970년대 이후 재개되어 1990년대 중반에 막을 내린, 역사적 시간의 것이었다.

그렇게 죽음이 '만연했던' 1991년의 봄은 한국의 사회운동사에서 거대한 변곡점이기도 했다. 구체적으로 1991년 5월 투쟁의 패배는 유서대필 조작 사건이나 정원식 총리 사건[36] 같은 일에 의해 초래됐지만 그것은 더 깊은 차원에 있는 변화와 관련된다. 그 봄 이후에는 '열사 정치'가 대중에게 공포심이나 혐오감을 불러일으킬 수 있다는 생각도 퍼졌다. 즉 '생명'을 거는 투쟁으로서 '열사'들의 죽음을 지켜본 사람들의 영성과 자각이 일깨워지는 것이 아니라, 그 정반대의 것, 즉 타자적인 것에 대한 근원적인 공포(이디오진크라지idiosynkrasie)[37]가 강해지는 상황을 말한다. 더 정확히 말하면 '자살'이라고 하는 충격적인 사건 속에는 원래 초월적인 도덕감정과 거부감이 한데 묶여 있지만, 당시의 사회적 작용은 후자를 훨씬 증폭시켰다.

박혜정의 죄의식이나 박승희의 신념 같은 것은 '1980년대의 종언'과 함께 점점 불가능한 것이 되었다. 민중주의도, 초월적 도덕도 마찬가지였다. 페터 슬로터다이크나 슬라보예 지젝의 말대로 '냉소적 이성'이 지배하는 시대[38]이기 때문인지도 모른다. 대학생 및 학생운동의 정치문화와 '사회' 사이의 괴리는 더 이상 없게 되었다. 1990년대 말 이후 한국의 대학은 청년의 성소(聖所)이거나 해방의 상상력이 꽃 피는 공간이 아니라, 가장 속화된, 대기업이나 공무원 입시 준비기관이 되기 시작했다. '각자도생'과 '무한경쟁' 외의 다른 가치를 추구할 여지를 주지 않는 사회가 되었기 때문이다.

고독한
죽음들

2000년대 이후의
노동열사

신자유주의와 2000년대 이후
노동자의
죽음

    2000년대 이후에 확산된 가장 큰 환상 가운데 하나가 '민주화'와 '국가'에 대한 것이다. '민주정부'의 성립은 분명 민주주의를 진전시키기는 했다. 군부독재 시절의 권위주의는 약해졌고 시민의 인권도 일반적으로 증진되었다. 민주화 과정의 '열사/희생자'들이 명예회복되거나 보상을 받기도 했다. 또한 공권력의 성격도 일부 바뀐 것처럼 보이기도 했다. 국가는 분명 일상 공간에서나 형사소추 과정에 있는 시민을 이전처럼 다루지는 않았다.

    그러나 결정적으로 김대중·노무현 정부, 이른바 '민주정부'는 신자유주의에 뒷문을 활짝 열어놓았고, IMF 경제위기 이후 찾아온 '세계화'의 물결은 1987년 이래 느리게 신장해온 '노동'의 권리를 후퇴시켰다. 따라서 사회 전체의 '실질적 민주주의' 수준이 높아졌다고 평가하기는 어렵다. 그리고 노무현 전 대통령의 자살은 그 자신을, 많은 지지자들에게 결코 잊지 못할 거대한 영웅으로 만들었다. 하지만 그들은 대체로 노무현 정권이 요절하게 만든 가난한 사람들의 죽음은 거의 기억하지 않는다. 2000년대 이후에도 많은 농민·노동자의 목숨이 또 다른 차원의 '민주화'를 위한 제단에 바쳐졌다.

세계화의 덫, 또 다른 제단에 바쳐진 목숨들

특히 노무현 정부하에서 노동자의 자살이 늘어난 데는 구체적인 배경이 있다. 노무현은 처음부터 신자유주의를 적극 수용하면서 이른바 '기업하기 좋은 나라'를 만든다고 했다. 동시에 '사회통합적 노사관계'도 추구한다고 했는데, 아래는 그 모순된 과정에 대한 조돈문의 설명이다.

노무현 정권이 출범하자마자 경제위기와 구조조정 속에서 억눌렸던 불만과 노무현 정권에 대한 높은 기대감은 일련의 노동자 투쟁들로 표출되었다. 두산중공업의 노조탄압 저항 투쟁, 전교조의 NEIS 거부 투쟁, 화물연대의 노동3권 인정 투쟁, 부산·대구·인천 지하철노조의 시민안전 연대파업, 철도노조의 4·20 합의이행 요구 투쟁과 현대자동차를 위시한 대규모 사업장의 단체교섭 관련 투쟁과 6·25 민주노총의 총파업이 전개되었다. (중략) 사회통합적 노사관계를 포기하고 소위 '신공안정국'으로 회귀하는 데는 4개월밖에 걸리지 않았다. 사회통합적 노사관계는 주주자본주의-자유시장경제 모델과는 어울리지 않는 것이다.[1]

쌓여왔던 불만이 노무현 정부에서 해결되리라는 기대는 배신으로 바뀌어, 출범한 지 단 4개월 만에 노무현 정부는 '공안'의 힘에 의존해야 했다. 노무현 정부하에서 노동관계법은 개악되었으며, 부당노동행위와 부당해고 건수도 늘었다. 이는 이른바 "자유시장경제 모델의 조절양식"으로 이행하기 위한 시도가 개별 사업장 단위에서 전개되면서 빚어진 결과라 할 수 있다. 즉 '노동'에 대한 개별 기업의 자의적 행동과 전횡이 커졌다는 것이다. 이에 노무현 정부는 방임하거나 노조탄압을 거들었다. 노동자 계급은 민주노총을 중심으로 고용불안과 유연화, 노동조합 활동 억압에 저항했으나 강도 높은 탄압을 불러왔다. 그래서 마치 "노태우 정권의 공안정국 시기의 대립 양상"[2]이 재현됐다.

1991년과 2003년 사이:
이현중·이해남 씨의 죽음

그래서 2003-2004년에 이어진 노동자들의 죽음

이 마치 1980년대 말과 1990년대 초의 양상과 비슷한 것인지도 모른다. 세원테크 노동자 이현중 씨가 2003년에 세상을 떠난 것도 사측이 고용한 용역 깡패와 구사대의 폭력 때문이었다. 154일간의 파업이 진행되던 2002년, 이현중 씨는 충남 아산에 있는 세원테크 정문 앞에서 회사 출입을 가로막는 용역·구사대와 매일 싸웠다. 그러다 두개골이 함몰되고 얼굴의 뼈가 부러지는 중상을 입었다. 갈고리에 얼굴을 맞고, 목숨은 건졌으나 부상당한 부위에 암이 생겼다. 두 차례의 대수술을 받고도 암은 없어지지 않고 몸에 퍼졌다. 그는 2003년 8월 26일 끝내 세상을 떴다. 31세의 나이였다.[3]

이현중 씨가 죽고 난 뒤에도 비극은 끝나지 않았다. 회사 측은 그의 죽음에 책임지기를 거부했고, 조합원과 유족들은 또 힘겨운 싸움을 해야 했다. 금속노조 세원테크지회장이었던 이해남 씨가 분신자살을 결심한 것은 이런 상황 속에서였다.

이해남 씨는 두 아이의 아빠였다. 그는 2001년 5월 세원테크에 입사한 지 한 달 만에 노조를 만들 것을 결심했다. 계기는 "시급 2160원에 상여금은 6개월 후에 정규사원의 50% 적용 등 형편없는 조건" 때문이기도 했지만, 결정적인 사건이 있었다. 아래 글은 그가 2003년 1월 8일 안양교도소에서 보낸 편지의 일부다.

저는 입사한 지 한 달밖에 되지 않은 신참사원이었기 때문에 잠시 망설였습니다. 도저히 눈뜨고 볼 수 없는 욕설과 폭행이 계속돼 벌떡 일어나 반장에게 항의를 했지요. "그 사람들이 아무리 잘못을 했어도 많은 사람들 앞에서 공개적으로 이렇게 폭행을 해도 되겠습니까?"라고 했더니, "이런 꼴 보기 싫으면 회사 그만두면 될 것 아니야"라며 오히려 큰소리치더군요. 그래서 곧바로 생산부서장한테 찾아가서 항의했지만, 그 사람 하는 말 역시 똑같더군요. "아니꼬우면 그만둬!" 저는 이를 악물고 다짐했습니다. 당장 노동조합 결성 준비를 하기로 마음먹고, 그날부터 한 사람 한 사람 만나기 시작했습니다.[4]

편지에서 그는 "면회를 올 때마다 장난치고 농담하면서 구김 없는 모습으로 저를 즐겁게 해"준다며 막내아들 자랑도 했다. 아들은 너무도 자랑스럽고 똑똑하게, 교도관이 '아빠가 감옥에 있는데 슬프지 않냐'고 묻자 "우리 아빠는요. 도둑질, 강도짓한 게 아니구요. 투쟁하다 들어갔어요. 근데 뭐가 슬퍼요?"라고 반문했다. 그런 이야기를 들었을 때 "가장 큰 보람"을 느꼈다 했다. '보람'이나 '아들 자랑' 같은 것은 '개인적인 자살'을 막는 '심리적 지지' 가운데 중요한 항목일 것이다. 그리고 앞으로도 이 땅의 억압받고 고통 받는 소외된 민중의 살맛나는 세상을 위해 "끝까지 투쟁하겠다"고 다짐했다.

그런데 후배의 억울한 죽음과 세상의 불의가, 귀여운 아들이나 건강한 희망보다 더 압도적인 힘을 가졌던 모양이다. 그는 삶의 '보람'을 극한적인 투쟁과 바꾸었다. 결국 그는 이현중 씨가 세상을 떠난 지 석 달 후인 2003년 10월 23일 분신을 시도했다. 세원테크 본사 앞이었다. 업무방해, 명예훼손, 집시법(집회 및 시위에 관한 법률) 위반 혐의로 또다시 수배를 받던 중이었다. 그리고 11월 17일 운명했다. 그는 노무현 대통령 앞으로 다음과 같은 유서를 남겼다. 노조 활동을 한다는 이유만으로 이렇게 탄압을 받는 나라에서 살아갈 희망이 없다고 말했다.

> 노동자가 법에서도 보장된 노동조합 활동을 한다는 한 가지 이유만으로 구속되고, 수배되고, 해고되는 정말로 웃기는 나라에서 더 이상 살아갈 희망을 갖지 못할 것 같다. (중략) 현중이와 함께 노동해방 세상으로 가겠습니다. (중략)
> 대한민국 헌법 1조에 이렇게 되어 있더군요. 법은 모든 국민에게 평등하다. 정말로 웃기는 이야기 아닙니까? (중략) 제발 바라옵건대, 이 나라의 법과, 법을 집행하는 법원, 검찰, 경찰 등이 모든 국민 앞에 당당하고 공정하게 법을 집행할 수 있는 나라가 되기를 바라겠습니다. 노무현 대통령님![5]

저리 순진하고도 절절하게 '법 앞의 평등'을 "대통령님"에게 호소했다. 하지만 엉뚱한 데다 호소한 셈이었다. 노무현 정권 초기인 2003년에서 2004년 사이 1년 만에 10여 명의 노동자가 분신하거나 목을 맸다. 왜 '희망 찬' 참여정부 시절에 그렇게 됐을까?

노무현은 자신의 집권이 곧 '민주화'의 완성이라 여겼던 듯하다. 그는 노동자들이 분신으로 죽어나가던 바로 그때, "지금과 같이 민주화된 시대에 노동자들의 분신이 목적을 달성하기 위한 투쟁 수단으로 사용되어서는 안 된다"라며 분신한 노동자들을 모욕했다. 심지어 화물연대 노동자의 분신 이후 가혹한 노동 현실을 완화하겠다고 한 법무·노동 장관을 오히려 질책하기까지 했다.[6] 한때 노동·인권 변호사였던 그의 이런 인식이 노동 현실의 악화에 크게 일조했다. 이는 노무현 자신을 배반하는 것이었으며, 대통령선거 때 그를 지지한 노조와 시민사회를 공격하고 정권의 중요 지지기반을 스스로 허무는 자해적 행동이었다. 그리고 이는 노동조합 운동과 '노동'이 '시민'으로부터 멀어지고 약화되는 데 치명적으로 일조하는 일이었다.

대통령이 앞장선 반노동 선동은 그렇게 참여정부하에서 확산되고 다각도로 전개되었다. 보수정당과 보수언론 등은 기존의 발전주의나 경제개발 이데올로기 위에 세계화와 사회 양극화에 따른 새로운 이데올로기 지형을 활용했다.[7] 그래서 '대기업 노조 이기주의', '노동귀족론' 따위가 사회 양극화에 대한 책임을 민주노총과 노동운동가들에게 들씌우기 시작했다.

이해남 씨의 경우는 2000년대 '노동열사'의 한 전형이라고도 할 수 있다. 폭력과 냉전이데올로기를 동반한 야비한 수법의 전통적인 노조탄압이 수행되는 동시에, 업무방해·명예훼손 등에 관한 법률이 새로운 노동탄압의 도구가 된다. 그러한 상황에 내몰린 노동운동가들은 해고나 구속을 당하며 고립된다. 그래서 결국 절망적이고 지난한 투쟁 끝에 죽음을 결심한다. 이과정은 앞에서 봤던 1986년 박영진 열사의 죽음과 얼마나 다른 것인가?

죽음 앞의 고독: 비정규직 노동자들의 죽음

이용석 씨는 1998년에 전남대학교 공대를 졸업하고 2002년 1월 근로복지공단에 계약직으로 채용된 후 비정규직 노동의 현실을 처절히 깨달았다. 2003년에 근로복지공단 비정규직 노조를 만들고 광주본부장으로 활동했다. 그리고 그해 10월 26일 전국비정규직노동자대회에서 "비정규직 철폐"를 외치며 분신해서 10월 31일 세상을 떠났다. 향년 31세.[8] 이용석 씨의 분신은 계획되고 준비된 것이었다. 그는 여러 통의 유서를 남겼다.

동지들의 이름을 하나하나 불러봅니다. 그 흔한 단체사진 하나 없네요. 수개월 동안 동거동락한 기억과 부탁입니다.
이 말이 무엇을 뜻하는지 아실 줄로 믿습니다.
짐을 꾸리기 위해 목포서 내려가는 버스가 유난히 과속을 하네요. 자꾸 흐르는 눈물을 주체할 수는 없지만 이를 악물고 울지 않을 것입니다.
무책임하고 무모한 행동이라 욕하며 비웃어주세요.
어머님 얼굴을 뵙지를 못하고 가네요.
2003. 10. 23.[9]

위는 함께 활동했던 근로복지공단 비정규직 노조의 활동가들에게, 아래는 노조의 일반 조합원 '동지'들에게 남긴 유서의 일부다.

집행부를 믿고 적극적으로 결의를 다져주신 동지들께 감사드립니다. (중략) 동지들과 했던 많은 얘기들, 동지들 얼굴들이 하나하나 떠오릅니다. 파업을 준비하며 사측의 많은 부당노동행위들을 보면서 우리의 싸움이 얼마나 힘들까 가슴이 메어옵니다.
동지 여러분!
오늘 참석치 못한 동지들을 저의 희생으로 너그러이 용서해주십시오. 파업에 참여하지 못한 조합원들도 우리와 같은 마음으로 함께하고 있습니다. (중략) '나 하나쯤이야' 하는 생각을 버리고 나만, 우리만 함께한다면 반드시 우리는 승리할 것입니다.

2003년 10월 26일[10]

"맑은 영혼"[11]을 가졌던 이용석 씨는 직장생활을 하면서 동네에서 형편이 어려운 초등학생들을 위한 공부방 활동도 했었다. 그래서 또 다른 유서에서는 공부방에서 만난 아이들이 "삶의 스승이자 등대"이며 "터널 속에서 빛을 깨우게 한 동반자"라고도 썼다. "빛"이나 "등대"가 있는데도 살아가는 일을 포기하고 죽음에 이르게 된 이유는 무엇인가?

노조 간부 동료들에게 보낸 10월 23일 자 유서에 나타난 이용석 씨는 죽음을 결심하며 눈물을 흘리고 어머니를 떠올린다. 하지만 자살기도를 하던 날 자기 조합원들에게 쓴, 좀 더 '공적'인 성격의 10월 26일 자 유서에서는 특히 "우리"를 강조하며 '개인'이 아닌 지역 본부장으로서의 자세가 두드러진다. 그는 탄압과 '개인사정'들 때문에 함께하지 못하는 "조합원 동지"들이 "우리"가 되게 하는 데 목숨을 바친 것이다. 즉 죽음은 개별성을 넘어 존재를 통합하는 초월적인 힘이다. 그 자신이 '우리-됨'으로써 '죽음 앞의 고독'을 돌파하고자 한 것이다.

사실 '우리'는커녕 현재 한국의 전체 비정규직 노조 조직률은 겨우 3.0% 정도다. 이른바 '촛불혁명'을 거치고 문재인 정부에 들어서 한국의 노조 조직률은 다소 늘어, 2019년 기준 11.8%로 나타났다.[12] 2000년 이후 가장 높은 수준이지만, 대부분 정규직과 공공부문에서 이뤄진 것이다. 비정규직의 경우 10년 사이에 노조 조직률은 거의 늘지 않았다. 50인 미만 사업장 노동자들은 거의 조직되지 않은 상태다.[13]

이용석 씨의 죽음은 노동자들의 '단결'이 점점 불가능해지는 비정규직·불안정 노동 시대의 상징처럼 보인다. 2000년대에 새로운 형식의 '노동'의 분할은 죽음의 원인이 돼가고 있었다. 현대중공업 사내하청노조 노동자 박일수 씨의 죽음도 2000년대 노동 정세 최악의 상황, 즉 비정규직과 정규직 노조의 완전한 분리와 상호갈등 속에서 일어난 사건이다.

박일수 씨는 2001년 6월부터 현대미포조선 사내 하청업체에서 일하다가, 그해 12월에는 역시 사내 하청인 현우기업, 2002년 3월에는 현대중공업 사내 하청 인터기업에 입사했다고 한다. 자주 직장이 바뀐 이유는 대기업의 횡포로 하청업체가 계속 바뀌었기 때문이다. 박일수 씨는 "하루 종일 얼굴이 붉게 달아오를 정도로 지져대던 용접사였고 술이 얼큰하게 취하면 기타를 치며 정말 걸쭉한 노래를 부를 줄 아는 멋이 있었고 집에 찾아오는 동료들을 위해 손맛 좋은 음식을 만들 수 있는 정이 많은 분"이었다. 그런데 문제는 그가 부당한 일에 대해 묵과하지 않고 문제제기하는 스타일의 곧은 사람이었던 데 있는 듯

하다.[14]

　현대중공업의 하청기업인 인터기업이 원청업체에서 받은 노동자들의 수당을 떼어먹었을 때, 박일수 씨는 노동자들을 단결하게 했고 그 일을 계기로 '한마음회'라는 모임도 결성했다. 그리고 비정규직이 근로기준법에 보장되어 있는 권리를 누릴 수 있는 방법을 공부하기 시작했다 한다. 혼자 노동법을 공부하다가 막히는 것이 있으면 지역 노동상담소, 비정규직센터, 변호사를 찾아갔다 한다. 그가 동료들과 함께 요구했던 것은 가장 기본적인 것들이다. "일당직 노동자들의 주차, 월차, 연차, 연장 근로 가산 임금, 퇴직금"과 "연말 성과금, 명절 귀향비 및 하기휴가 유급 적용" 등등.[15] 그러나 이는 지금도 한국에서는 비정규직 노동자거나 '알바'라면 누리기 힘든 '기본권'이다.

　2003년 7월부터 박일수 씨는 현대중공업 전 공장에 선전물을 배포하고 기본 근로조건 개선을 요구하며 싸우기 시작했다. 그러자 2003년 12월 현대중공업은 그를 강제 해고했다. 물론 이런 해고에 대해 현대중공업의 노조도 무관심했다 한다. 해고당한 후 2개월 동안의 삶이 어땠는지는 잘 알 수 없으나 그의 운명은 수많은 이 시대 비정규 노동자들이 쓰고 있는 굴레와 크게 다르지 않은 것이었을 테다. 박일수 씨는 2004년 2월 14일 "비정규직 차별 철폐" 유서를 남기고 분신했다.

21세기형 '합법적' 노동탄압:
손해배상소송과 노동억압의 신자유주의화

    세원테크 같은 전통적(?)이고 극단적인 노동탄압의 방법이 여전히 사용되는 동시에, 2000년대 이후의 자본과 권력은 비교적 간접적이고 '합법적인' 노동통제 방법을 개발해냈다. 물론 그 또한 가혹하고도 일방적인 것이었다.

    그것은 '노동 유연성'이라는 미명하에 정리해고와 노동 전반의 비정규직화를 정당화하면서 동시에, 쟁의와 파업에 나서거나 그에 준하는 집단행동을 한 노동자들을 업무방해죄와 손해배상소송 따위로 고소·고발하는 일이다. '노동 유연성'의 증가가 사회안전망이나 기본적 노동인권의 확보와 연동되지 못했기에 해고는 치명적인 일이 되었고, 노조는 이에 저항할 수밖에 없었다. 이는 21세기형 노동탄압의 기초로서, 노동자를 인간으로 살지 못하게끔 내모는 '합법적' 수단들이다. 물론 그것은 '노동계급'뿐 아니라 거의 모든 시민과 '노동하는 사람'을 위협해왔다.

    너무나 많은 예가 있다. 2003년 1월 두산중공업 노동자 배달호 씨가 회사에서 분신자살했다. 그는 유서에서 사측의 악랄한 노조말살 정책과 무려 65억 원에 달하는 손해배상 청구 및 재산가압류를 절절하게 비판했다.

해고자 18명, 징계자 90명 정도 재산가압류, 급여가압류, 노동조합 말살 악랄한 정책에 우리가 여기서 밀려난다면 전 사원의 고용은 보장받지 못할 것이다. 지금 두산이 사택 매각, 식당 하도급화, 노동조합과 합의사항인데도 불구하고 일방적으로 시행한다고 하니 어처구니가 없구나!

얼마 전 징계자들이 출근정지가 끝나고 현장에 복귀하였지만, 무슨 재미로 생산에 열심히 하겠는가?

이제 이틀 후면 급여 받는 날이다. 약 6개월 이상 급여 받은 적 없지만 이틀 후 역시 나에게 들어오는 돈 없을 것이다. 두산은 피도 눈물도 없는 악랄한 인간들이 아닌가?

나도 매일같이 고민을 해본다. 두산의 노동조합 말살 정책 분명히 드러나 있다. 얼마 전 구속자 선고재판, 어처구니없이 실형 2년이라니, 두산은 사법부까지 개입하고 있다는 것이 눈에 보인다. 공정해야 할 재판부가 절차를 거쳐 쟁의행위를 했는데도 불구하고 모든 것이 불법이라니 가진 자의 법이 아닌가?

더러운 세상 악랄한 두산, 내가 먼저 평온한 하늘나라에서 지켜볼 것이다.

내가 없더라도 우리 가족 보살펴주기 바란다.

미안합니다.[16]

배달호 씨의 죽음은 손해배상소송과 직접 연관된 노동자

죽음의 한 시발점이 됐다. 민주노총 지도위원 김진숙과 고 정은임 아나운서 덕분에 이름이 조금 알려진 한진중공업 전 노조위원장 김주익 씨는 2003년 10월 17일에 스스로 목숨을 끊었다. 2003년 6월부터 한진중공업 85호 크레인에서 홀로 농성한 지 90여 일 만이었다. 아래와 같은 유서를 남겼다. 가족에 대한 인사와 걱정이 좀 더 강조되어 있기는 하지만 이 유서의 서술 구조와 정서는 배달호 씨의 것과 거의 같다.

조합원 동지들의 전면파업이 50일이 되었건만 회사는 교섭 한 번 하지 않고 있다. 아예 이번 기회에 노동조합을 말살하고 노동조합에 협조적인 조합원의 씨를 말리려고 작심을 한 모양이다… 이 회사에 들어온 지 만 21년, 그런데 한 달 기본급 105만 원, 그중 세금 등을 공제하고 나면 남는 것은 80여 만 원. 근속연수가 많아질수록 생활이 조금씩이라도 나아져야 할 텐데 햇수가 더할수록 더욱 더 쪼들리고 앞날이 막막한데, 이놈의 보수언론들은 입만 열면 노동조합 때문에 나라가 망한다고 난리니 노동자는 다 굶어 죽어야 한단 말인가.
노동조합 활동을 하면서 집사람과 아이들에게 무엇 하나 해준 것도 없는데 이렇게 헤어지게 되어서 무어라 할 말이 없다. 아이들에게 힐리스인지 뭔지를 집에 가면 사주겠다고, 크레인에 올라온 지 며칠 안 되어서 약속을 했는데 그 약속조차 지키지 못해

서 정말 미안하다. *(중략)*

준엽아. 혜민아. 준하야.

아빠가 마지막으로 불러보고 적어보는 이름이구나.

부디 건강하게 잘 자라주기 바란다.

그리고 여보.

결혼한 지 십 년이 넘어서야 불러보는 처음이자 마지막 호칭이
되었네. 그동안 시킨 고생이 모자라서 더 큰 고생을 남기고 가게
되어서 미안해.

하지만 당신은 강한 데가 있는 사람이라서 잘 해주리라 믿어. 그
래서 조금은 편안히 갈 수 있을 것 같아.

이제 저 높은 곳에 올라가면 먼저 가신 부모님과 막내누나를 만
날 수 있을 거야. 그럼 모두 안녕.

2003년 9월 9일

김주익[17]

그는 많은 동료에게 존경받는 선배였고 사랑하는 가족들
이 있었음에도 외롭게 절망 상태에 빠졌다. 직접적으로는 간교
하고 집요한 탄압 때문일 것이다. 이 죽음에 대해 그의 동료였
으며 2011년에 그와 같은 장소에서 목숨 건 농성을 했던 김진
숙은 이렇게 말했다. "1970년에 죽은 전태일의 유서와 세기를
건너뛴 2003년 김주익의 유서가 같은 나라. 두산중공업 배달호

의 유서와 지역을 건너뛴 한진중공업 김주익의 유서가 같은 나라. 민주당사에서 농성하던 조수원과 크레인 위에서 농성하던 김주익이 같은 방법으로 목숨을 끊는 나라."[18] 이 탁월한 노동운동가는 이미 '열사'들의 '계보'와 죽음의 방법을 의식하고 있다. 그리고 여러 차례 보도된 것처럼 그녀가 2011년 한진중공업 85호 크레인에서 김주익 씨처럼 농성을 했을 때도 이 '선배 열사'들의 죽음은 그녀에게 영향을 끼치고 있었다 한다.

그런데 전태일·조수원과 배달호·김주익의 죽음을 야기한 '직접 원인'은 다르다. 손해배상소송이다. 손해배상소송은 최악의 탄압 수단이다. 홍익대학교는 2011년 1월에 파업했던 청소노동자 등 6명을 상대로 2억 8천여 만 원의 손해배상 청구 민사소송을 냈다. 여기에는 홍익대 이사장의 명예를 훼손한 데 대한 위자료 1억 원까지 포함돼 있었다.[19] 노동자 한 사람당 4천여 만 원이다. 한 푼도 쓰지 않고 40개월은 벌어야 갚을 수 있는 돈이었다. 또 2011년 3월 대법원(신영철 대법관)은 '불법파업'으로 한국철도공사에 여객·화물 운송 수입 등의 손해를 입혔다며 전국철도노조에 100억 원여의 손해배상을 하라고 판결했다. 철도노조의 파업이 직권중재 기간 동안 이뤄졌기 때문에 '불법'이라는 것이다. 그러나 그 기간은 고작 4일이었다.[20] 그리고 KEC 노조는 301억, 금호타이어는 179억, 현대자동차는 200억, 재능교육은 20억….[21]

금속노조 간부 등 쌍용자동차 파업 관련자 62명은 2009년 파업사태 이후 총 70억 원의 손해배상 청구 소송을 당했다. 중요한 것은 소송을 제기한 당사자가 사측만이 아니었다는 점이다. 대한민국 경찰도 소송을 냈다. 경찰은 49명이 부상을 당하고 재산 피해가 난 상황의 책임을 노조가 져야 한다고 주장했다. 왜 회사가 아니고 노동자들이 책임을 져야 하나? 그뿐만이 아니었다. 경찰의 '모범'을 따라한 것인지 쌍용자동차의 보험 가입사인 메리츠화재도 파업사태 때 발생한 화재 보험금에 대해 110여 억 원의 구상권 청구 소송을 냈다. 물론 쌍용자동차 해고 노조원들과 시민사회단체 회원 등을 상대로였다.[22] '시민'들이 공익적 기업의 노조에 대해 손해배상소송을 제기하는 일도 생겨났다.

손해배상소송이 노동운동 탄압의 수단이자 파업에 대한 보복 수단으로 사용된 것은 1990년대 초부터였다.[23] 1991-1992년에도 사측의 손해배상소송이 있었고, 1993-1995년 사이 파업에 대해서는 총 25건의 손해배상소송이 제기되었다.[24] 그중 단 1건만이 법원에 의해 기각됐다. 나머지는 노조와 사측의 소송 철회나 합의에 의해 해결되었던 것인데, 2000년대에 들어 이 '해결'의 방법이 완전히 변화한 것이다. '노동'이 처한 현실 배경이 신자유주의적으로 변화하고 노사관계의 성격이 달라진 결과다. 이윤의 계산과 '민법'이 한몫을 하기 시작한다.

감히 노조와 노동자들은 이윤 실현이라는 지상(至上)의 숭고하고 신성한 '영업'을 방해하는 끔찍한 범죄를 저지른 것이다. 파업은 마치 패륜과 같은 짓이며, 대한민국 법원과 민법·노동관계법이 '불법'을 자행한 자들에게 적절한 돈을 받아냄으로써 손해를 벌충하게 하는 법과 제도가 완비돼 있다. 거기다 노조는 경찰의 부상이나 보험사의 영업손실에 대한 민사 책임도 져야 할지 모른다. 만에 하나 파업이 성공했다 하더라도 노동자들은 월급을 압류당하고 평생 빚더미에 올라앉게 될 가능성이 있다. 노사 합의나 '사회적 합의'로 파업이나 해고 문제를 해결했다 해도 민사상의 청구는 별도의 문제로 간주될 수 있다.

많은 사람들이, 원천적으로 노동자에게 불리한 노동관계법이 존재하는 한국에서 '합법 파업'을 하기란 하늘의 별 보기만큼이나 어렵고 법원이 너무 쉽게 사용자 쪽의 주장을 인정해준다며 비판한다. 하지만 내 생각은 약간 다르다. 기업과 노동부·경찰·검찰·법원은 마치 그냥 한 몸인 것처럼 움직인다. 이들을 엮는 것은 정치와 지배이념이기에 이명박·박근혜 정권 때 노동 상황은 최악에 이르렀다. 이전 시대에 한국의 억압적 국가기구들이 반공과 '권위주의'를 수호하기 위해 노동자들을 때려잡았다면, 이제 '폴리스'(치안)의 가장 중요한 목적은 대기업의 영업을 보호하고 이윤을 방어하는 것이다.

요컨대 '민주화' 이후에도 경찰은 노동자에 대해 극단적인 폭력을 행사했다. 갈등을 조정하고 분쟁에 대해 최소한의 개입으로써 '거버넌스'를 실행하는 것이 아니라, 공공연히 자본가와 가진 자를 편드는 공권력의 성격은 노무현 정권 때도 변하지 않았다. 그리고 쟁의 사후에 법원·검찰·경찰은 기업주와 함께, 발생했을 영업상의 손해를 넉넉히 계산해준다. 그래서 끝까지 노조와 노동자를 추적하여 보복한다. 또한 꼼꼼하게 청구한다. 물론 이 청구 역시 살인적이다. 이것이야말로 새로운 '노동 현실'과 2000년대 방식의 죽음의 맥락을 새로 구성하고 있는 것이다. '영업의 자유' 앞에서 '노동'뿐 아니라 '민주주의'나 '시민'도 한없이 왜소해진다. '영업의 자유'보다 신성한 자유는 없다. 이같은 상황을 노동억압의 '신자유주의화', '금융화'라 부를 만하다.[25]

전태일 유서가
여전히 쓰이는
나라

이명박 정권이 출범한 2008년 이후 노동자의 죽음
은 계속됐다. 이 정권은 출발점에서부터 '법질서'와 '노사관계
의 선진화'를 노동정책의 기조로 내세웠다. 노동법 자체가 거의
모든 쟁의행위를 불법으로 만드는 상황에서 '법'의 강조는 결국
"국가가 담당해오던 노사갈등의 정치적 조정 역할을 포기하였
고, 모든 노동쟁의와 노사갈등을 폭력적, 탈·불법적 행위로 규
정함으로써 합법적인 노조 활동마저 제약하였다." 이른바 '선
진화'도 "기업 편향적이고 노조 배제적인" 정책 방향을 의미했
다.[26] 즉 이명박 정부의 노동정책은 '삽질' 중심 경제정책의 하
위개념이었다. 하지만 앞에서도 말했듯 이명박 정부의 출범은
'노동 정세'에서 다른 국면이라고 보기 어렵다. 이명박 정부는
'민주화 이후'의 정부들이 취해온 신자유주의 정책을 잇고 더 악

화시켰다. 이는 노동운동을 위기로 몰고 간 구조적 배경이 되었다.[27]

노동의 분할, 여전히 '해고'는 살인이다

아래 표[28]는 2008년 이명박 정권 출범 이후 2013년 4월까지 약 5년간 노동자의 '사회적 죽음'을 보여주는 주요 자살(기도) 사건들을 뽑고, 특히 노동운동가들의 사례를 정리한 것이다. 이를 통해 다음과 같은 사실을 말하고자 한다.

이름	당시 나이	일자	사건 장소	방법	사유 또는 정황 (유서 또는 언론 보도에 근거)	소속 (사건 전 포함)
김○○	37	2013.04.16	농성 현장	분신	비정규직 차별에 항거	기아자동차
공○○	29	2013.04.14	자택	목맴	계약해지 3개월 후, 실업 상태	현대자동차
윤○○	35	2013.01.28	자택	목맴	해고 후 정신적 고통 두 번째 자살 기도	기아자동차
류○○	50	2013.01.18	공장	목맴	쌍용자동차 문제에 항의, 현직	쌍용자동차
이○○	47	2012.12.25	노조 사무실	목맴	해고당한 후 재판 통해 복직, 부채 문제	한국외대 용인캠퍼스 노조
이운남	41	2012.12.22	자택	투신	외상후스트레스성 장애, 우울증	현대중공업 사내하청 노조 초대 조직부장
최○○	41	2012.12.22	자택	번개탄 피움	대선 결과와 노동자 탄압 현실을 우려	서울 민생민주평화통일 민권연대

최〇〇	35	2012.12.21	노조 사무실	목맴	노조탄압, 현실에 대한 절망	한진중공업
유〇〇	50	2012.12.04	자택	목맴	우울증	유성기업
이〇〇	32	2012.09.15	자택	목맴	현대차 비정규직화	현대자동차
박〇〇	43	2012.06.20	부산신항 국제터미널 3층	분신	차량 사고에 대한 사측과의 피해협상 결렬 후	화물연대
정〇〇	52	2012.04.23	사무실	분신	시내버스 파업 장기화를 비판	호남고속
이〇〇	36	2012.03.30	자택	투신	일자리 찾지 못함	쌍용자동차
이〇〇	43	2012.03.12	선로	투신	업무성 스트레스로 추정	도시철도공사
신〇〇	44	2012.01.08	공장 작업 현장	분신	현장 탄압, 분신자살 시도	현대자동차
허〇〇	39	2011.11.21	자택	연탄 피움	해고 상태	철도공사
윤〇〇	46	2011.11.08	인근 야산	목맴	유서 없음 프레스생산팀 현직 노동자	쌍용자동차
김〇〇	36	2011.10.10	자택	목맴	희망퇴직자	쌍용자동차
고〇〇	40	2011.10.04	쌍용자동차 인근 승용차	연탄 피움	경찰 관계자는 "숨진 고 씨가 최근 개인회생 절차를 밟는 등 가계 빚에 시달리다 스스로 목숨을 끊은 것으로 보고 자세한 사망 원인을 조사 중"	쌍용자동차
신〇〇	50	2011.08.15	자택	목맴	생활고로 추정	일용직 노동자
모씨 (성명 불상)	40	2011.06.12	친구 기숙사 화장실	목맴	우울증과 부당노동행위(추정)	이주노동자 (대구 S산업)
박〇〇	49	2011.06.09	공장 화장실	목맴	회사 측의 노조탄압 고발	현대자동차 아산공장
조〇〇	36	2011.02.28	자신의 승용차	연탄 피움	생활고, 우울증	쌍용자동차

1. 언뜻 보아 이전에 비해 노동자 자살(기도) 사건의 양상은 이전에 비해 뭔가 달라진 듯하다. 그러나 저 사건들의 한가운데를 관통하는 것은 정규직과 비정규직 등으로 나뉜 억압과 노동 분할이며, 고용불안 문제다. 이는 오늘날의 '노동'이 처한 실제적인 사회적 문맥을 집약하는 것이다. 즉 이는 자살의 현상·형태가 과거와 유사하더라도 그것과 구별될 수 있게 하는 결정적인 매개다. 고용의 문제는 단지 비정규직 노동자의 행동양식만이 아니라 전체 노동자의 행동양식을 결정짓고 있다. 쌍용자동차 파업투쟁에 나섰던 노동자들은 정규직이었다. 그 유명한 이른바 '옥쇄 파업'은 정규직 노동자들도 절박한 상황에 처해 있다는 점을 보여준다. 물론 그 절박함은 다른 사회안전망이 없다는 사실에 기인한다.

2. 30-50대 남성 노동자들이 자살(기도)자의 다수를 차지하고 있다. 그 평균 연령은 약 42.3세이며, 이들 중 다수는 해고된 상태이거나 해고된 적이 있다. '해고는 살인이다'라는 명제를 다시 떠올리게 한다. 또한 비정규직 노동자가 차지하는 비율도 높다는 사실에 주목해야 한다. 고용불안정과 '자살생각'의 상관성은 여러 연구를 통해 객관적으로 증명되어 있다.[29]

3. 이명박 정권하에서 노동운동과 관련된 자살(기도) 사건의 다수는 대기업의 하청업체나 비정규직 노동자에 의한 것이다. 이는 비정규직 노동운동이 지닌 처절함과 절박함을 나타

낸다. 탄압과 모순이 이 운동에 집약하고 있었기에 희생자가 계속 나왔다.

4. 투쟁의 현장에서 적극적인 저항의 수단으로 분신 같은 방법을 택한 경우도 여전히 존재했다. 이전 시대와 비슷하게 분신은 돌발적으로 기도되기도 했고, 미리 계획적으로 준비되기도 했다. 분신이 꼭 '열사'들만 택하는 죽음의 방법은 아니지만, 현대자동차 집회 현장에서 분신을 기도한 신○○ 씨의 경우처럼 분신이라는 방법과 '열사'라는 키워드는 이 죽음의 정치학에서 여전히 작동하고 있다.

5. 그러나 이명박 정권하에서는 노조 간부나 노동운동가라 하더라도 고립된 상황에서 자살한 경우가 많다는 점이 주목된다. 이는 자살을 기도한 장소와 방법에 의해 드러난다. 투쟁 현장에서 분신은 가장 극한적인 투쟁 방법으로 택해진 것이다. 그러나 고립된 시공간에서의 죽음은 그들의 자살이 소극적인 저항이나 지속적 내몰림에 의한 것이라는 점을 알 수 있다.

6. 몇몇 자살(기도)은 '투쟁-패배' 과정의 결과로 나타났다. 철도노조 허○○ 씨나 한진중공업 최○○ 씨의 경우도 이에 해당한다. 특히 자살(기도) 사건이 집중적으로 몇 개 대기업, 즉 현대차·기아차·쌍용차·한진중공업 등의 노동운동가들에서 두드러진다는 것을 알 수 있다. 한국의 모든 노동운동 조직이 비슷한 조건에 처했겠지만, 특히 몇 개 사업장에서 극한적이고 집

중적인 노동탄압과 운동가 개인에 대한 압박이 병행되었고 이 것이 자살(기도) 사건의 이유가 되었음을 알 수 있다.

7. 이미 사회적으로 많은 논의가 이뤄졌지만, 2009년의 쌍용자동차 사태는 이명박식 노동정책이 집약된 사건이다. 공권력이 직접 개입하여 파업에 나섰던 노동자들에게 최악의 국가폭력을 저지르고, 결국 많은 노동자가 해고됐다. 파업투쟁에 참가하거나 퇴직한 노동자들은 외상적 경험과 기억을 갖게 되었다. 한국 노동운동사, 나아가 사회사 최악의 사건으로 기록될 만한 이 사건 이후 2013년 4월까지 총 24명의 희생자가 발생했다. 그중 자살자는 13명이며, 그중 한 명은 노동자의 가족이었다. 그 외 심근경색 및 돌연사 6명, 뇌출혈 1명, 당뇨합병증 2명, 기도폐쇄 1명, 기타 1명 등이라 전해진다.

8. 노동자의 '사회적 죽음'에는 이주노동자와 일용직 노동자의 경우도 포함되어 있다. 위의 표에서는 일부 사례를 들었을 뿐이나, 실제 사례는 훨씬 많을 것으로 추측된다. '노동'의 최저층인 이주노동자와 일용직 노동자가 처한 고난은 거의 발화되지 않고 있다. 또한 위 표에 나타난 몇몇 사례와 같이 업무상의 스트레스와 과로, 그리고 이에 따르는 불안·우울 등의 요인으로 인한 자살(기도) 사건도 현실에서는 아주 많을 것으로 보인다. 즉 신자유주의 이후 높아진 노동강도와 노동규율이 노동자 자살(기도)의 원인으로 작용한 경우가 상당히 많다(이 문제는 이 책

의 마지막 장에서 다시 다룬다).

"열사의 칭호를 던지지 마세요"
'열'에서 '울'로

기아자동차 비정규직 해고자이며 활동가였던 윤주형 씨는 2013년 1월 28일 자신의 집에서 죽음을 택했다. 박근혜 당선 이후 여섯 번째 노동자 죽음이었다.

윤주형 씨의 죽음은 여러 가지 면에서 당시의 노동 현실을 집약해서 보여주는 상징적인 사건이다. 그는 회사 측의 간교한 탄압 때문에 억울하게 해고를 당했고, 다른 해고자들이 복직될 때에도 끝내 복직이 되지 않은 채 생활고에 시달렸다. 그런데 그 해고에는 "정파 간 갈등과 노동조합의 관료주의"[30]가 결부되어 있었다. 또한 "기득권을 지키느라 더 낮은 곳에 있는 노동자에게 다가가지 못하는 노동판의 모습에 윤 씨는 좌절"[31]했고, 자신이 소속돼 있던 정파 조직을 2010년 탈퇴하여 더욱 외로워졌다 한다.

해고와 함께 노동운동에서 겪은 갈등과 마음의 고난이 원인이 된 이 자살은 노동운동계에 큰 충격을 주었다. 더구나 윤주형 씨의 장례 과정에서 기아자동차 정규직 노조와 기아해고자복직투쟁위원회 사이의 갈등이 재연됐다.[32] 윤주형 씨의 죽음과 이후에 이어진 과정은 2010년대 한국 노동운동이 처한 아포리아(aporia, 해결하기 어려운 막다른 난관)를 보여준다. 그것은 더 거대하고 간교해진 노동의 적, 그리고 '시민'들의 외면에 따른 고립 등과 같은 외부 조건과 함께, '노동' 내부의 분할과 분열을 반영하고 있는 것이다. 이것이 그의 자살에 관련된 외적·사회적 맥락이다.

그런데 문예창작학과를 다닌 적 있는 문학청년이었던 윤주형 씨는 아름답고도 처절한 유서를 남겼다. '노동열사'들이 남기는 유서[33]가 주로 사측과 국가에 대해 비판하거나 호소하고, 가족과 동료에게 미안함과 고마움을 전하는 말을 쓰는 2인칭 편지 형식인 데 비해, 윤주형 씨의 유서는 거의 1인칭을 유지한 보기 드문 경우다. 즉 죽음을 작정한 자의 고독한 내면(성)을 기술한 텍스트다. 그는 그 속에서 다음과 같이 "기억"과 "열사"에 관한 결정적인 언어들을 발화했다.

무엇을 받아도 기쁘지 않았습니다.

내 마음이 그런 것을 어쩔 수 없었답니다.

아무도 내 이름을 기억하지 않았으면 하고 구구절절을 남깁니다. 용서를 구합니다.

혹여, 다만, 어울리지 않는 열사의 칭호를 던지지 마세요.

잊혀지겠다는 사람의 이름으로 장사하는 일은 얼마나 잔인한 일인지요.

아마도 저는 평생 엄마를 찾아 헤맸나 봅니다. 조직도 노조도 친구도 동지도 차갑더라구요. 허기진 마음을 채울 수가 없어 너무 힘이 들었지요. 버티는 일조차 힘이 들더라.
세상에 낳는 건 누구나 평등해도 사는 일은 그렇지 않았는데, 참 다행인 것은, 그 누구나 죽음을 자신의 의지로 선택할 수 있다는 점이네요. 다행, 참 다행.
나에 대한 원망도 함께 사라졌으면, 주지 못한 뜨거운 내 마음은 남지 않고 조용히 사라졌으면 / 그럴 수 있다면 (중략)

나는 지층 가장 깊은 곳에 내려앉은 / 물맛을 보고
수액이 체관 타고 흐르는 그대로 한됫박 녹말이 되어
나뭇가지 흔드는 어깨짓으로 지친 / 새들의 날개와
부르튼 구름의 발바닥 쉬게 할 수 있다면 좋겠다
사철나무 그늘 아래 또 내가 앉아
아무것도, 되지 못하고 / 내가 나밖에 될 수 없을 때
이제는 홀로 있음이 만물 자유케 하며
스물두 살 앞에 쌓인 술병 / 먼 길 돌아서 가고
공장들과 공장들, 숱한 대장간과 국경의 거미줄로부터
그대 걸어나와 서로의 팔목 야윈

슬픔 잡아준다면 좋을 것이다 그제서야 조금씩

시간의 얼레도 풀어져

초록의 대지는 저녁 타는 그림으로 / 어둑하고

형제들은 출근에 가위 눌리지 않는 / 단잠의 베개 벨 것인데

한켠에서 되게 낮잠 자버린 사람들이 나즈막히 노래 불러

유행 지난 시편의 몇 구절을 기억하겠지

바빌론 강가에 앉아 / 사철나무 그늘을 생각하며 우리는

눈물 흘렸지요

　유서에는 그가 처했던 근본적인 고독에 대한 술회와 함께
죽음충동(타나토스)이 나타나 있다. 그 죽음충동은 온전한 소멸
과 고요, 또는 원점회귀에의 원망이다. 그래서 자신을 '평생 엄
마를 찾아 헤맨 아이'라 표현했다. 이는 본래적 자아를 회복하고
싶은 욕망과 다르지 않은 것이다. 그런데 이 욕망이 "참 다행인
것은, 그 누구나 죽음을 자신의 의지로 선택할 수 있다는 점"에
대한 인식에 이르고 말았다. 즉 그의 외로움과 회복에 대한 정
념이 소멸에 대한 충동과 '자살생각'으로 귀결된 것이다.
　그러나 실제로도 그렇고 많은 자살 연구가 보여주듯 '자살
생각'이 곧 자살로 이어지는 건 결코 아니다. 여기에 다른 외부
요인(가족·친구 등의 지지, 자살도구에 대한 접근성 등)이 더해지거나

빠질 때만 '자살행동'이 야기된다. 윤주형 씨의 죽음 또한 결정적인 시간들에서 다른 긍정적인 방향의 개입이나 변화가 가해지지 않음으로써 일어난 사건이겠다.

그가 숨지기 닷새 전에 페이스북에 작성한 글에는 "자살로 생을 마감한 한 동지. 혁명과 노동자를 외치던 수많은 활동가들은 아무도 그의 고민을 몰랐다. 죽고 난 그를 놓고 말잔치를 벌이는 현실은 차갑다 못해 비정하구나. 노동자의 힘으로 현장과 세상을 바꾸겠다면서 노동자들과 제대로 관계 맺고 있는 것인가?"라고 적혀 있었다.[34] 이 글을 쓸 때 이미 그는 죽음을 결심했을까? 근원적인 외로움과 고독감이나 상실감에 아무도 개입할 수 없었다는 점, 그가 전에 한 차례 자살을 기도한 적이 있었고 오랜 기간 정신적으로 힘들어했음에도 치유받지 못했다는 점이 근인(近因)이 아닐까.

유서에 나타난 것처럼 윤주형 씨는 단순한 개인주의자나 '운동 이탈자'[35]가 아니다. 그는 "형제들"의 "단잠"과 "서로의 팔목 야윈 슬픔"을 걱정하는 섬세한 존재다. 또한 여전히 탄압과 굴욕에 대해 "우리"의 회복(또는 복수)을 생각하는 상처받은 자다. 그래서 성경 시편의 "바빌론 강가"의 눈물을 생각한다. 하지만 그것조차 우선 외롭고 지친 자기 자신의 회복을 통해서, "아무것도, 되지 못하고" "내가 나밖에 될 수 없을 때" 가능하리라는 것이었다. 이 유서는 당시 운동에 처한 개인과 집합적 주체

사이의 비극적인 관계를 보여주는 한 텍스트임에 분명하다. 한국 노동운동(가)의 정념이 전투적인 열(烈)에서 고독한 울(鬱)로, 숭고한 성자 전태일에서 외롭고 고립된 우울가로 이행하고 있었다는 점이 이 유서에 나타나 있다.

그래서 주목되는 또 한 가지는 '열사의 정치학'에 대한 언급이다. 유서 작성자는 "열사의 칭호"를 거부하고 다만 잊히고 싶다고 명시했다. 이는 어떤 관습적인 '열사'로서의 호명이나, 자신의 죽음에 대한 타자들의 의미화를 거부하겠다는 것이다. 이러한 발화는 그가 열사의 정치학의 양상을 깊이 이해하고 숙고했기 때문에 가능했던 것일 텐데, 그는 모든 '열사'들이 의식한(또는 의식하지 못한) 그 방향과 반대의 길을 갔다. 즉 개별자로의 소멸 또는 회귀의 의지로 집합적 주체성과 '순교'를 거부한 것이다.

결론을 대신하여:
두 개의 불가능함 사이에서

세상은 달라졌다. 그리하여 '열사'와 비슷한 죽음을 맞는 이들은 여전히 생겨나지만 그 요절은 이전과 같은 사회적 반향을 얻지 못하고 있다. 한편으로 이는 이념과 정동의 불가분리성을 보여준다. 인간해방의 이념과 '대서사'가 실종되고 대안사회에 대한 전망이 사라지자, 다른 인간 존재에 대한 연민도 급격하게 소진된다. '노동'에 대한 추방과 배제는 이러한 과정의 정치적·정서적 효과의 하나다. 노동에 대한 배제는 노동자들의 죽음도 배제시킨다.

또한 그런 상태는 밑바닥에서부터 일어난 '마음의 레짐'의 변화와 관련 있다. 그리하여 다음과 같은 '상황'들을 연관시켜볼 수 있다.

첫째, 보편적 '진리'나 '이상'이 증발된 자리에 신자유주의적 '속물지배(snobocracy)'가 압도적인 힘을 행사하고 있다. '자기계발'하는 경영(학)적 사유가 주체성의 유일한 원천이 되고, '인간됨'이 호모이코노미쿠스(Homo Economicus, 경제적 인간)나 호모이피셔니쿠스(Homo Efficienicus, 효율적 인간) 외의 다른 가능성을 갖지 못하는 상태가 우리 앞에 있다. 국가 통치와 사익의 추구를 혼동하게 만들 정도였던 이명박 정권 이후의 한국 정치가 바로 이 속물지배의 절정의 표상이다. 그러나 많은 이들이 지적해온 바와 같이, 이명박 같은 사람이 압도적인 차이로 대통령에 당선되었다는 사실 자체가 '대중'이 '욕망의 정치'와 '속물독재'에 깊이 연루되어 있음을 보여준 것이라 할 수 있다.

둘째, 오늘날 신자유주의 체제하에서 자아(주체)의 '문화'는 개별자로 하여금 타자와의 관계를 마비시키고, 주체의 삶의 기능 전반을 자본과 시간이 강요하는 기획과 성과에 종속시킨다. 이는 단지 '먹고사니즘'과 '규율주체화'를 넘어서는 강도와 범위를 갖는 것으로 평가된다. 모든 계층과 젠더에서 각 주체의 생활세계와 사적 관계망 전체가 성과주의에 식민화된다. 가족 조차 이 같은 '성과주체화'를 향해 조직된다.[36] 이 과정에서 노르베르트 엘리아스가《죽어가는 자의 고독》에서 개탄한 것처럼 죽음이라는 현상은 마치 없는 것처럼 더 멀리 추방되고 있다. 아니, 우리는 죽음을 늘 목도하면서도 죽음에 대해 생각하고 그 앞에 멈출 마음의 여유도 시간도 없다.

셋째, 더 이상 '열사'의 죽음이 관심을 끌지 못하는 것은 이전에 없던 사회적 요절의 형식이 '정치적' 요절을 압도하기 때문인지도 모른다. 실로 많은 한국 청소년과 젊은이들이 경쟁과 피로 때문에 정신적 질환을 앓고 있으며, 그들 중 적지 않은 수가 자살하고 있기 때문이다.[37]

죽음은 늘 불균질하게 인지되고 재현된다. 자살을 비롯한 사회적 죽음 또한 그러하다. 죽음에 대한 인식 능력과 표상을 배분하는 것은 사회 전반의 윤리적 능력이나 이데올로기의 상황에 근거한다. 오늘날 '노동'에 대한 혐오와 배제는 1970년대 이래 최고 수준이 아닐까. 그것은 사회세계 전반의 '금융화', 인지자본주의의 과잉 확장, 정신노동과 육체노동 간 차이의 확대 등과 유관할 것이다. 그래서 노동자의 죽음은 배제되고 있다.

그러나 바로 이런 점들이 우리가 또 다른 형식의 젊은 죽음이 만연한 '지금-여기'에서 다시 요절에 대해 생각해야 할 이유다. 죽음의 권능이 삶에 대한 희망으로써 진압되는 것이 아니라, 경쟁과 피곤에 찌든 삶의 어둠 속으로 잠복하여 만연해 있기 때문이다. '희망 없음'이 오히려 죽음에 대해 발설하지 않게 하고, 죽음을 추방한다. 그리하여 죽음은 말해지지 않는 방식으로 그 권능을 강화하고 있다.

1970년 전태일의 죽음 이래 이어져온 노동자-열사의 정치학에는 연속성과 불연속성이 동시에 내포돼 있다. '노동열사'와 초기적 형식의 '열사 정치'는 1970년대에 배태되고 1980년대 민주노조운동 과정에서 본격화됐다. 그리고 제6공화국이 들어서고 이른바 '민주화 이후'에도 죽음의 행렬은 멈추지 않았고, 열사의 정치학은 확장된 채 이어졌다. 그러나 2000년대에 들어 신자유주의 사회의 본격화와 함께 그 죽음의 양상과 의미는 죽음의 당사자에게나, 그것을 수용하는 사회에게나 달라지기 시작했다. 즉 과거에는 노동자-열사의 정치학이 '주체의 구성'(또는 '계급의 형성') 과정과 연동·촉진된 작용이었다면, '지금-여기'의 노동자들의 죽음은 '주체의 해체' 또는 '주체 구성의 불가능성'과 더 깊이 연관된다.

그러나 공통적으로 40여 년 이어진 이 죽음의 역사에서 모든 노동자-열사의 죽음은 정치적이고 사회적인 죽음이다. 거기에는 공통적으로 노동운동에 대한 탄압과 노동자의 소외·무

권리 상태, 자본과 공권력의 폭력적 개입과 해고 등의 상황이 변함없이 개재해 있다. 물론 그러한 요소들은 죽음-사건들을 둘러싼 맥락을 다르게 구성한다. 즉 그것은 특정한 '노동 정세'와 거기 대면한 주체의 상황에 영향을 받은 일련의 서로 다른 사건들이기도 하다.

특히 이명박 정권의 출발 이후 노동운동가들의 잇단 죽음은 심각한 위기에 처한 노동운동의 상황을 반영한다. 즉 그것은 주체의 해체(또는 주체 구성의 난관)로 인해 집합적 연대와 조직운동이 어려워진 "절망 상태에서 터져나오는 숭고한 개인들의 희생일 뿐"인 것이다.[38] 이 젊은 희생은 총체적인 위기, 다시 말해 노동정치와 진보정치 전반의 하강적 국면 전환을 나타낸다. 그래서 기아자동차 비정규직 해고자였던 윤주형 씨의 죽음과 ("열사의 칭호를 던지지" 말라던) 그의 유서가 보여주는 것처럼, 이전과 같은 양상의 열사의 정치학도 불가능해진 것이다.

그러나 몸에 부을 기름을 사러 가면서 "태일이 형"을 떠올린 현대자동차 비정규직 노동자나, 죽은 지 66일 만에 장례를 치러야 했던 한진중공업 최강서 씨의 경우처럼, '열사의 정치학'이 완전히 중단되는 것도 불가능할 것 같다. 그것은 한편으로 '열사의 정치학'이 본디 피동적 수행성의 형식임을 다시 보여준다. 여전히 그들은 '순교'를 강요당하고 있고, "한국에서의 계급투쟁은 저항과 자기 파괴, 외상적 흔적과 죄의식이 결합된 혼돈

속에서" 지속되었기 때문이다.[39] 또한 노동과 자본 사이의 힘 관계가 변화할 전망이 당분간 보이지 않고, 자본과 이윤추구의 브레이크 없는 냉혹함이 노동자들을 출구 없는 압박으로 여전히 내몰고 있기 때문이다.

결국 우리는 두 가지 불가능함 사이에 끼여 있다. 그리하여 시급하게, 노동운동 말살을 저지하고 노동자-다중의 주체 재구성에 나서야 할 것이다, 라고 쓰고 마칠 수밖에 없다.

2부

애도의 정치,   증오의 정치

노무현 애도사事/史

한국 정치의
감정구조에 대하여

'이 죽음에서 자유로운 사람은 아무도 없다'

노무현 전 대통령이 경남 김해군 진영읍 봉하마을의 부엉이바위에서 서거한 2009년 5월 23일은 토요일이었다. 잊을 수 있을까? 약간 더웠던 그날의 바람, 형언하기 어려웠던 감정, 나눴던 대화들….

그가 퇴임한 지 얼마 되지 않은 전임 대통령이라 받은 충격뿐만은 아니었다. 그는 대중이 진심으로 좋아할 만한 드문 정치인의 하나였다. 많은 시민들처럼 그에 대해 정치적 '애증'뿐 아니라, 다소 개인적인 '감정'도 갖고 있었다. 내 본적은 경남 김해군 진영읍 내룡리였다. 그러니까 김해 진영읍은 아버지의 고향이고 아버지는 노무현과 같은 중학교를 나왔다. 부자(父子)는 각각 다른 이유로, 가난하고 평범한 '비주류' 출신이며 더할 나위 없이 솔직하고 직선적인 성격을 가진 것으로 보이는 이 젊고 새로운 지도자에게 관심이 많을 수밖에 없었다.

2002년 주변 사람들 대부분이 '이번엔 노무현'이었다. 1980년대 초에 대학을 다닌 이른바 586들의 대다수와 'NL' 경력이 있는 친구들은 말할 것도 없고, 무정부주의 성향이 강한 친구도, 단 한 번도 PD계 노선에 흔들림 없었고 1992년 대통령 선거에서 '민중후보' 운동의 활동가였던 친구도 노무현을 지지했다. 그리고 대학 땐 운동 경력이 없는 '얌전한' 학생이었지만 언제나 성실하고 원칙적이었던 또 다른 친구들은 아예 '노무현을 사랑하는 사람들의 모임'(노사모)의 열성 회원이 되어 그야말로 헌신하고 있었다.

2002년엔 그럴 만한 이유가 많았다. 노무현은 어떤 큰 상징이었고, '노사모'로 표현되는 대중의 지지 행동은 한국 대중민주주의사에서 새로운 문화이자 계기점임에 분명했다. 그는 한국 정치문화의 많은 것을 좋은 방향으로 바꾸고 있는 듯했다. 또 그의 승리는 그 자체로 대단한 변화이자 '역사의 진보'처럼 보였다. 당선되던 날 그가 "사람 사는 세상이 돌아와, 너와 내가 부둥켜안을 때, 모순 덩어리, 억압과 착취, 저 붉은 태양에 녹아버리네"로 시작되는 노래를 불렀다던가…. 비주류의 승리, 민주화운동의 승리, 1980년대의 승리처럼 보였다.

그 후 집권 5년의 드라마도 생생하다. 기대와 배반, 애와 증, 그리고 그 안타까운 실패에 대해 어찌 다 쓰리오? '검사와의 대화', '맞습니다 맞고요', 그리고 '노통장'과 헌정사상 최초의 '탄핵' 발의. 그리고 노무현 그 자신 혹은 노무현 정부의 몇 가지 치명적인 과오들, 예컨대 반노동정책과 이른바 '대연정', 평택 미군기지 이전과 한미 FTA…. '대통령 노무현'은 점점 새로운 대중정치를 가능하게 했던 '바보 노무현'에서 멀어져갔다. 그는 자신의 정당, 시민사회, 그리고 지지 대중 대부분을 잃는 '마이너스의 정치'에 빠져 헤어나지 못했다.

이렇게 다소 감상적으로 말하기 시작한 것은, 1980년대에서 2000년대를 살면서 우리 부자 같은 수많은 장삼이사 '시민'들도 김영삼·김대중의 '양 김 정치'에서 시작되어 새로운 단계의 '민주화'로 나아간 그 정치의 빛을 쪼였고, 또 '참여' 정치의 주체로 호명 받았기 때문이다.

2009년 5월 23일, 새로운 정치사의 시작

노무현의 죽음 이전과 이후는 다른 세상이었다. 훗날 그 자신도 자살로써 고인이 된 노회찬 당시 진보신당 대표는 그날, "이 죽음으로부터 자유로운 사람은 아무도 없다. 우리 모두를 뒤돌아보게 한다"[1]고 했다. 즉 '노무현 전 대통령'은 특별한 존재-대타자였고, 대통령중심제 하에 사는 대부분의 한국인은 이 죽음과 그것이 끼친 효과에 얽히게 되었다.

그의 죽음을 '정치적 타살'이라 생각하는 사람들이 많다. 그리고 그의 죽음은 어떤 면에서든 '민주화 이후' 한국 민주주의 의 위기를 상징하는 사건이었다.[2] '비주류' 출신이며 1980년대 민주화운동이 만든 정치인 '바보 노무현'은 한 시대 민주주의의 표상일 수 있었다. 그러나 '대통령 노무현'의 통치는 '(민주화란) 진정 누구의 민주주의인가'를 위한 싸움이었으되 불충분하고 뒤틀린 채로 전개되었다.

정치는 실로 감정과 정동의 영역이다.[3] 노무현의 죽음 이 후에 형성된 감정구조(structure of feelings)와 그에 따른 증상은 2000년대 한국인의 정치감정 중에서 가장 중요한 것이라 보인 다. 그런 면에서 노무현의 죽음은 한 시대의 끝이 아니라, 이전 에 없던 새로운 정치사의 시작이었다고 할 수 있다. 그것은 예 상치 못한 거대한 추모의 물결로 시작되었다. 죽음은 대중의 마 음에 일대 반전을 가져왔다.

노무현은 임기 말 매우 심각한 레임덕에 빠지고 국정 장악 력을 완전히 잃었다. 지지율은 고작 10%선 이하였고, 인터넷에 서는 '이게 다 노무현 탓이다'라는 댓글 달기가 광범위하게 유행 했다. 그리고 이 같은 상황이 배경이 되어 2007년 12월의 대통 령선거에서 야당 후보 이명박은 유례없는 표차로 민주당 정동 영 후보를 눌렀다. 한국 '보수'는 그렇게 상대 진영의 실패를 틈 타 오랜만에 권력을 재장악했다.

재집권한 보수세력과 이명박 정권은 노무현에게 비리 의혹 수사를 받게 했다. 이른바 '박연차 게이트' 때 검찰은 노무현의 가족과 측근을 털어 조사했다. 친형 노건평 씨와 태광실업 박연차 회장이 2008년 12월 뇌물수수 혐의로 구속되었고, 2009년 3월 민주당의 이광재 의원이 정치자금법 위반 혐의로 구속되었다. 4월 7일 노무현은 홈페이지에 권양숙 여사가 청와대의 정상문 비서관을 통해 돈을 받은 문제에 대해 대국민 사과문을 게재했다. 4월 9일 부인 권양숙이 대검찰청 중앙수사부에 소환되었다. 그런 상황에서 노무현 본인에 대한 수사가 시작되고, 결국 그는 2009년 4월 30일 소환조사를 받기 위해 대검찰청에 출두했다. 언론과 검찰은 그를 심하게 모욕했고, 노무현은 점점 고립돼갔다. 그러다 세상을 떠났다.

그러자 갑자기 반전이 일어났다. 서울시청뿐 아니라 전국의 분향소에서 시민들이 끝없는 추모 행렬을 만들어냈다. 대단한 추모 열기 속에서, 그리고 그가 남긴 말과 '도덕'의 여훈 속에서, 사람들은 새삼 회한과 죄의식, 안타까움, 상실감, 허탈감, 허무감, 자기연민 등이 뒤엉킨 강한 슬픔을 느꼈다.[4] 그 복합 감정은 특정한 지지층이나 세대, 지역 사람의 것만이 아닌 광범위한 것이었다. 꽤 오랫동안 할 일을 제대로 못하고 있다거나, 우울하다거나, '괜히 눈물이 난다'는 사례가 여러 세대와 계층에서 나타났다. 노무현에 대한 평가가 갑자기 정반대로 달라지기 시작하자 민주당의 지지율도 덩달아 올라가,[5] 얼마 뒤 국회의원 보궐선거에서 승리를 거두기도 했다. 이 같은 반전은 어디까지나 죽음이 불러온 정치적·감성적 효과다.

2009년 5월의 그날 나는, 이명박 정권과 그 하수인들이 노무현의 '유령'과 임기 내내 싸우느라 온 힘을 다해야 할 것이며 그 원한을 결국 감당하지 못할 것이라는 예감이 들었다. 그 '유령'은 이 땅을 지배해온 강력한 특권·주류 집단의 동맹이 억압하고 배제하여 지상에서 내쫓아낸 어떤 타자의 영(靈)[6]처럼 되었다.

그러나 나의 이런 감은 완전히 빗나간 것이었다. 노무현의 죽음을 둘러싼 감정구조는 단지 이명박 정권 시절에만 유효했던 것이 아니라, 이후에도 오히려 점점 더 커지며 오래 지속되었기 때문이다. 감정은 지지자들에게는 일면 노무현을 '죽인' 자들에 대한 증오와 복수심으로, 일면 노무현에 대한 죄의식과 우상화로 이어졌다. 중요한 것은 이런 감정이 단지 마음속 감정이 아니라, 대중정치의 공간과 여의도의 현실정치에서 물질성을 가진 정치 행동과 언어, 그리고 콘텐츠와 정치 주체들로 강력하게 응결·재생산되어 왔다는 사실이다.

지난 10년이 넘는 세월 동안 노무현에 대한 대중의 평가와 그에 대한 애도의 정치는 정세에 따라 변해왔다. 감정정치의 중심 주체였던 '친노'는 "2007년 대선에서 531만 표 차로 대패한 뒤 스스로를 '폐족(廢族)'이라 부르며 역사의 뒤안길로 물러"[7] 나는 것처럼 보였다. '폐족'이라는 말은 노무현의 핵심 측근이었던 안희정 전 충남지사가 참여정부평가포럼 상임집행위원장이던 2007년에 써서 유명해졌다. 그러나 2010년대 초에 이르러 '친노'는 강력하게 부활·재구성되었다.

'친노'는 노무현에 대해 죄의식이나 부채감을 갖고 있는 사람들의 감정을 이용하거나 또는 스스로 그런 집합적 감정을 동원해 정치적 자원으로 활용해왔다. 노무현 자신은 서거 불과 한 달 반 전에, "진심으로" 주변 사람들에게 "정치하지 마라"[8]고 강하게 고언했지만 말이다. 흥미롭게도 "문재인은 정치하고, 유시민은 책을 쓰고, 안희정은 농사를 지어라"는 말을 남겼다.[9] 재구성된 '친노'가 '노무현'을 정치에 이용해온 것은, 스스로들의 권력욕만이 아니라 정치인 노무현에 대한 대중의 감정이 여전히 파고가 높기 때문일 것이다. 그리고 그중 '호감'은 촛불 이후에 더 커졌다.[10] 따라서 '노무현'과 그 죽음, '노무현 정신'을 도구로 삼아 권력을 누리려는 사람들은 여전히 많다.

이 글은 노무현 전 대통령의 죽음 자체를 재구성하거나 평가하려는 목적을 가진 것이 아니다. 내 관심은 노무현의 죽음이 어떻게 애도되면서 한국의 진영정치와 감정정치의 소용돌이를 증폭해왔으며, 또 그것이 어떤 문화정치를 구성해왔는지를 살펴보는 것이다. 그 과정 자체가 오롯이 2000년대의 한국 정치

사이자 문화사다. 지혜로운 분들은 이 글에서 우리가 2009년 5월에 함께 입은 트라우마를 극복하고 더 나은 민주주의 문화를 만들 단초를 발견해보시기 바란다.

"정치하지 마라"

'현실정치'라는 말은 부정적인 뉘앙스를 지닌다. 도덕과 이상, 정의와 명분 같은 가치는 실제 현실에서 수사와 의장 같은 것에 불과하며, 힘과 술수 같은 비도덕적 수단과 약육강식이 작동 원리가 되는 정치를 뜻하기 때문이다. '현실정치'는 '권력정치'와 비슷한 말이다.

막스 베버는 유명한《직업으로서의 정치》에서, 정치란 "모든 폭력성에 잠복해 있는 악마적 힘들과 관계를 맺게 되는 것"이기에 "자신의 영혼의 구원 또는 타인의 영혼의 구제를 원하는 자는 이것을 정치라는 방법으로 달성하고자 해서는 안" 된다고 단언했다.[11] 정치 자체가 폭력이나 악과 관계하는 일이라는 데서 출발해야 한다는 것이다. 동의 여부를 떠나 한국에도《직업으로서의 정치》못지않은 통찰을 담은 문헌이 있다. 바로 노무현 대통령이 퇴임 후 봉하마을에서 활동하며 자기 홈페이지에 남겼던 〈정치하지 마라〉라는 글이다.

이 글은 한국적 '현실정치론'으로서, 정치의 괴로움과 그 주체가 되는 정치인의 고난에 대해 흥미롭고도 진술하게 쓰고 있다. 노무현은 이 글에서 "이웃과 공동체, 그리고 역사를 위하여, 가치 있는 뭔가를 이루고자 정치에 뛰어든 사람이라면, 한참 지나고 나서 그가 이룬 결과가 생각보다 보잘것없다는 것을 발견하게 될 것"이라 했다. 그러고는 "열심히 싸우고, 허물고, 쌓아올리면서 긴 세월을 달려왔지만, 그 흔적은 희미하고 또렷하게 남아 있는 것은 실패의 기록뿐, 우리가 추구하던 목표는 그냥 저 멀리 있을 뿐"이라 했다.[12]

이는 부산에서 '인권 변호사'로 일하며 노동자와 억압받는 사람들을 돕다가 심지어 1987년 노동자 대투쟁 때 구속되고, 변호사 업무정지 처분까지 받았던 노무현 자신의 경험을 반영한 말이다. 40대 초반의 변호사 노무현은 구속된 뒤 불과 4개월 만에, 당시 부산 정치의 대부(?) 김영삼에 의해 1988년 3월 총선에 발탁되어 정치인이 되었다. 그러고는 20여 년 정치인으로 살다 대통령까지 되었던 것이다.

저 언명은 좀 깊이 곱씹어볼 필요가 있다. 왜냐하면 노무현뿐 아니라 1970-1980년대 많은 재야 시민사회와 학생운동 출신들이 "이웃과 공동체, 그리고 역사를 위하여, 가치 있는 뭔가를 이루고자 정치에 뛰어"들었기 때문이다. 이 같은 정치인 형성의 경로는 1980년대 이래 지금까지 한국 정치(인)의 핵심 재생산 구조다. 따라서 온갖 노력과 곡절에도 불구하고 '이룬 결과가 보잘것없다'는 노무현의 평가는, 그 운동가들과 '민주화 이후의 민주주의'의 낮은 성취에 대한 자기평가로 들린다. 도대체 왜 그렇게 되었을까? 지금 586세대 정치인들을 생각해보면 더 분명하다.

이어 노무현은 핵심을 찔러 말하고 예견한다. "정치인은 거짓말, 정치자금, 사생활 검증, 이전투구, 고독과 가난의 수렁을 지나가야 하는 것"이기 때문에, "요즘 사람들을 만나면 '정치하지 말라'고 진담으로 말한다"고 했다. 그러고는 "얻을 수 있는 것에 비해 잃어야 하는 것이 너무 크"고, "나는 지옥 같은 터널을 겨우 지나왔지만 남은 사람들의 처지를 안타깝게 생각한다"고 썼다. 참으로 교훈적인데 정작 자신에게 더 큰 시련이 닥치고 이를 삶 안에서 이겨내지 못할 것도 예견한 것일까?

아무튼 정치인은 베버가 말한 세상의 모든 '악'과 관계하여 "거짓말, 정치자금, 사생활 검증, 이전투구, 고독과 가난의 수렁"을 겪든가, 아니면 악과 그대로 한 몸이 된다. 그런 것을 이기지(?) 못할 때 정치인의 자살이라는 비극이 벌어지는 것일까? 노회찬, 박원순, 정두언, 성완종, 신용욱, 안상영 등 많은 정치인의 자살은 한국적인 현상인가, 아니면 '근대 국가' 전반에 보편적인 일인가? 여기서는 일단 2000년대 이전의 한국에서 자살한 사람들 중에서 정치인이 그리 많지 않았다는 사실만 환기해놓고 가려 한다.

그런데 기실 그들 정치인들은 원래 자살과는 거리가 있는 부류의 사람들 아닐까? 그들은 강하고 치사한 '자기보존'의 달인이며, 마키아벨리즘의 화신 아닌가? 그들은 '악'과 관여함으로써 일반적인 사람들보다 거짓과 모욕과 좌절에 내성이 강한 자아를 가진 존재 아닌가? 천수를 누린 전직 대통령들이라든가 5선, 6선씩 하는 국회의원들을 생각해보라. 그들은 오래 산다. 아마도 그들은 뛰어난 '정치력'으로 염라대왕이 제 이름을 잊고 있도록 뭔가 수를 써뒀는지도 모른다.

특히 그 출발부터 암살테러와 학살 그리고 내전을 통해 수립된 대한민국에서는 수단과 방법을 가리지 않고 살아남는 것이 지상의 가치 아니었을까? 초대 대통령 이승만의 시대 이래 정치인 자신들이 험난하고 척박한 한국의 정치문화 자체와 한 몸으로 살며 정치를 그렇게 만들어오지 않았을까? 우리가 자주 정치(인)를 증오하는 것은 그들이 "거짓말, 정치자금, 사생활 검증, 이전투구, 고독과 가난의 수렁"을 겪어내는 생존법을 그야말로 정치화·제도화했기 때문이다. 그들은 범인(凡人)보다 낮은 도덕성과 높은 생존력을 가진 존재들 아닌가? 그래서 그들은 역설적으로 베버의 말처럼 이 폭력적인 국가의 사업인 정치라는 것을 담당하고, 평범한 시민들을 대표하거나 통치할 수 있다. 그것은 물론 자주 우리에게 참기 어려운 모독처럼 느껴지기도 한다.

또 노무현의 죽음을 둘러싼 한국 정치는 그야말로 칼 슈미트가 말한 '정치적인 것'에 근접해 있다고 할 수 있을 듯하다. 칼 슈미트는 여러 방면으로 영향을 끼친 책《정치적인 것의 개념》에서, 정치란 결국 적과 동지를 구별하고 적대를 창출하는 행위라 주장했다. '적'의 타자성과 이질성, 그리고 그와 반대되는 '우리'의 동질성과 동지-됨은 자연적인 것이 아니라, 정치행위 과정에서 만들어진다. 그것은 '우리'를 형성하고 존재케 하기 위한 작용이다. 칼 슈미트는 그래서 "동지와 적이라는 특수한 대립을 다른 구별들로부터 분리시켜 독립적인 것으로서 파악할 수 있는 가능성 속에 이미 정치적인 것의 존재로서의 사실성과 독립성이 나타나는 것"이라 했다.[13] 모든 사태를 적대하는(듯한) 두 진영에 따라 사고하고 동지와 적의 구분 외에 다른 중간자를 허용하지 않는 것, 적에게 단호하게 '빨갱이·좌빨'이라든가 '적폐·토착왜구'니 하는 식의 딱지를 붙여주는 방식의 정치가 여전히 이 나라를 지배하고 있다.

법철학자 칼 슈미트는 자유주의를 비난한다. 자유주의는 적대와 적의 개념을 부인함으로써 국가의 존재 이유를 모호하게 하고, 비현실적인 '이상'에 치우쳐 오히려 진정한 정치적 문제를 은폐한다는 것이다.[14] 그런데 아이러니하게도 한국의 자유주의는 다른 어떤 영역에서보다 이 대목에 이르러 전투적(?)이며 단호하다. 노무현의 죽음 이후 그 죽음을 둘러싼 정치는 일도양단 이외의 회색 공간과 합리적 중간 입장을 차단한다. 기실 거대 양당은 노동·부동산·교육·계급세습·불로소득 등의 문제에서는 기득권을 수호하고 아래로부터의 계급정치를 말소시키는 데 이해관계를 같이하면서도, 대선·총선 같은 정치 이벤트에서는 마치 한쪽을 완전히 몰살하지 않으면 안 될 것처럼 적대한다. 노무현의 죽음은 그런 식의 '정치'의 중대한 계기이자 매개였다.

대통령의 죽음, 그리고 '가부장-국가'의 '가족-로망스'

노무현은 권위주의 군사독재와 3김 보스정치 시대에서 성장한 정치인이었다. 그는 자신의 표현대로 '구세대의 마지막' 또는 새 시대의 처음이 되었다. 지나치게 소박하거나 솔직해 최고 권력자에게는 적당하지 않은 듯해 보인 그의 면모는, 조금 부적확하게 말해 '탈권위주의'라 표현된다. 노무현의 말씨와 면모는 이 나라에서 가장 '고상하고 점잖은'(?)《조선일보》의 독자들이나 엘리트들은 이해하거나 납득할 수 없는 그런 종류의 것이었다 한다. 그리고 때로 이것은 노무현 자신에게 족쇄가 되기도 했다. 그는 비주류 출신의 '바보'였고 '노통장'이었다. 말도 좀 많았다.《군중과 권력》에서 엘리아스 카네티가 말한 것처

럼, 권력자에게는 '침묵'이야말로 정치권력을 운용하는 강력한 수단이라는 진리를 그는 외면했다.[15]

노무현의 지도자됨이 여느 정치인과 달랐다는 것은 죽음을 통해 증명됐다고 할 수도 있다. 그 선택은 어떤 '결백'을 향한 의지 같은 것에 의해 수행된 것처럼 보인다. '차라리 죽었으면 죽었지, 절대 쪽팔리면 안 된다'는 '남성'의 원리도 거기 있는 듯하다. 어쨌든 그것은 결과적으로 윤리적 자기동일성을 보존하기 위한 행동이 되었다.

한 사람이 사회세계 속에서 지니는 자기동일성의 내용 항목은 다양하다. 이념이나 신념일 수도 있고, 윤리나 양심일 수도 있으며, 또는 사회적 자아(페르소나)를 내면적 자아와 동일시하는 (허위적인) '체면'일 수도 있다. 삶의 궁극적인 국면 앞에서 이들은 대개 헛된 것이 되지만, 어떤 인간들은 그것과 '생'을 교환 가능한 것으로 생각한다. 물론 실제로 그것들은 목숨에 못지않은 가치가 있을지도 모른다. '(좋은) 삶'과 가치가 더 중요하고, 생존과 목숨이란 구차한 것일 수 있다.

한국이나 미국 같은 대통령중심제 국가에서 대통령은 단지 행정부의 수반이 아니라 정치적 상징이며, 문화정치의 핵심이다. 대통령은 그 자체로서 통치성의 중대한 구성요소이며 가부장-국가의 중심 기표다.[16] 대통령이라는 사람은 무소불위의 가장 큰 권력을 갖고 있을 뿐 아니라 해당 정부의 행정 스타일과 대중-정치-사회의 욕망을 집약하기도 한다. 물론 이는 '대통령(직접)선거'라는 제로섬 게임을 통해 '권력'을 구성하게끔 되어 있기 때문이기도 하다.

막스 베버가 말한 것처럼, 정치란 권력을 통해 관직을 배분하여 지지자들에게 보상을 가져다주는 작용이기도 하다. 한국의 경우 대통령이 직접적으로 권력과 밥벌이를 나눠주는 고위 공무원과 각종 기관장들은 무려 7천 개 직이 넘는다. 그리고 다시 그들에 의해 간접적으로 대통령의 권력을 분배받는 공무원이나 정부출연기관·공공기업 등의 자리도 수만 개는 될 것이다. 또한 선출 형식이지만 당의 공천을 통해 뽑히는 국회의원이나 지방자치단체 기관장들도 대통령을 정점으로 권력의 근간을 이룬다. 그런 많은 남성들(대부분이 그렇다)은 자기도 모르는 사이에 대통령을 존경하며 따르고, 충성심을 가지고 대통령이 시키는 대로 무슨 일이든 하며, 자기가 권력을 행사할 때 대통령을 흉내 내는 경향이 있다. 의식적으로, 무의식적으로 그렇게 할 것이다. '대통령 지시사항', '대통령 관심사항', '대통령 공약', '대통령 직속'들은 그것을 위한 매개다.

이런 행태는 남성중심-권력-사회의 어떤 구조가 집약된 것이기도 하다. 그래서 대통령은 또한 '가부장-국가' '가족-로망스'(린 헌트의 개념대로)의 중심 기표다. 물론 권위주의 국가에서는 더 심하겠지만 대통령중심제야말로 가장 군주제와 비슷하다는 것을 알 수 있다. '진정한'(?) 공화제라면 누가 대통령이 되어도 괜찮고, 심지어 옛 그리스 민주정에서 그랬듯이 제비 뽑기를 해서 자격 있는 시민들이 돌아가면서 대통령을 해도 된다. 또한 대통령이 아니라 '통령'이 여러 명 있어도 되지 않나. 그런데 한국의 대통령은 거의 신과 같은, 일종의 the One(일자)이다.

이에 더하여 유교 전통을 가진 한국에서 대통령은 '주군'이나 '임금' 같은 봉건 군주의 표상으로 재현되고 또 실제로 그와 유사한 존재로 여겨진다. 흥미롭게도 이런 표상은 권위주의 시대(1960-1980년대)와 김영삼·김대중 양 김의 보스정치 시대를 지나며 오히려 더 강화된 면이 있다. 박정희·전두환은 그야말로 가부장 겸 조폭 '두목'이거나 군대의 지휘관 같은 대통령이었다. 김영삼·김대중도 경륜과 투쟁 경력 등을 통해 절대적 카리스마를 가진 확고한 총재(보스)이자 '선생님'이었다. 그러나 노무현·문재인은 상대적으로 카리스마가 부족했고 또 그 때문에 보수·수구 세력의 조롱과 공격의 대상이 된 탓인지, 노골적으로 대통령을 군주·주군에, 자신을 신하에 비유하는 자들이 나타났다.

당시 서울대 조국 교수는 2003년 2월 27일 《중앙일보》에 기고한 글에서, 막 취임한 노무현 대통령에게 "간언"을 올렸다. 즉 자신을 신하의 자리에 놓고 임금에게 잘못과 "간신"을 경계하도록 여쭙는 글을 공론장에 썼다. 중국 춘추전국시대 《한비자》의 "군주에게 악이 되는 여덟 가지 장애로 열거한 '팔간(八姦)'의 문언을 빌려"서 말이다.[17] 또 노무현의 최측근인 안희정·이광재가 함께 낸《안희정과 이광재》라는 책을 보면, 자신들을 조선의 개국공신 정도전에 비유하는 장면이 여러 번 나온다. 이광재는 때로 호연지기(?)가 지나쳐 자신을 직접 조선의 창업주 이성계에 비유하기도 한다.[18]

제18대 대선까지는 신사적(?)이고 우유부단하며 반정치적인 모습을 보였던 문재인은 대통령 당선 후 (특히 그 지지자들에 의해) '임금'으로 거듭났다.[19] 청와대 대변인이나 아부에 능한 추종자들과 지지자들은 문재인을 세종대왕에 비유했다.[20] 2020년 8월 12일 한 누리꾼은 청와대 국민청원 홈페이지에, '진인(塵人) 조은산'이라는 필명으로 〈시무 7조를 주청하는 상소문을 올리니 삼가 굽어 살펴주시옵소서〉라는 글을 올려 인기를 끌었다. 고려시대 문신 최승로가 제6대 임금인 성종에게 건의한 정치개혁안 '시무 28조'를 본뜬 글이라 한다. 물론 반대 진영도 만만치 않다. 2021년 유력한 야권 대권 후보 윤석열은 국민의힘 대선 토론회에서 손바닥에 '임금-왕(王)' 자를 쓰고 다니는 것을 들켜 큰 비웃음을 샀다.

이런 공화제-가부장-국가인 대한민국 대통령의 죽음이 가진 의미는 결코 작지 않을 것이다. 대한민국사에서 자연사하지 못한 대통령이 둘 있으니, 바로 박정희와 노무현이다. 그들이 지금도 '가장 존경받는 대통령' 1, 2위를 다툴 수 있는 이유가 바로 그 죽음의 방식에 있는지 모른다. 대한민국 건국 초기에 제주, 여수, 순천 등지에서 그리고 한국전쟁 당시 수없이 많은 민중을 학살한 이승만조차 4·19혁명으로 물러날 때에는 일부 대중의 박수를 받았다 한다. 구차한 온정주의나 '인정' 같은 것이 대중에게 있고 그것이 '죽음'을 어떤 재평가의 계기로 삼게 한다고 생각해볼 수 있다. 그러나 한편으로 대한민국의 주권인민은 혁명에 준하는 직접행동으로 대통령을 몰아내본 여러 차례의 경험을 통해 '주권자'로서의 강렬한 의식도 갖고 있다. 따라서 대중과 대통령이라는 정치의 주권적 양극을 우리는 갖고 있다.

과연 누가 노무현이 죽기를 바랐을까? 이명박이나 검찰이 원했을까? 노무현을 처음부터 증오하며 대통령임을 인정하지 않으려 하고 탄핵 등을 기획해 끌어내리고 싶어 했던 특권계급 동맹이 그랬을까? 그들에게 가장 유리한 일은 그저 노무현이 '실패한 대통령'으로서 시골마을에 '폐족'의 족장쯤으로 찌그러져 있는 것 아니었을까? 그래야 언제든 그를 린치하고 조롱하며 노무현과 그 정치의 실패를 방패막이 삼아 자기들의 실정과 전횡마저 정당화할 수 있을 테니. 오히려 노무현이 단죄되고 민주주의 후퇴의 제물이 되기를 바란 건 '대중'의 일부였는지 모른다. 일련의 실패로 인해 대중은 노무현과 그 정부를 강하게 몰아세우고 단죄했다. 노무현 임기 말기의 지지율은 10% 이하였

다. 탄핵 직전의 박근혜처럼 5%대로 조사된 결과도 있었다.[21]

 '민주화 이후의 민주주의'에 대한 환멸이 급격하게 번져간 결과가 이명박의 등장과 10년 만의 보수세력 재집권이었다. 제17대 대선은 두 가지 기록을 세웠는데, 63.0%의 역대 최저 투표율과 이명박의 역대 최다 득표였다. 이명박은 무소속으로 출마한 또 다른 '보수' 후보 이회창이 15.1%나 가져갔는데도 48.7%나 득표했다. 이 수치야말로 참여정부 실패의 확실한 증거였다. 보수세력과 이명박 정권은 이를 바탕으로 노무현과 그 정부를 단죄하고 '실패'의 상징으로 의미화했다. 검찰과 '조중동'에게 유린당할 때 거의 아무도 나서서 그를 지지·지원하지 않았다. 그러므로 노무현은 스스로 목숨을 버림으로써 이 단죄와 고립에 대항했다고 할 수 있다.

 노무현은 이명박 정권의 반동에 대한 시민사회의 치열한 대항이 벌어지고 있는 와중에 세상을 떠났다. 2009년 벽두의 '용산 참사'를 비롯해서 가깝게는 화물연대 노동자들의 싸움과 미디어법 문제에 이르기까지, 이명박 정권의 반민주주의 행태는 총체적이었다. 대중은 이명박 정부가 기대와 달리 '실용주의'도 아니고 유능하지도 않은 반동정부라는 것을 빨리 깨닫기 시작했다. 대중은 2008년 봄과 여름 사이의 치열했던 촛불시위가 패배로 돌아간 이래로 여러 가지 이유 때문에 자신들을 다시 전면적인 전선에 가져다놓지는 못했다. 하지만 2009년의 일련의 사건들 속에서 이명박 정권의 본질이 무엇인지는 알고 있었다.

7일간의 장례식, '미안함'이라는 정동

노무현 전 대통령의 장례식은 이런 마음의 과정을 압축해서 보여주고 또 미래를 예견하게 하는 정치적 사건이었다. 그 첫 번째의 집단적 마음결, 즉 정동은 '미안함'이었다.

이명박 정부는 2009년 5월 24일 노무현 전 대통령에 대한 장례를 '국민장'으로 거행하기로 정하고 국무총리 한승수를 장례위원장에 선임했는데, 유가족 측이 공동위원장으로 전 국무총리 한명숙을 제안하자 받아들였다. 장의위원은 역대 최대 규모인 총 1383명으로 구성했고, 서울역사박물관을 비롯해 102개소에 달하는 공식 분향소를 차렸다. 여기서의 조문 인원은 5월 29일 18시까지 98만여 명에 달했다고 한다. 그런데 이와 별도로 시민들이 자발적으로 세운 분향소도 대한문 앞을 비롯해 150여 곳에 달했고, 5월 29일 새벽까지 조문객이 500만 명을 넘었다. 양자의 차이가 의미하는 바가 중요하다.

원래 죽음 뒤의 뒤늦은 상실감과 고인에 대한 재발견은 모든 애도 과정의 필수적이고 보편적인 것이라 할 수 있다. 그것은 타자의 죽음에 대한 '나-주체'의 대응으로서, 대개 인륜성과 '선'이 작용한다. 즉 사자가 죄나 허물이 있는 사람이라도 대체로 용서하고 냉정하지 않게 평가해주려는 넉넉한 마음씀이 작동하는 경우가 많다. 죽음이라는 어떤 궁극적 힘이 거기에 작동한다. (물론 새삼 그가 남긴 '악'이나 '한'이 조명되는 경우도 있다.)

그런데 그 죽음이 자살인 경우 그것은 더 강하게, 죽음 이전에는 결코 예상할 수 없었던 힘으로 주체에게 작용하여 죄의식을 불러일으킬 수 있다. 그때 어떤 이의 자살은 살아 있는 주체의 고통이나 죄의식 같은 마음을 반영하여 '숭고'하고 도덕적인 행위로 간주된다. 물론 죽은 이의 최후의 행적이나 유서 등을 통해 남긴 말 등이 평가에 결정적인 영향을 미친다. 노무현 대통령의 죽음이 바로 그런 경우다.[22]

봉하마을과 각지의 분향소에서 7일간 전국적인 규모의 "조문 신드롬"이 일어났다. 한마디로 이는 '미안함'의 정동을 배경으로 한 것이었다. 당시 봉하마을 풍경을 보도한 《연합뉴스》에 의하면, 인터뷰를 한 박 모(44·여) 씨처럼 "소수와 약자를 위하시던 서민 대통령이지만 (중략) 제대로 이해하고 지지하지 못했던 다수의 사람들이" 노 전 대통령에 대한 미안함을 표시하기 위해 분향소를 찾았다. 그들은 "노 전 대통령의 신념과 품성을" 다시 생각하고, 또 "막연한 비판을 해왔던 사람들이 미안해한다는 것"이다. "봉하마을 장례 관계자도 '조문객들의 이야기 중 가장 많은 것이 미안하다는 말인 것 같다'며, '검찰 발표와 언론 보도만으로 노 전 대통령을 비판적으로 봤던 것과 그동안 노 전 대통령에 대한 생각이 잘못된 것 같다는 미안함도 있는 것 같다"고 했다.[23] 이 기사에서 '미안(함)'은 매 문장마다 빠지지 않고 계속 나타난다.

이처럼 노무현의 죽음은 대중으로 하여금 일시에 큰 죄책감에 빠져들게 했다. 그것은 일반적인 자살자의 유가족이나 주변인들의 감정과도 비교 가능한 것이다. 그러나 위에 언급된 것 같은 '미안한' 감정은 한편으로는 추상적이고 막연한 것이다. 전직 대통령 같은 타자의 죽음에 대한 이런 감정이 오래 지속된다고 보기 어려우며, 다른 정치적 계기를 만나면 이런 감정은 쉽게 반전될 수도 있다. 타인의 죽음을 대하는 인간의 감정은 결코 보편적이지도, 지속적이지도 않다. 대단히 정치적이고 편파적이다.[24]

시간의 힘과 삶의 원리란 희한하고도 대단해서, 자식의 죽음 같은 말 그대로 극한적인 '참척' 같은 것이 아니라면, 큰 상실이나 슬픔이라도 점점 잊히고 희석된다. 애도가 제대로 이뤄져서 상실을 현실로 받아들이고 새로운 삶에 적응해나갈 때, 부모나 가족 또는 연인의 죽음 같은 대체 불가능한 체험과 감정적 고통도 결국 희미해진다. 물론 자살자의 유가족처럼 마음 치료가 반드시 필요한 경우도 많다. 하지만 점점 잊히고 마모되는 것은 극히 정상적인 일이다.

그런데 그런 감정이 개별자의 것이 아니라 집합적인 것이고 (정치)이념이 개입되는 경우에는 다른 문제가 된다. 그들에게 노무현의 죽음은 그와 그 가족이 뇌물과 비리에 연루되어서가 아니라 '정치보복'에 의한 것이라는 확실한 증거였다. 또한 그 죽음은 노무현이 정권의 실패와 부패 혐의라는 불명예를 다 씻어버리고[25] 그들의 마음에 완연히, 그리고 강하게, 친근하고 선하며 더 없이 훌륭한 '노짱'과 '국민 대통령'의 자리에 다시 등극하는 계기가 되었다. '폐족'이었던 '친노'는 정치적으로 부활하고 다시 뭉쳐 재기했다. 여기서 그들의 죄책감과 원한감정(복수심)이 매개가 되었다. 장례 기간 동안 그 집합적 정동은 이미 응결되었다.

복수심: 증오와 죽음의 정치

2009년 5월 말의 노무현 애도 정국 중에 《뉴욕타임스》는 섬뜩한 기사 하나를 내보냈다. '이명박 대통령의 임기가 끝나는 2012년까지 이런 정치보복이 끝날 수 있을지는 장담할 수 없다. 그런데 오히려 이명박 대통령이 퇴임 직후 노무현 전 대통령과 비슷한 정치보복을 당할 가능성이 있다'는 요지였다.[26] 《뉴욕타임스》는 노무현의 죽음이 정치보복에 의한 것이며 그것을 둘러싼 감정정치, 증오와 죽음의 정치가 확대·반복되리라는 것을 나름 뚫어보고 있었던 것이다. 물론 이명박은 자기가 개입된 증오와 죽음의 정치를 바꿀 능력이 없었다. 박근혜도 물론이다.

2009년 5월 24일부터 김해 봉하마을에 정치권의 조문이 이어졌다. 당시 한나라당 소속 정치인들도 봉하마을에 조문을 왔다가 조문객들에게 거센 항의를 받았다. 표면적으로는 이명박 정부가 서울 대한문 등에서 시민들이 자발적으로 벌인 조문과 추모 행사를 방해한다는 이유였다. '촛불 트라우마'에 시달리며 2008년 촛불시위의 참여자들을 열심히 박해하고 있던 이명박의 경찰은, 대한문 등 '시민 분향소'에 온 시민들이 촛불시위를 벌일지 모른다는 이유로 조문을 방해했다. 또한 시민 분향소 주변의 시청 앞 서울광장을 경찰 차벽으로 둘러싸고 추모 행사를 원천봉쇄하기도 했다. 노무현을 매개로 일어날 수 있는 반정부 시위를 경계하고 조문 행렬을 잠재적 시위대로 간주하여 적대한 것이다.[27]

이런 표면적 이유 아래에서 깊은 집합적 원한감정과 복수심이 행동으로 주조되고 있었다. 5월 24일에는 김형오 국회의장도 봉하마을에 조문을 왔는데 마찬가지로 조문객들의 거센 항의를 받았다. 국회 경호원들과 노무현 측 자원봉사자들이 몸싸움을 벌이는 지경에 이르고, 김형오는 인근 민가로 도망갔다. 대치가 이어지자 상주 노릇을 하던 문재인이 나서서, 국회의장이 왔는데 막고 조문을 못 하게 하는 것은 예의가 아니라며 "조

문은 못 하더라도 돌아가게 해드리자"고 그들을 설득했다.[28]

　　5월 29일 경복궁 흥례문 앞 광장에서 열린 영결식 때 있었던 일도 기억할 만하다. 노무현의 비서를 지냈고 안희정의 최측근이며 전대협 출신 586그룹의 일원인 백원우 당시 통합민주당 의원은, 이명박 대통령이 헌화를 하러 영결식장에 방문하자 "이명박! 어디서 분향을 해!"라고 소리를 질렀다. 청와대 경호원들이 그의 입을 틀어막고 강제로 끌어내리려 할 때도 그는 고함을 멈추지 않았다. "정치보복으로 살인에 이른 정치 살인"이라며, "이명박 대통령은 노무현 전 대통령에게 사죄하십시오"라 반복해서 외쳤다.[29] 그의 행동에 이명박 내외는 놀라 발걸음을 잠시 멈추었다. 이를 본 보수세력과 '친이'들의 마음에, 또 '친노'들의 마음에는 무엇이 흐르게 되었을까?

　　"미안해하지 마라,
　　누구도 원망하지 마라"

　　이런 정치적 '효과'들과 별개로, 노무현의 죽음은 자기동일성에 헌신한 윤리적 행위였다 할 수 있다. 즉 그 자살은 자신이 믿고 추구한 가치와 진리, 그리고 자신의 공적 이미지를 위해 생명을 던진 행동으로 평가해볼 수 있다는 것이다.[30]

　　윤리적 자살은 인간–동물의 자기보존의 원리라는 한계를

넘어서는 것이며, '성찰' 정도로 표상되는 상징계의 차원도 넘어
버리는 것이다. 그런 초-상징계적 행위와 결부된 진리는 언어
적 성찰이나 법에 의한 단죄보다 강하다. 그래서 자살은 상징계
에 남을 수밖에 없는 산 자들에게 언제나 큰 충격을 야기한다.
자살한 이가 생전에 어떤 윤리적 존재였는지는 확신할 수 없다.
하지만 자살행동은 (결과적으로) 그에 관련된 유력한 증거가 된
다. 그것이 '어떤 자살'들이 갖는 힘이자 진리성이다.

　　노무현은 죽음을 통해 전에 없던 정치가의 상을 지었다.
그는 자기보존과 '현실 원칙'보다 '도덕'이 우월할 수 있음을 보
여주려 한 것이다. 개인 컴퓨터에 저장돼 있었다는 그의 유서는
다음과 같다.

　　너무 많은 사람들에게 신세를 졌다.
　　나로 말미암아 여러 사람이 받은 고통이 너무 크다.
　　앞으로 받을 고통도 헤아릴 수가 없다.
　　여생도 남에게 짐이 될 일밖에 없다.
　　건강이 좋지 않아서 아무것도 할 수가 없다.
　　책을 읽을 수도 글을 쓸 수도 없다.
　　너무 슬퍼하지 마라.
　　삶과 죽음이 모두 자연의 한 조각 아니겠는가?
　　미안해하지 마라. 누구도 원망하지 마라.

운명이다.

화장해라.

그리고 집 가까운 곳에 아주 작은 비석 하나만 남겨라.

오래된 생각이다.[31]

'고통'이라는 단어가 총 열세 개의 문장으로 된 유서의 앞부분에서 두드러진다. 단문으로 쓰인 유서의 처음 여섯 개 문장들은 숨 막히게 이어지며 자살의 '이유'를 잘 압축해서 설명한다. 이는 노무현의 죽음이 '숙고된 자살'에 가까운 것임을 보여준다. 그런 자살에는 대개 시간적 고찰, 즉 자신의 삶의 과거-현재-미래에 대한 평가가 들어 있다. 자살 사건에서 이 세 가지 시간은 서로 유기적 관계를 가진 채, '나'의 현재를 평가하고 미래를 닫아버린다. 그래서 죽음이라는 '종결'이 일어나는 것이다.

이 유서의 저자는 과거를 돌아보며 "너무 많은" 타인들에게 신세를 "졌다"고 했으며, '나'로 인하여 야기되는 현재의 고통도 "크다"고 했다. 또한 고통은 미래에도 이어져 "여생"이 남에게 "짐이 될 일"이라 했다. 어떤 면에서 이 유서는 '성찰적 자살생각'이나 '소통적 자살'의 전형처럼 보인다. 고통을 호소하며 자기가 끼친, 그리고 끼칠 수 있는 타인의 고통을 차단하고자 한다며 말 건네고 있는 것이다.

다음으로 노무현은 "건강" 이유를 들며 현재 자기 스스로 느끼는 고통이 극심함을 말했다. 과거와 미래를 다 잠식해버리는 현재의 고통을 더 이상 견디지 못하고 이를 반전시킬 수 있는 힘이 없는 것이 '직접적' 이유라 할 수 있다. 유서의 후반부도 적극적으로 내포독자(implied reader)에게 말을 건넨다. 아마 그 독자는 남겨질 가족이나 측근들인 듯하다. 그는 "운명"이라는 말로 인생의 굴곡진 여정과 죽음 앞의 '무(無)'를 해석했다.

그러고는 자신의 죽음에 대해 "미안해하지" 말며 "누구도 원망하지 마"라 했다. 노무현은 마치 죽음 뒤의 상황을 예측한 듯하지 않은가? 알다시피 실제 상황은 그 당부와는 정반대였다. 도를 넘은 "미안해"하는 마음과 "원망" 그리고 그에 대한 반작용이 모든 것을 덮어버리는 상황이었다.

애도의 정치,
증오의 정치

한국을 지배해온 특권층과 수구 우파는 노무현의 삶과 죽음, 그리고 공과(功過)를 객관적으로 보지 못한다. 그들의 엘리트주의와 보수주의가 눈을 가린다. 문제는 그 정반대 방향에서 이른바 '친노'나 '노빠'라 불리는 정치인과 일부 시민들도 비슷하다는 점이다. 양자는 '노무현'을 매개로 증오의 정치와 감정정치를 되풀이했다. 그 사이에서 2010년대 한국의 대의정치는 병들어갔다. 거대 양당이 정권을 '교대'하며 독식하는 정치제도(소선구제와 대통령 직선제 등)가 그것을 뒷받침해준다.

현재 12년의 연조(年條)를 가진 노무현을 둘러싼 애도(실패)의 역사는 한국 정치의 감정구조 그 자체로서, 시기에 따라 내용이 변해왔다. 그것은 두 가지 계열의 극단적 감정정치를 기반으로 한다. 하나는 노무현과 그 정치에 대한 조롱·혐오·공포이며, 다른 하나는 죄의식·우상화·'애도를 이용하기'다. 여기에는 또 두 가지 차원이 있다. 시민에 의한 그야말로 정서적인 '자발적 동원'과, 그것과 뒤엉킨 현실정치의 논리와 정략이다.

엘리트 특권동맹의 공포·조롱·혐오

특권층과 수구 우파는 노무현을 진정 혐오하고 두려워했던 듯하다. 그들은 처음부터 '스카이'는커녕 상고 출신에 미국에도 한번 가보지 못했으며 필부의 외양을 가진 노무현을 대통령으로 인정하고 싶어 하지 않았다. 집권 무렵의 노무현은 이를테면 그들에겐 에티엔 발리바르가 말한 '대중의 공포'의 산 증거였을 것이다.

그 시발은 2002년 민주당의 대통령 후보 경선 과정부터다. 당시 민주당의 유력 대선 주자였던 이인제는 대중의 '노무현 돌풍'이 '대세론'을 완전히 뒤집어버리자 '광기'라 했다.[32] 노무현은 비교할 수 없는 낮은 지지율로 출발했지만 예상치 못한 대중의 지지를 받고 판 자체를 바꿨다. 변화와 개혁에 대한 대중의 열망이 노무현에게 강하게 투사됐던 것이다. 그리하여 '노무현'이라는 이름을 표지로 삼은 새로운 대중주체, 새로운 대중정치가 출현했다.

간교하고 힘센 지배동맹은 그런 힘에 대한 증오·공포·조롱을 정치적·법적 행동으로 조직했다. 당선 이후에도 (헌)법을 동원해 노무현을 권좌에서 쫓아내기 위한 기획을 했다. 그러나 2004년 사상초유의 탄핵 기도는 외려 거대한 반작용을 불러왔다. 수구와 지배동맹은 이로써 2002년과 2004년 잇달아 노무현에게 (크게) 패배했는데, 그 패배가 그들에게는 큰 트라우마이며 치욕이었던 모양이다.

이 대결의 성격은 무엇일까? 대중과 엘리트, 인민주권과 '법'의 대결이라 봐도 좋을까? 민주당 내의 라이벌이었던 이인제, 2002년 대선 당시의 경쟁자였던 이회창, 정권 내내 반(反)노무현 선동을 이끌었던 《조선일보》 주필 김대중, 2004년 노무현 탄핵을 주도한 한나라당 최병렬과 민주당 대표 조순형, 2009년 박연차 게이트에서 노무현 수사를 지휘한 우병우·이인규 등은 모두 같은 대학, 같은 법대 출신이다. 우연일까?

그런 자들을 구심으로 한 한국의 지배계급 동맹은 왜 그렇게 노무현을 싫어했을까? 그들이 실제로 노무현 때문에 계급적 이해관계를 크게 침해당한 적이 있는가? 노무현은 입으로는 '특권과 반칙 없는 사회'를 내세우며 서울대와 강남 등의 기득권을 위협하는 듯했다. 그러나 세간에서 말했듯 실제로는 '왼쪽 깜빡이'를 켠 채 계속 '오른쪽'으로 갔다. 신자유주의의 심화도, 대학 등록금과 부동산 가격의 급격한 상승도, 비정규직 노동의 양산과 재벌 중심 경제체제의 심화도, 한미 FTA의 추진도 모두 노무현 정부하에서 빚어진 일이었다. 앞에서도 말했듯 노동정책 또한 심각한 것이었다. 배달호·김주익 같은 여러 노동운동가가 노무현 정부하에서 스스로 목숨을 끊었다. 변해버린, 노동자의 동지였던 노무현과 노동계 사이에는 갈등이 지속되었다.

노무현은 스스로 '이미 권력은 시장에 넘어갔다'고 한탄했으나, 자신을 대통령 자리에 앉게 한 인민대중의 기대를 지킬 능력과 일관되고 강한 인식은 없었다. (결과적으로) 기득권 체제의 이해에 복무했다. '노무현 정신'이니 '노무현의 꿈' 같은 것은 잠재적 가능성이었을 뿐이다. 노무현 정부 시기는 IMF 경제위기 이후 신자유주의 체제가 본격 도입된 김대중 정권 시기나, 구조적 불평등이 더 심화된 이명박 정권 시기와 근본적으로는 다를 게 없었다.[33] 신자유주의와 불평등은 그야말로 '구조'로 굳어졌다. 이것을 대중은 '진보'의 실패나 위선으로 간주했다.

이에 비하면 차라리 객관적인 것은 주관성의 영역에 있는 것, 즉 노무현의 '비주류' 출신임과 그에 걸맞은 소탈함이나 탈권위주의, 보수언론과 특권층에 대한 적대의식 같은 것이었다. 이는 특권과 불의가 판쳐온 한국에서 인민주의적인 콘텐츠로서 적절한 면을 갖기는 했다. 이런 면에서 특권동맹은 두려움과 증오를 느꼈는지 모르겠다.

특권동맹은 혐의를 들씌워 법으로 굴레 짓는 한편, 갖은 언어로 모욕했다. 점잖은 척하는 특권동맹과 이른바 '보수'는 노무현에게 대통령다운 품격이 없다고 비난했다. 집권 초기부터 끝까지 대통령이 쓰는 말이 문제로 간주되었다. 시인·문학자·언론학자 등도 이 공격에 동원됐다. 예컨대 김대중 정부 시절 마치 계관시인 같은 자리에 있던 고은은 "대통령의 언어에는 위선적이라고 할지라도 품위나 품격이 필요하다"며 "노 대통령의 언어는 명분을 벗어던진 적나라한 언어이며, 앞으로 정치에서 (품위 있는 언어를 구사하는 것은) 필요한 자격이 아닐까 생각한다"고 했다.[34] 아마도 노무현이 특권동맹 소속원처럼 '좋은 대학'에 '엘리트 가문' 출신이었다면 이런 공격은 그다지 의미를 갖지 못했을 것이다. 안타까운 것은 노무현 자신이 이를 스스로 수용하기도 했다는 것이다.

> 저는 교양이 없습니다. 저도 대통령이 될 줄 알았으면 미리 연습을 하는 것인데, 체질적으로 제가 허리를 잘 굽히는 편이고 윗자리에 앉으면 불안해하고, 말은 위엄 있게, 행동은 기품 있게 할 필요가 없는 환경 속에서 살았습니다. (중략) 준비 안 된 대통령이라고 말하는 사람들이 많이 있는데, 다른 점에 있어서는 승복하지 않지만 언어와 태도에서 이야기한다면 충분히 훈련받지 못했던 점은 있습니다.[35]

그러나 그 비판자들은 얼마나 '품격'을 갖췄는가? 그들이야말로 한계를 벗어난 경박함과 무례함으로 대통령 노무현을 대했다. 노무현을 '노가리'라는 인물로 등장시킨 한나라당 국회의원들의 연극 〈환생경제〉는 대표적 사례다. 이 수준 낮은 풍자·조롱을 박근혜를 비롯한 국회의원들이 낄낄대며 즐겼다.

조롱과 희화화는 한때 한국판 '넷우익'의 대명사였으며 20-30대 남성 문화에 지대한 영향을 미친 '일간베스트'(일베)를 통해 극대화됐다(시작은 '디시인사이드'에서였다). 그들은 노무현의 특징이나 죽음을 조롱하는 용어인 '운지', '재기', '~노' 같은 말을 만들어 퍼뜨리고 합성 이미지 등을 생산했다. 어떤 사물이나 일에 대해서든 희화화와 '어그로(관심, 논란) 끌기' 자체가 목적인 그들에게, '친노'와 그 핵심층이 노무현의 죽음을 신성시하며 진심으로 죄의식을 느낀다는 사실이야말로 희롱의 가장 중대한 이유였다. 하지율에 의하면, '일게이'(일베 사용자)들은 그들 자신을 포함한 이 '고장 난 세계' 전체를 '벌레'로 가치 격하하고 싶어 한다.[36] 반면 '노빠'는 '노무현이 자살했다'는 말에서조차 죄의식과 거부감을 느낀다. 그 죽음을 표현하는 일에 '서거'(간혹 '자결') 외에 다른 단어를 사용하면 안 된다고 느낀다. 이 같은 양자의 감정 대결은 하도 치열해서 정말 많은 사람이 곤란을 겪었다.[37]

죄의식과 우상화, 그리고
애도를 정치에 이용하기

'친노'는 2008년 4월 총선에서 대패했지만 2010년 지방선거에서 부활하여, 2012년 대선에서는 노무현의 동료이자 비서였던 문재인을 후보로 내세울 수 있었다. 와중에 '친노'나 '노빠'는 어떤 낙인을 받은 기호가 되기도 했다. 이상하지 않은가? 이미 죽고 없는 사람의 '빠'라니. 그리고 죽은 사람의 계파라니 얼마나 이상한 정파인가? '친노'가 단지 극우 보수의 실체 없는 굴레 씌우기인가? 노무현은 자신의 뜻과는 달리 죽어서도 정치를 하게 되었던 것이다.

그런데 이명박·박근혜 정권 시절 어떤 사안들에 관한 한 '노무현'은 약한 고리라서, 특권동맹과 수구 우파는 엉뚱한 '반(反)노무현', '반친노' 선동이나 '노무현 탓'을 통해 자신들의 부패와 무능을 쉽게 방어하기도 했다. 촛불항쟁에 의해 이명박에서 박근혜로 이어진 보수정권이 '대실패'한 것으로 판명되기 전까지, '민주화 이후의 민주주의'에 대한 일부 대중의 회의와 '진보의 위선'에 대한 분노는 작지 않은 것이었기 때문이다.

2012년 10월 제18대 대통령선거를 앞두고 불거진 북방한계선(NLL) 문제나 노무현-김정일 정상회담 문서 공개 소동은 노무현을 빌미로 한 악(惡)선동의 대표적인 사례다. 이 소동은 무책임한 새누리당 의원 하나가, 2007년 남북정상회담 대화록을 살펴본 결과 '노무현 대통령이 김정일에게 NLL을 포기하겠다는 발언을 했다'는 의혹을 제기해서 일어났다. 검증되기도 어렵고 사실이기도 어려운 사안을 갖고 보수세력은 '노무현이 나라를 김정일에게 팔아넘겼다'는 식의 악선동으로 대선 판을 뒤덮었다.[38] 반북·반진보·반(反)문재인 선동에 좋은 소재라 판단했기 때문일 것이다.

이처럼 우매하고 아무에게도 득이 되지 않는 감정정치, 극우 선동정치에 몰두할수록 보수 우파는 정치적으로나 도덕적으로 취약해졌고, '노무현'의 유산은 더 강해졌다. 예컨대 남북정상회담 문서 공개를 빌미로 새누리당이 벌인 소동의 오랜 후과를 보자. 약 3년 후인 2015년 5월 23일 봉하마을에서 노무현 전 대통령 6주기 추도식이 열렸는데, 2009년 5월 영결식 때의 일과 비슷한 일이 벌어졌다. 노 전 대통령의 아들 노건호 씨가 추도식에 참석한 김무성 새누리당 대표 면전에서, 남북정상회담 회의록을 공개한 것을 감정을 넣어 강도 높게 비판했다. "어려운 발걸음을 해주셨습니다. 권력으로 전직 대통령을 죽음으로 몰아넣고, 그것도 모자라 선거에 이기려고 국가 기밀문서를 뜯어서 읊어대고, 국정원을 동원해 댓글 달아 종북몰이 해대다가, 아무 말 없이 언론에 흘리고 불쑥 나타나시니, 진정 대인배의 풍모를 뵙는 것 같습니다." 참석자들 중 일부는 이에 호응해 김무성에게 물병을 던지며 '김무성이 물러가라'는 구호를 외치기도 했다.[39] 그리고 다시 큰 논란이 일었다. 감정적인 대응이 오히려 반작용을 일으켰다는 반응이 많았다. 당시 조국 교수는 트위터에 "김무성에 대한 물병 던지기: 던진 이의 심정, 이해는 간다. 그러나 김무성은 속으로 미소를 지을 것이다. 내년 추도식 및 그 전후에도 계속 올 것인데, 비주얼이 선명한 달걀이나 페인트 세례를 원할 것"이라는 글을 올렸다.[40] 수구·보수 세력이 노무현의 '실패'를 어떻게 이용하려 했는지, 그리고 그에 대한 반대쪽의 원한이 어떤 상호작용을 일으키는지를 잘 보여준 사건이다.

죽음으로 인해 노무현은 비극 영웅의 면모를 갖게 되었다. 그러나 일부의 과도한 죄의식과 일방적인 긍정적 평가에 보통의 사람들은 공감하기 쉽지 않다. '친노' 정치세력은 노무현(의 죽음)에 대한 죄의식, 이명박·박근혜에 대한 대중의 분노·증오 따위의 감정을 노무현 우상화를 통해 역(逆)승화하려 하거나, 현실정치에서의 '세력'으로 운용해왔다.

봉하마을은 일종의 성지가 되었다. 어떤 사람들에게 봉하마을 참배는 국립현충원에 가는 것과 비슷한 일이 되었다. 반기문은 유엔 사무총장 임기 종료 직후 대권 주자로 거론되자 귀국 후 뒤늦게 봉하마을에 갔다.[41] 또 추미애 전 법무부 장관은 윤석열 검찰총장과의 정쟁에서 패배하고 장관직에서 물러난 후 봉하마을을 방문했다. 시민들의 '성지 순례' 행사도 있다. 해마다 기일에는 봉하마을에 많은 사람들이 모였는데, '깨어 있는 시민들의 국토대장정'이라는 제목의 '노무현 순례길'은 2017년부터 시작되었다.

2021년 2월 7일 현재 '노무현'을 키워드로 인터넷 서점을 검색하면《노무현 전집》(전7권, 2019)을 비롯해 무려 334종의 책이 나온다. 전기, 어록 등 종류도 다양한데 그중 의식적·무의식적으로 우상화를 시도한 책이 적지 않다.《노무현의 리더십 이야기》,《노무현과 바보들 세트》,《노무현 대통령 6주기 세트》처럼 적극적으로 '노무현' 마케팅을 시도한 책들도 있고, 또 '노무현'의 이름에 기대어 자신의 지위와 권력을 도모하고 싶어 하는 정치인들이 쓴 책도 여럿 있다. 노무현 정부 청와대 참모들이 한용운의 시구를 제목으로 단《님은 갔지만 보내지 아니하였습니다》(2010)와 같이 노무현의 전직 비서와 측근, 기타 참여정부 인사들이 이런 책의 주요 저자들이다.

'노무현 책' 중에는 22종의 어린이책도 포함돼 있다. 위인전 형식의 책이 대부분인데, 상품 가치를 높이기 위해 "문재인 친필 사인"을 수록하여 '경기초등사회과교육연구회'라는 모임의 교사들이 펴낸 것도 있다. 그중 가장 문제적인 것은《미안해요 할아버지》라는 제목의 "노무현 6주기 헌정 동화" 같은 책인 듯싶다. "아직 할 수 있다는 믿음, 불의에 맞선 용기, 타인의 아픔에 대한 공감, 노무현 전 대통령이 남긴 정신을 맑게 빚어 낸 여섯 편의 동화를 담고 있"는 이 책은 노경실·김기정·이금이 등 이름 있는 여섯 명의 동화 작가가 모여 펴낸 것이다.[42] 왜 저런 제목을 달았을까? 6주기에 맞춰 나왔기 때문일 것이다. 저자나 편집자의 죄의식을 어린이들에게까지 강요하는 것 아닌가.[43] 이름 있는 시인 안도현은 "이 땅의 많은 아이들이 역경 속에서도 고 노무현 대통령처럼 단단한 내면을 지닌 어른으로 성장할 수 있기를 바"란다는 추천사를 썼다.[44]

촛불혁명 이후, 끝나지 않은 원한의 정치

방송인 김어준은 2009년 5월 23일 이후 공식석상에서 검은색 넥타이만 하고 다녔다 한다. 나름의 애도와 기억을 위해서였을 것이다. 그런 그가 2017년 봄 문재인 정부가 출범하자 검은 넥타이를 풀었다. 그즈음에는 나도 노무현의 친구이자 비서였던 문재인이 집권함으로써 이 원한과 감정정치의 원환(圓環)이 종결될 줄 알았다. 특히 문재인 정부는 단순히 '정권교체'가 아니라 '아래로부터의' 시민항쟁인 촛불항쟁에 의해, 이명박·박근혜 정권 9년을 심판·중단시킨 결과로 탄생한 정부가 아닌가. 새 시대가 도래하지 않았는가. 그러나 그것은 유감스럽게도 큰 착각이었다.

문재인 정부는 출범하면서 '적폐 청산'과 검찰 등의 권력 기관 개혁을 제1의 국정과제로 삼았다. 일면 그것은 촛불항쟁의 명령을 이행하는 듯했으나 진정한 사회개혁과 연결되지 못했다. 칼끝은 주로 이명박·박근혜 정권의 핵심 인사 몇몇으로만 향했을 뿐이었다. 일련의 '내로남불'은 문재인 정부가 얼마나 한계가 많으며 '적폐' 세력과 결정적인 차이가 없는지를 반복해서 보여주었다.

결국 보수세력은 '적폐 청산'을 '정치보복'으로 의미화할 수 있었다. 지금도 이른바 '태극기' 세력과 일부 보수세력에게 박근혜는 무죄일 뿐 아니라 '역사상 가장 깨끗한 대통령'이다. 또 이명박은 2018년 1월 다스 소유주 및 특수활동비 유용에 대한 검찰 수사를 받는 과정에서, 자신에 대한 그 모든 압박과 수사가 정권의 정치보복이라 주장했다. 감방에 가기 직전엔 '역린'도 크게 건드렸다. "적폐 청산이라는 이름으로 진행되는 검찰 수사에 대해 많은 국민들이 보수 궤멸을 겨냥한 정치공작이자, 노무현 전 대통령의 죽음에 대한 정치보복이라고 보고 있다"고 했다.[45]

2021년 1월 1일, 여당인 더불어민주당 대표이자 차기 대권 주자 중 하나였던 이낙연은 갑자기(?) '국민 통합'을 내세우며, 아직 재판이 채 끝나지도 않거나 형기(刑期)를 시작한 지 얼마 되지 않은 박근혜·이명박에 대한 사면론을 제기했다. 이는 청와대와 교감을 통해 나왔을 것이며 문재인 퇴임 이후에 대한 불안 때문이라는 분석이 많았다. 이낙연의 언행은 정권 스스로가, 사법부가 이명박·박근혜를 감옥에 가둔 일을 '촛불혁명'의 정치적 결과가 아니라 정치보복으로 간주한다는 것을 실증한 사례로 봐도 좋을 것이다.[46] 문재인 정권의 일부는 정권 교체가 곧 정치보복으로 이어질 수 있다는 점을 누구보다 더 민감하게 의식한다. 그래서 그들은 대중의 지지와 언론·사법 등에서 '현재 권력'을 갖고 있으면서도 '피해자 코스프레'를 할 수 있다.

'노무현 정신'은 무엇인가:
횡령된 애도, 박제된 애도

'노무현 정신'이란 무엇인가? 사람 사는 세상, 상식이 통하는 '반칙과 특권 없는 사회'를 만들자는 것이라 한다. '공정', '사람' 등의 키워드는 노무현 시대로부터 문재인 시대로 이어지고 물려진, 그러나 문재인 정권에서 완연히 희화화된 구호가 돼버렸다. 즉 '조국 사태'와 인사 실패, 부동산 정책의 완전 실패, 그리고 일련의 '내로남불'로 인해 '공정'과 '상식'을 오히려 수구 보수에서 구호로 삼는 사태가 벌어졌다.
　문재인 정부가 말하는 '공정'이란 표피적인 것이다. 이미 주어져 있는 룰과 구조, 법 자체를 문제 삼거나 고치지 않은(못하는) 채 경쟁과 자원 배분 과정에서의 특권과 반칙을 배제하자는 것이다. 이는 문재인 정부의 대학입시 정책에서도 여실히 드러난 바 있다. 2019년의 '조국 사태'는 교육 불평등, 계급 재생산, 학벌계급의 구조가 어떤 것인지, 특권층 가족의 행태를 통해 드러난 '현실판 스카이캐슬'이었다. 공분과 관심을 바탕으로 대학과 입시에 대한 중대한 개혁을 할 수 있는 소중한 기회가 왔었다. 그러나 문재인 대통령은 '정시 모집 (소폭) 확대'를 지시했다. 많은 사람들이 실망하고 허무해했다. 아무것도 바뀐 게 없다.

문제는 2000년대 이후 확대되어온 한국형 세습자본주의와 신자유주의가 구조화시킨 불평등이다. 이를 직시하거나 고치지 못하는 한계가 문재인 정부에 이르러 더 선명해 보인다. 그간 한국 사회는 신자유주의의 시장근본주의나 재벌 중심 경제체제를 교정하지 못한 채, 오히려 문재인 정부의 권력 핵심인 586 집단이나 '진보'가 가진 위선과 특권이 드러났기 때문이다. 어쨌든 이런 맥락과 무관하게 지금도 '노무현 정신'은 수시로 호출된다.

강원도지사를 지냈던 더불어민주당 국회의원 이광재는 2020년 12월 《노무현이 옳았다》라는 제목의 책을 냈다. 그가 노무현의 보좌관 출신으로 '원조 친노'라 불리기는 하지만, 이

책이 나온 때는 '노무현'을 환기할 정세가 아니었다. 저자는 "노무현 대통령의 꿈인 공정하고 상식이 통하는 '사람 사는 세상'으로 향하는 발판을 제안한다"고 했는데, 기실 책의 내용은 "세대, 정치, 기술, 교육, 복지, 경제 총 여섯 분야에 걸쳐 현재 대한민국이 (중략) 어디로 나아가야 할지 질문하고 문제를 해결할 방법"에 대해 이광재 의원의 생각을 펼치는 내용으로 이뤄져 있다. 책을 보면 "코로나19 이후 뉴노멀 시대에 디지털 기술을 적용해 펼칠 수 있는 정책 대안을 보여주고 있어 이광재 의원의 철두철미한 면모를 알 수 있다"고 하는데,[47] 노무현에서 '포스트 코로나 시대'로 비약이 심하다. '노무현 정신'에 대해 말하는 내용은 전체 책의 극히 일부에 불과하다. 역시 더불어민주당 대선 후보 경선에 출마한 김두관 상임고문은 2021년 1월 '노무현정신계승연대'라는 조직을 만들고, 자신이 '리틀 노무현'이라 불리기도 했다는 점을 유권자와 민주당 당원들에게 상기시키고 싶어 했었다.[48]

'검찰개혁'이라는 명분 덕분에 정치검찰 집단이 정부 여당의 최강적으로 의미화되자, '노무현'은 검찰개혁의 정당성과 정치검찰의 희생자로 자주 호출되었다. 2020년 12월 초 추미애는 윤석열 측과의 정쟁이 패배로 귀착되어갈 즈음 갑자기 자신의 SNS에 노무현 전 대통령의 영정 사진을 올렸다. 그야말로 죽음을 '인용'하고 이용한 것인데, "자기가 위태롭게 되자 노무현의 추억을 소환해 다시 지지자들을 결집시키겠다는 속셈"을 보여준 것이라는 비판을 받았다. "자신들의 정략적 이익을 위해 노무현 대통령의 죽음에 대한 대중의 '원한'을 활용"하는 일은 "민주당 일각의 상투적 수법이 되어왔"고, 이런 일이 너무 흔해져서 그들의 원한의 진정성이 의심될 정도라는 말을 듣기도 했다.[49] '노무현 표상'은 자신들이 생각하는 긍정적인 가치를 진작하기 위한 일일 때도 동원되고, 검찰과 '조중동' 등 지배동맹의 공격에 대한 부정적 의미화를 위해서도 이용되어온 것이다.

2021년 2월에도 유사한 일이 벌어졌다. 서울시장 후보로 더불어민주당 당내 경선에 출마한 우상호 의원은 2021년 2월 13일 SNS에 다음과 같이 썼다.

> 봉하에 다녀왔습니다. (중략) 잘 왔다며 맞아주시는 느낌이었습니다. 사회적 거리두기를 지키기 위해 권양숙 여사님과는 전화로 이야길 나누었습니다. (중략) 6월항쟁의 동지이자 그리운 대통령님. 저는 이번 선거에 출마하며 '내일을 꿈꾸는 서울'을 만들겠다고 약속드렸습니다. (중략) 상식이 통하는 사회, 사람 사는 세상. 서울시장이 되어 당신의 정신을 계승하겠습니다. 다녀갈수록 더, 보고 싶습니다.

우상화나 과도한 동일시의 감정은 비논리적인 정치 행태

를 빚게 되며, 적대하는 세력에게는 반작용을 불러일으킨다. 이른바 '보수'는 '친노' 또는 '친문'의 감정정치를 증오나 공포로 받아들이고, 또 다른 일부는 '일베' 등과 같이 비루한 조롱으로 대응해왔다. 적대하는 진영이 서로를 재생산하며 악순환을 이어온 과정은 한국 정치문화의 한계 그 자체다. 특히 이 시대에 조롱은 힘이 세다. '노가리'는 '쥐박'이나 '닭근혜'에, '틀딱'은 '대깨문'에, '좌빨'은 '토착왜구'에 대응된다.

일반적으로 개별자의 관계나 사회에서라면 이런 적대적 관계는 양자 사이의 극적인 화해나 한쪽의 완전한 몰락 없이는 해결이 불가능하다. 그러나 '정치'에선 공존 가능하다. 설정된 '적'을 마음껏 모욕하고 그럼으로써 자신도 스스로 비루해지는 것은 아무런 도덕적 부담을 갖지 않아도 되는 일이다. 이것이 오늘날 정치문화의 정서적 하부구조를 만든다.

이른바 '촛불혁명'은 원한을 기조로 한 감정정치와 양극화된 진영정치를 극복하고 새로운 시대로 갈 결정적인 돌파구가될 수 있었다. '촛불'을 새 기준으로 삼아 헌정체제와 사회개혁의 길을 열어내고, 노무현에 대한 죄의식에서 벗어나 타인에게도 죄의식이나 우상화를 강요하지 않으며, 기억은 제대로 하되객관적 평가를 통해 과거는 역사 속으로 보내고 새로운 현실을살아갈 절호의 기회를 얻은 것이다. 그러나 문재인 정부의 사람들은 그럴만한 능력은 없었다. 약속했던 개혁의 실패와 함께 오히려 다시 스스로 증오의 정치와 진영 논리(감정)의 악순환의 굴로 들어갔다.

이 감정의 '악무한(惡無限)'은 한편으론 극렬 지지자들을 방패로 삼고, 다른 한편으론 '민주 대 반민주'라든가 '친일 대 극일'이라는 포장에 기댄다. 착각과 달리 진영정치는 '진보'나 '보수'의 이념에 제대로 근거한 것이 아니라 그것을 포장으로 한 감정정치이며 비뚤어진 도덕정치다. 그것은 다른 진영에 속한 자들과 그들의 당파가 가진 합리성과 공동체에 대한 진정성을 인식 자체에서 배제하려 한다. '나' 아닌 다른 진영은 모두 거짓말쟁이이며 악의 화신이기에 타협과 대화의 대상이 아닌, 절멸의 대상으로 간주된다. 그래서 오늘은 '적폐 청산'을 외치고 내일은 '협치'를 입에 올리는 모순을 노정했다. 더불어민주당은 진정한 대안이 되기보다는 극우 수구세력의 퇴행성과 반도덕성에 기대왔다. 외중에 노무현·문재인 자유주의 정부의 결코 사소하지 않은 오류들과 한계는 덮이고, 진정한 진보정치는 어느 한 구석에 찌그러져 처박혔다. 이 악무한은 진보적 제3지대나 '중도', 그리고 '정책정당'의 여지도 없애왔다. 양당 정치의 비루함과 악무한에 지친 사람은 너무나 많으나 대안은 아직 왜소하다. 사람들은 목말라 하며 계속 새로운 인물과 세력을 찾지만 대부분 신기루일 뿐이다.

죽음, 책임, 명예

대한민국 공직자들의 자살

05

다양한 사건들의 공통점

자살에 대해서나 세상에 대해 잘 몰랐을 때 고위 공직자·정치인·기업가 같은 사람들의 자살에 큰 충격을 받기도 했다. 그들 '사회 고위층'은 세속의 승리자이며 '속물'이기에 자살 같은 일과는 거리가 먼 부류의 사람이라 막연히 생각했기 때문이다. 김홍중의 말처럼 속물(snob)은 세속의 인정투쟁에 모든 것을 걸고 과시하고, 위장하고, 구애하고, 기만하는 인간이다. 지위나 부의 '상승'의 노동을 쉬지 않는 표리부동한 야심가이며 뛰어난 전술가다. 그러나 이런 과정에서 속물은 인정투쟁의 원래 최종적 목표인 자기의식의 완성 혹은 확립을 반드시 망각해 버린다.¹ 그러니 '살아남기'와 자기를 보존하는 일에 가장 능수능란한 속물들이 '사회 고위층'을 이루고, 자살이란 그런 자들이 아니라 내면이 복잡하고 양심적이며 성찰적이고 죄의식이 많은 사람들에게나 일어나는 사건이라 생각했던 것이다.

이런 생각은 완전히 틀린 것은 아니지만 매우 일면적인 면도 있다. (당연한 말이지만) 극소수의 사람들을 제외한 대부분의 세속 인간 자체가 취약하며, 부족할 것 하나 없어 보이는 부자나 고위 공직자 같은 '승리자'들도 장삼이사나 '루저'들과 비슷비슷한 오류와 한계를 가진 범상한(그러나 운이 좋은) 존재일 뿐이기 때문이다. 또한 '속물'에게도 내면이 있거나 내면이 발동하는 순간이 있으며, 이 대한민국이라는 나라에서 자살이라는 것이 얼마나 가까운 '문제 해결'의 수단이자 만연한 문화인가. 다시 말해 고난에 처한 사람들이 참고할 수 있는 자살의 사례와 '모델'이 얼마나 많은가.

이권과 욕망의 아수라인 '정치'와 '경제', 그리고 만인 대만인의 투쟁으로 굴러가는 이 세상은 험난하다. 그 해역을 위태롭게 헤쳐 나가는 작은 배 같은 '자아'들은 세상살이의 모멸과 억압, 또 자기 스스로 지어놓은 굴레와 업보, 약한 마음과 여린 신체가 빚는 우울 때문에 난파한다. '나'보다 백배 만배 더 강하고 뻔뻔한 주체들, 그리고 그들이 만든 구조가 세상을 장악하고 있다.

세속의 '승리자'들의 자살

한국 사회에서 고위 공직자·정치인·기업인 등 이른
바 '사회 고위층', 즉 지배계급에 속하는 중장년 남성이 자살하
는 일이 잦아진 것은 2000년대 들어서부터다. 여러 가지 이유
와 맥락이 있다. 그들 한때 인생의 '승리자'들은 독직(瀆職)·부
패·비리·성범죄 등에 연루되거나 '의혹'을 받는 수사 상황에서,
자기 자신을 지키거나 누군가들의 이익을 방어하기 위해 혹은
스스로의 고통과 죄의식, 수치, 모욕감 때문에 목숨을 버렸다.

그래서 이 자살 사건들은 한국 사회의 지배구조와 그 여러
표현 양태, 즉 권력투쟁, 관료 조직과 대기업의 이해관계, 부패
문제, 남성중심주의 등을 다각도에서 보여준다. 자살의 '이유'
나 '문제상황',[2] 그리고 죽음이 남기는 영향 양면에서 다 그렇다.
자살은 그런 다양한 외적 문제상황과 책임감·분함·수치심 등의
심리상태가 상호작용한 결과다. 공통적으로 그런 자살에 작용
하는 것은 자살자의 '명예'와 '조직'에 관련된 어떤 것들이다. 그
리고 그런 자살자의 (거의) 전체가 엘리트층 중장년 남성이라는
점을 다시 강조하고 넘어가려 한다. 한국의 '고위층'에 여성 자
체가 적어서이기도 하겠지만 정치인·공직자인 여성의 자살은
드물다.

자살 유발자, 검찰

특히 검찰 수사를 받던 도중에 목숨을 끊은 사람이 많다. 노무현 정부 때는 대통령의 형 노건평 씨의 수뢰 사건에 연루된 혐의를 받던 대우건설 남상국 사장 등 10여 명의 '고위층'이 저마다의 사건으로 검찰 수사를 받던 도중 자살했다. 박태영 전남지사, 이준원 파주시장, 이수일 전 국정원 2차장, 경찰청 차장 비서 강희도 경위, 박석안 전 서울시 주택국장 등이다.[3]

이명박 정권하에서는 노무현 전 대통령을 포함해서 2008-2012년 사이에 자살한 검찰 '피의자'가 무려 33명에 이른다. 이 시기 서울중앙지검이 담당한 사건에서 거의 매년 자살 사건이 발생했고, 대구지검의 경우 2011년에만 5명이 자살했다 한다.[4] 그 33명 중에는 국제조정경기장 시공사 입찰비리와 관련된 대학교수들, 금품을 받은 혐의로 수사를 받던 공인회계사, 원전 납품비리 사건에 연루된 발전소 임원, 횡령 혐의로 조사를 받던 은행 지점장, 뇌물공여 혐의를 받던 건설회사 대표, 자기 학교 학생을 강제 추행한 교사 등이 포함돼 있다.

법무부 자료에 따르면, 2004년부터 2014년 7월까지 검찰 조사 중 자살한 사람은 83명에 이른다.[5] 이 정도면 가히 검찰을 '자살 유발자'라 불러도 될 정도가 아닌가? 수사 과정에서 피고인에 대해 가혹행위를 하거나 모욕 주기, 사생활 침해, 그리고 언론에 흘려 '망신 주기'를 일삼았기 때문이다. 이에 대해서는 이미 정치권과 언론의 문제제기가 셀 수 없이 많았다. 그리고 2014년에 이미 국책 연구기관인 한국형사정책연구원(현 한국형사·법무정책연구원)은《검찰 수사 중 피조사자의 자살 발생원인 및 대책 연구》라는 두툼한 보고서를 발표하기도 했다.

그 보고서에 나오는 '원인과 대책'은 대체로 우리가 아는 내용이다. 검찰 수사 도중 피조사자가 자살한 사건을 '범죄 유형별'로 살펴보면 "횡령배임"이 23%로 가장 많았고, "뇌물범죄" 21%, "성범죄" 15% 순이다. 그리고 자살자 중 70%가 "화이트칼라"였다.[6] 보고서의 저자들은 "피조사자에 대한 고려 없이 이루어지고 있는 검찰의 수사 방식과 인권침해적인 무분별한 언론의 범죄보도"를 자살의 주요 원인으로 꼽았다. 그리하여 '무리한 수사 관행의 개선'과 '피의 사실 공표죄 적용의 현실화', '검찰 인권교육 강화' 등을 대책으로 제시했다.

검찰 스스로도 수사 관행을 바꾸겠노라는 다짐을 여러 차례 했다. 심지어 2019년 9월 윤석열 검찰은 '검찰 수사 중 자살 사건 처리 및 대응 시스템'이란 것을 마련하기도 했다 한다.[7] 물론 이런 상황과 개선책은 오래 전부터 "모두 검찰개혁 차원에서 꾸준히 지적돼온 사항들"이기도 하다.[8] 다음 사례를 상기해보자.

2011년 4월, 54세의 경산시청 5급 공무원 모씨가 인사비리에 연루돼 검찰 수사를 받던 도중 자살했다. 유족은 고인이 남긴 A4용지 25장 분량에 달하는 유서를 공개했다. 고인은 시민, 가족, 직원들에게 보내는 글 등으로 나눠 상세한 유서를 썼다. 특히 검찰 수사를 받다가 검사와 검찰 수사관들에게 폭행과 언어폭력을 당한 일을 유서에 상세히 적었다. "누명을 쓰고 있다. 억울하다"는 말과 함께 검사와 수사관들에게 욕설, 폭행, 협박 등을 당한 사실을 구체적으로 썼다. 그들의 실명, 폭행당한 날짜, 검사실 방 번호까지 말이다. 피해자는 "검사로부터 10년 이상의 형을 살리겠다는 협박과 사적인 감정이 담긴 입에 담지 못할 갖가지 욕설을 들었다"고 적었다. 또 "검사로부터 요구하는 답이 나오지 않는다고 뺨과 가슴 등을 맞았고" 그 후유증으로 병원까지 다녀온 사실도 언급하며, "검찰이 강압으로 생사람을 괴롭히고 있는데 이럴 수 있냐"고도 했다. 또 "조사 과정에서 수사관 2명은 밤새 술을 마셨는지 술 냄새가 진동해 제대로 조사를 받을 수 없을 정도였고, 갖은 욕설과 협박으로 인간 이하 취급까지 당했다"고도 했다.[9]

유서에 등장한 폭행 의혹을 받은 사람은 당시 35세의 젊은 C검사였다. 그는 검찰 자체 감찰에서 '증거불충분 무혐의'를 받았다. 그는 기자에게 "억울한 누명을 벗을 수 있게 돼 좋기도 하지만 검사로서 더욱 정진하는 모습을 보이는 것이 더 중요하다고 생각한다"고 말했다 한다.[10] C검사는 지금 어디서 무엇을 하고 있을까? 피해자의 인권을 보호하고 엄정하고도 따뜻한 법 집행을 하는 자랑스러운 대한민국 검사로 살고 있을까? 술 많이 먹고 피의자 수사에 임했다던 검찰 수사관들은 어떻게 됐을까?

경산시청 공무원 모씨의 자살은 일종의 '분사(憤死)'처럼 보인다. 분사는 전근대 시대에 많이 행해진 자살의 유형으로, 목숨을 버림으로써 억울함이나 결백을 증명하고 자신의 도덕성을 타인과 자신이 살아온 세계에 증명하고 호소하고자 하는 행동이다.[11] 그는 또 경산시장의 비자금을 관리했다는 누명도 썼다는데, 역시 억울하다면서 자신을 지목한 지역 국회의원과 시의원 등의 실명도 거론했다.

물론 '엘리트'층이 자살을 택하는 이유는 이러한 정황에서만은 아니다. 한국형사정책연구원 보고서는 흥미롭게도 "사회 유력인사"나 "사회 지도층"의 심리적 특성도 거론했다. 그들처럼 "사회에서 어느 정도 지위가 있고 크게 성공한 경험이 있는 사람일수록 실패와 좌절에 대한 저항력이 매우 약하기 때문에, 실패와 좌절에 대한 공포를 더 심하게 느끼고 우울증 등과 같은 급성정신장애에 걸릴 위험이 매우 높"다는 것이다. "정신과의의 견해에 따르면, 이른바 엘리트들은 작은 실패에도 자신을 쉽게 패배자로 낙인찍고 현실과 이상의 간극을 좁히지 못한 채 자살이란 극단적인 방법을 선택하는 경향이 있고, 특히 엘리트 중년 남성에게서 이런 증상이 많이 나타난다"는 것이다.[12]

과연 그럴까?

　　이런 심리 또한 '고위층'의 자살원인 중 일부에 해당할 것이다. 그러나 그들의 죽음 역시 다른 계층 사람들의 경우와 마찬가지로 몇 마디 말로 단순화하기 힘든 복잡성을 지닌다. 그리고 그 각각의 죽음들도 서로 차이가 있다고 보아야 한다. '고위층' 자살의 어떤 시작점 같았던 정몽헌 현대그룹 회장, 엄청난 충격과 논란을 남긴 채 극단적 선택을 한 서울시장 박원순, 한국 진보정치의 상징과도 같았던 정의당 노회찬 의원, 한때 이명박 정권의 최고 실세였으며 17·18·19대 국회의원을 지낸 엘리트 정치인 정두언, 경남기업 회장이자 새누리당 국회의원이었던 성완종, 롯데그룹 부회장이자 롯데쇼핑의 대표이사였던 이인원, 더불어민주당 이낙연 전 대표의 최측근이었으며 비서실 부실장이었던 이 모씨, 그리고 이 책에서 좀 자세히 다룰 청와대 파견 경찰관 최경락 씨 등을 떠올려보면, 이들의 자살은 모두 다르다. 정황과 이유가 다르다.

죽음을 통해 생각하는 한국 사회의
지배구조와 문화정치

　　앞서도 말했던 것처럼 고위 공직자와 '고위층' 인사의 자살 사건을 들여다보는 일은 곧 한국 사회의 어두운 지배구조와 '문화정치'를 함께 보는 일이 된다. 이런 자살 사건을 통해 한국식 권력정치와 돈 문제, 젠더 구조나 감정정치의 구조가 확연하게 드러난다. 특히 박원순 전 서울시장의 죽음은 지금도 정치적 논란과 법적 분쟁의 상태에 있다. 논란은 그의 죽음 때문에 치러진 2021년 4월의 서울시장 보궐선거 과정에서도, 1주기가 훨씬 지난 지금도 종결되지 않았다. 한편에서는 여전히 성희롱의 피해자 혹은 피해자 측 변호인의 무리한 행위와 음모(?) 때문에 박원순 시장이 자살을 택했다는 식으로 생각하는 사람들도 있다. 하지만 다른 한편의 사람들은 그를 '진보의 위선'의 대명사처럼 간주한다. 그렇게 그의 죽음은 정치와 젠더 문제에 얽힌 한국 사회의 약점을 드러내는 동시에 새로운 큰 상처를 남긴 것이다.

그러나 죽은 자는 말이 없다. 다른 많은 경우도 그렇지만 죽음의 '진실'이나 죽은 자의 속마음은 다 알 수 없다. 아마 죽은 이 스스로도 그럴지 모른다. 그러므로 '한 점 의혹 없이 낱낱이' 밝혀서 억울하거나 답답한 마음을 풀겠다는 심정은 유가족과 자살생존자들에게는 당연한 마음일 것이다. 풀리지 않는 슬픈 마음이나 고통은 '원인'이란 것에 모아져 투사된다. 반복해서 말하겠지만 '자살의 원인'이라는 것은 무 자르듯 한두 가지로 환원되지 않는다. 그렇게 환원하려는 시도는 대부분 오류에 귀착한다.

그럼에도 그런 죽음들 혹은 그 감당하기 힘든 후과들에 대해 말하고자 하는 것은, 좀 더 이성적이고 합리적인 교훈을 얻기 위해서다. 한국 사회가 좀 더 나은 데가 되게 하고, 이 나라의 정치가 좀 덜 폭력적이고 덜 감정적인 일이 되게 하기 위해서다. 한국 사회는 성폭력이 일어나는 과정과 그것이 피해자에게 주는 고통을 제대로 이해해야 하고, 또한 지금보다 더 나은 문제 해결 방식을 고민하고 토론해야 한다. 업적이 많던 시민사회 출신 지도자이자 현직 서울시장의 죽음이 야기한 실망과 분노로부터, '다른 사회'를 만들어가기 위한 방안을 신중하게 고민하고 말해야 한다. 그 죽음을 정쟁과 반페미니즘의 소재로 써서는 안 되며, 쉬운 이분법으로 그 죽음을 재단해서도 안 된다.

노회찬의 죽음,
애도와
반(反)애도

     세인들 중에는 노무현과 노회찬, 박원순(이하 존칭 생략)의 죽음을 비교하며 비슷한 것으로 간주하는 경우가 있다. 그러나 세 죽음을 같은 선상에 놓고 이야기할 수 있을까? 노무현은 정치검찰과 보수언론 등 적대 세력에게 실컷 모욕을 당하고 지지자들조차 분열되거나 떠나던 고립의 와중에서, 자신이 추구하던 가치를 보존하기 위해 죽음을 택했다고 할 수 있다. 반면 노회찬과 박원순의 죽음의 맥락은 또 다르다.

     "나는 여기서 멈추지만…"

     2018년 7월 노회찬의 죽음을 야기한 이른바 '드루킹 사건'은 '친노' 및 '친문' 인플루언서였던 김동원이라는 사람이

2017년 대선 당시, 더불어민주당 권리당원들 및 '경제적 공진화 모임'(경공모)과 공모하여 여러 차례 인터넷 여론 조작을 시도했다는 혐의와 의혹 사건이다. 이 사건으로 주범 김동원은 3년 징역형을 받고 2021년 3월에 만기 출소했다. 공모 혐의를 받은 당시 더불어민주당 국회의원 김경수(2018년 지방선거에서 경상남도 도지사 당선)는 2021년 7월 21일 대법원 최종 판결에서 업무방해죄 혐의로 징역 2년의 선고가 확정되어 지사직을 상실했다. 그런데 이 '댓글 조작' 사건을 조사하던 중 노회찬 의원이, (낙선하여 의원이 아니던 때에) '드루킹 일당'으로부터 불법 정치자금을 받았다는 정황이 드러나 관련 수사가 진행되었다.

노회찬은 일부 혐의가 알려지고 특검의 본격적인 수사가 시작되려던 시점에 투신했다. 그는 '소통으로서의 자살' 개념에 잘 맞다 할 수 있는 유서를 남겼다. 죽음을 결심하고 자신이 남긴 글을 볼 이들을 구체적으로 생각하며 그들에게 말을 걸고, 당부를 남기며 떠났다. 공개된 그의 유언은 다음과 같다.

2016년 3월 두 차례에 걸쳐 경공모로부터 모두 4천만 원을 받았다.
어떤 청탁도 없었고 대가를 약속한 바도 없었다.
나중에 알았지만, 다수 회원들의 자발적 모금이었기에 마땅히 정상적인 후원 절차를 밟아야 했다.

그러나 그러지 않았다.

누굴 원망하랴. 참으로 어리석은 선택이었으며 부끄러운 판단
이었다.

책임을 져야 한다.

무엇보다 어렵게 여기까지 온 당의 앞길에 큰 누를 끼쳤다.

이정미 대표와 사랑하는 당원들 앞에 얼굴을 들 수 없다.

정의당과 나를 아껴주신 많은 분들께도 죄송할 따름이다.

잘못이 크고 책임이 무겁다.

법정형으로도 당의 징계로도 부족하다.

사랑하는 당원들에게 마지막으로 당부한다.

나는 여기서 멈추지만 당은 당당히 앞으로 나아가길 바란다.

국민 여러분! 죄송합니다.

모든 허물은 제 탓이니 저를 벌하여 주시고, 정의당은 계속 아껴
주시길 당부드립니다.

2018. 7. 23.

노회찬 올림

인용에서처럼 노회찬은 첫 문장부터 혐의에 대한 정황을

간명히 밝히고 잘못을 시인·고백했다. 그러고는 "참으로 어리석은 선택이었으며 부끄러운 판단이었다"고 뉘우치며, 그에 따르는 "책임"을 질 것을 말하고 있다. 그것이 자신이 생각한 죽음의 '이유'겠다.

"무엇보다"라고 시작되는 그다음 문장부터 노회찬이 어떤 정치인이자 인간이었는지가 나타난다. 그는 자신이 져야 할 그 "책임"이 다른 어떤 것에게보다 "당"에 있다고 생각했다. 그 당은 바로 자기 자신이 만들고 이끌어왔던 당이다. 당에 대한 깊은 애정과 책임감을 드러내고 있고, 자신의 과오 때문에 야기될 '당에 누가 되는 것'이 가장 큰 "잘못"이자 "책임"이라 생각한 듯하다. "법정형으로도 당의 징계로도 부족하다"면서 자살하는 이유를 '정당화'하고 있다. 그러고는 "나는 여기서 멈추지만"이라고 썼다.

1956년에 태어난 노회찬은 고교 재학 시절에 한국 사회의 부조리를 깨닫고 사회운동을 시작하여 한평생 한길을 걸었다. 고려대학교를 다니다 말고 일찌감치 노동 현장에 뛰어들었다. 1987년 일종의 노동운동 전위조직인 인천지역민주노동자연맹(인민노련) 결성에 참여하고, 진보정당 운동과 노동운동의 물줄기를 만들고 이끄는 데 큰 역할을 했다. 그 사이에 수배 생활을 7년 하고, 국가보안법 위반 혐의로 1989년에 붙잡혀 2년 반 넘게 감옥 생활을 했다. 1992년 '민중대통령 백기완 후보 선거운동본부' 조직위원장과 진보정당추진위원회·진보정치연합 대표, 국민승리21 정책기획위원장을 맡았다. 그리고 2000년 1월 30일 민주노동당을 창당하고 이후 사무총장으로 일하다가 2004년 총선에서 국회의원이 되었다. 공적인 '꿈'을 이룬 것이다.

정치인으로서 노회찬은 이런저런 영욕을 맛봤다. 2008년 총선 때 서울 노원구에서의 낙선은 이른바 '지못미'(지켜주지 못해 미안해) 현상을 부르기도 했고, 진보정의당(현 정의당) 공동대표 시절인 2013년 2월, 삼성그룹의 '떡값'을 받은 안강민 전 서울지검장을 비롯해 전현직 검사 7명의 실명을 공개한 일로 고소당하여 대법원에서 유죄 판결을 받고 의원직을 잃기도 했다.

그의 생은 한국에서 '민중의 독자적 정치세력화'와 사회민주주의를 위한 진보정당 운동에 바쳐진 것이었다. 이 운동은 지금 정의당을 봐도 알 수 있듯, 성공은커녕 여전히 불완전하고 부족하기 이를 데 없는 것이다. 그런데 쉼 없이 일했던 그가 왜 거기서 그만 멈추고자 했을까? 너무나 아까운 죽음 아닌가. 수사 과정에서 특검이, 그리고 언론이나 정적들이 가할 모욕이나 그것을 감당해야 할 부담감은 아직까지는 '현실'이 아니라 미래에 있었다. 4천만 원 불법 정치자금을 받은 그의 '죄'가 그의 가난한 동료 당원들에게 이해받지 못했을까? 62세의 그는 그만 지쳤던 것일까?

방송에 나와서 노회찬 자신이 했던 '받지 않았다'는 말, 내부에서 냉정하고 치열했던 진보정당의 정치문화, 그리고 유서의 문면에 나타난 것처럼 부끄러움과 책임감, 자기 처벌, 예상되는 모욕과 시련을 미리 차단하는 자기 보호. 이런 요소가 겹쳤을 것이다. 또 삶 자체를 타인의 기대·책임 전체와 바꾼 회피, 그 기대와 책임을 회피할 정도로 급작스러운 고통과 큰 허무감, '사적 실존'으로 회귀해버린 '공인', 또는 반대로 조직·책무에 대한 과도한 감당과 희생.

어쩌면 노회찬은 허무가였거나 결벽증이 있었던 것일까. 그도 온갖 어려움과 산전수전을 겪어낸 강인한 신념가이지 않았던가. 유서에 나타난 대로 그는 자기의 '잘못'과 '책임'에 대해 실로 깊이 통감한 듯하나 죽음이 가져올, 자기의 생과 자기가 사랑하던 사람들의 '상실'에 대해선 오래 생각하지 않았던 듯하다. 최근 개봉된 다큐멘터리 〈노회찬 6411〉은 그의 친우들의 평가를 인용하면서 그의 자살이, '앞과 뒤'가 다르지 않고 '자연인과 정치인'으로서의 면모가 일치하는 인간으로서의 선택이라는 쪽으로 해석했다.

노회찬은 자신의 생애 전체에 걸쳤던 '운동'을 돌아보고, 남을 사람들을 위로 또는 격려하면서 목숨을 끊었다. 유서는 사회적으로 그의 과오가 '작은 것'으로 의미화되고 그가 곧바로 많은 시민들의 마음 깊은 추도의 대상이 되게 하는 데 크게 기여한 듯 보인다. 7월 한여름의 땡볕과 열대야를 아랑곳 않고 수많은 시민이 장례식과 추모제에서 그의 업적과 유지를 기렸다. 추모 행사는 길게 이어졌다.

애도와 반애도 사이의 심연

자살에 대한 태도는 그 사회의 윤리와 '문화'의 바닥을 드러낸다. 노회찬의 자살이 야기한 여러 반응과 한국 사회의 모습도 실로 깊이 성찰되고 기억될 만하다. 거기에도 '헬조선'의 심연과 거기서 벗어나고자 애쓰는 구성원들의 슬픔과 분노가 병치되어 있다.

노회찬의 죽음을 알리는 "속보"가 나온 직후부터 나는 종일, 분노와 슬픔과 상실과 허탈 등이 온통 뒤엉킨 SNS 타임라인을 보았다. 죽음의 진상이나 정황이 정리되지도 않았는데 '애도하고 오래 기억할 것' 운운하는 글들도 있었다. 언어를 초과하는 사건을 따라잡기 위해 필사적인, 그러나 대개 상투적이고도 공소한 언어와, 와중에도 '주목경쟁'하는 '자아'들을 보는 것은 사건 자체만큼이나 힘겨웠다.

현역 의원인 노회찬의 죽음은 당연히 정치권에서 큰 반응을 불러일으켰다. 그중에는 자살과 애도 문제에 대한 무지를 드러내는 경우가 많았다. 애도를 '자살 미화'로 오해하는 경우도 있었다.[13] 그리고 노회찬의 죽음 다음날 《조선일보》의 1면

편집은 충격이었다.《조선일보》는 고인의 죽음 기사 옆에 환호하는 어린 고교 야구선수들의 사진을 크게 실었다.[14] 단지 우연이었을까.

근년에 일베와 워마드는 '재기해', '태일해', '운지해' 같은 자살에 관한 충격적인 조어를 만들어 퍼뜨리며 새삼스러운 충격을 주었다. 각각 성재기(2013년에 남성 권리를 외치며 한강에서 퍼포먼스를 벌이다 예고 투신한 '남성연대' 회장), 전태일, 노무현의 죽음을 조롱하며 만든 일종의 은어다. 2018년 7월 서울 종로 혜화역 인근에서는 일단의 젊은 여성주의자들이 '불법촬영 편파수사 규탄 시위'를 벌였는데, 와중에 문재인 대통령의 '성차별 편파수사' 논란에 관한 발언을 규탄하며 '문재인 재기해'라는 구호를 외치기도 했다.[15] 이들의 자살과 타인의 죽음에 대한 태도는《조선일보》와 얼마나 큰 거리를 갖고 있을까?

'재기해', '태일해', '운지해'는 한국 사회의 어디에서 나왔을까? 동료 인간의 고통에 대한 무감각, 삶과 죽음에 대한 무지, 인간성과 언어의 빈곤의 발로일 것이다. 그런데 점점 감당하기 어려운 이런 잔인성보다 더 안타깝고도 또 새로운 것은, 그 모두를 느끼고 알면서도(?) 자극과 공격을 위해 일부러 취하는 위악(僞惡)과 '관종'의 정신상태겠다. 그러면 그것은 또 어디서 왔을까? 만약 저러한 언동이 분노와 조롱, 관심 끌기 외에는 눈에 안 뵈는 철없음의 발로라 한다면, 이 사회에는 그보다 더 무자

비한 진영논리와 타인을 향한 적대가 넘쳐난다. 그것이 이른바 '정치'라는 이름으로 횡행한다. 분노와 조롱을 매일 일삼는 자들은 남성우월주의나 배타적 페미니즘에 빠진 젊은이들만이 아니다.

'재기해', '태일해', '운지해' 같은 언어가 다음 세대들의 입에서 구호로 외쳐지고, 인간의 죽음을 이해하지도 애도하지도 못하는 나이 든 엘리트들의 헛소리가 대기를 울리는 지금, 이곳 '자살공화국'에서 자살자의 행렬은 줄어들지 않고 있다. 자살예방법과 온갖 정책에도 불구하고 청년층의 자살률은 외려 증가하고, 근래 10대들 사이에서는 '자해 놀이'가 유행하기도 했다. 혐오와 자해의 문화가 겹쳐 있는 형국이다. 그러므로 이제 단순히 '표현의 자유'가 아니라, 교육과 공동체의 관점에서 혐오와 인터넷 문화에 접근해야 한다고 생각한다. 이 사회에서 부족한 것은 '자유'나 '경쟁'이 아니라, 비인간화에 맞서는 연민과 공동체의 윤리라 보인다.

추모와 과제, 연민과 공동체의 윤리

연세대학교에서 열린 노회찬 장례식과 '추모문화제'에 갔었다. 그 추모제를 생각하면 멀미가 난다. 망자의 죽음이 어떤 의미인지, 그의 생애가 어떤 것이었는지 돌아보고 성찰할

시간이 전혀 충분하지 않았는데도, 급조된 '문화제'가 치러지고 있었다. 생전 그와 친분이 있었다던 연예인이 사회를 맡아 유머를 구사하고, 상황과 어울리지 않는 노래와 급히 쓰였을 추모사가 어지러웠다. 능욕과 조롱의 반대편에서 형식화된 '애도 문화'가 실행되고 있었다. 1980년대 이후 오래 쌓여온 운동 진영의 애도 문화와 '민주화 이후' 어색하게 제도화된 문화제 문화의 착종처럼 보였다. 어떤 장의(葬儀)와 애도의 의례가 필요할까? 분명 해결하기 어려운 딜레마가 있다. 갑작스러운 죽음의 진상과 의미를 새기고 공유할 충분한 시간의 필요성과, 제도화된 이별 또는 애도 의례의 필요가 충돌할 때 말이다. 세상에는 실로 다양한 장례 문화가 있고 죽음과 영결을 유머와 '문화'로써 감당하는 경우도 허다하겠지만,[16] '진보'와 운동 진영의 애도와 의례 문화에 대해서 성찰이 필요한 것만은 분명하다.

2017년 노회찬 정의당 원내대표의 정무수석 비서였던 오재영이 갑자기 심장마비로 세상을 떠났을 때,《시사인》기자 천관율은 그를 추모하며 쓴 기사의 제목을 "삶을 '갈아 넣은' 한국 진보정당사"라 했다. 이 기사는 박은지(1979-2014, 향년 36세), 이재영(1968-2012, 향년 45세), 박영재(1968-2012, 향년 45세) 등 진보정당 운동에 참여하다가 일찍 병을 얻거나 스스로 목숨을 버려 세상을 떠난 이들을 거명하며, 그들은 일부 잘나가는 586세대 운동권 출신처럼 "기존 정당으로 합류해 유력 정치인이 되지도 않고, 대학 시절 기억을 품고 생활인으로 돌아가지도 않은, 대학 이후의 삶을 통째로 진보정당에 '갈아 넣은' 아주 특수한 세대, 특수한 집단"의 일부였다고 했다.[17] 꼭 세대의 문제는 아니지만 그렇게 삶을 "대책 없이" 갈아 넣은 이들 덕분에 진보정당 운동이 존속해왔다. 노회찬, 심상정의 영광과 업적도 그런 사람들의 희생 위에서 마련된 것이었다. 젊은 활동가들이 그렇게 속절없이 생을 마쳤을 때, 노회찬은 척박한 땅에서 진보정당 운동의 비극을 끝내자는 다짐을 했다. 자신의 비서실장이었던 오재영의 장례식에서는 〈조문보〉에 다음과 같이 "오랜 벗 노회찬" 명의로 썼었다.

> 사랑하고 존경하는 나의 벗 오재영 동지, 두 아들이 사회에 나올 때쯤은 큰 걱정 없이 살 수 있는 세상을 만들어놓겠소. 편히 쉬시오. 그리고 늘 하고 싶었는데 하지 못한 말, 이제야 드립니다. 고마웠습니다. 그리고 미안합니다.[18]

그런 다짐과, 여전히 바닥에서 박박 기는 진보정당 운동의 활동가들과 후배들의 삶은 어찌하나. 노회찬의 죽음은 진보정당 운동뿐 아니라, 기만적이며 비속한 양당 진영정치에서 헤어날 줄 모르는 한국 정치 전체에 큰 손실이었다.

노회찬의 죽음과 그에 대한 '애도'가 노무현의 죽음처럼 어떤 감정의 구조와 행동양식을 만들어낼지 궁금했다. 마치 '친노'가 형성된 것처럼 뼈저린 복수나 꿋꿋한 회복을 진짜 결심하거나 믿는 시민세력이 형성될 것인지? 나 자신과 노회찬 장례식에 온 시민들에게 묻고 싶어졌다.

결과적으로 노회찬의 자살은 정치자금 수수에 관한 그의 과오를 면책하고 오히려 그를 더 높여주게 되었다. 노회찬재단은 죽음 후 불과 15일 만에 제안되어 설립됐다. 권영길, 김명환, 김미화, 김봉룡, 김영숙, 박찬욱, 변영주, 백승헌, 송영길, 심상정, 유시민, 이정미, 이종걸, 정광필, 최장집 등의 인사들이 제안자로 나선 노회찬재단은 "노회찬이 했던 정치를 '노회찬 정치'로 되살리"고, "대한민국 곳곳의 사회 약자를 살피고 정의를 바로세우고자 했던 노회찬의 말과 글, 발자취를 기록하고 펼쳐내 '좋은 정치'의 교본이 되게 하겠"으며, "노회찬의 꿈과 삶을 이어갈 제2, 제3의 노회찬을 양성하고 지원하겠"다는 취지로 설립되었다 한다.[19] '노회찬 정치'란 무엇인가? 노회찬 또한 오류가 없었던 사람은 아니지만 '6411번 버스'[20]로 상징되듯 '노회찬 정치'는 일하는 가난한 사람들을 위한 진보정치를 상징하게 되었다.

'회사원' 최 씨의 죽음: 어느 경찰공무원의 선택이 말해준 것들

일종의 시대착오였던 박근혜 정권과 그 '신하'들과 '비선 실세'가 통치하던 시대에는 비상식적인 일들이 많이 일어났다. 박근혜 청와대 주변에는 최순실과 정윤회뿐 아니라, 박근혜 아버지 시대로부터 물려진 늙은 관료들과 '십상시', 그리고 '문고리 3인방' 등도 있었다 한다.[21] 그들은 용케 집권에는 성공했지만 대단히 무능했다. 도덕적으로나 정치적으로나, 민주적 '수권 능력'이 있다 할 수 없었다. 최순실이 대통령 연설문을 작성하고 주요 인사 결정을 했으며, 검열정치와 정보정치가 되살아났다.

2014년 4월의 세월호 참사에서 무려 299명의 어린 고등학생과 시민들이 전 국민이 지켜보는 와중에 바닷속에서 목숨을 잃고, 끝내 다섯 사람의 시신은 찾지 못했다. 세월호 참사 당일 박근혜는 7시간 동안 '실종'됐다. 남북협력의 실질적 상징인 개성공단이 폐쇄되고 전쟁 가능성이 높아졌다. 국회의원 다섯을 가진 합법적인 정당인 통합진보당이 '합법적으로' 강제 해산을 당했다. 문화예술인을 겨냥한 블랙리스트가 만들어지고 검열제도가 살아났다. 메르스 사태 때도 박 정권은 대처 능력이 없었다.

이런 큰 사건들 때문에 2014년 12월 12일 억울한 죽음을 맞은 40대의 가장이자 공무원이었던 한 사람은 아무도 기억하지 못할 것 같다. 그 죽음은 부도덕한 권력에 의한 일종의 '정치적 타살'로 볼 수 있으되, 검찰 수사를 받던 도중에 죽은 것은 공통적이지만 그 '진상'은 잘 모른다. 이런 양상의 공직자 자살 때문에 "자살 당했다"라는 말도 생겨났다.

그는 청와대에 파견된 정보경찰관 최경락 경위였다. 인적이 드문 야산에 자기 차를 몰고 가서 준비한 번개탄을 피우고, 가족과 직장 동료들 앞으로 유서를 남겼다. 이 같은 죽음은 새로운 사건도, 마지막 사건도 아니었다.

국정원 비위와 직원들의 연쇄 자살

2014년 3월 22일, '서울시 공무원 유우성 씨 간첩 증거조작 사건'과 관련해 검찰에서 조사받던 국정원 권 아무개(당시 51세) 과장이 매형에게 빌린 승용차에서 번개탄을 피워 자살을 시도했다. 그는 위조된 유우성 씨 출입경 기록을 만든 중국 선양 총영사관에서 근무했던 사람이었다. 과감하게도 중국 정부의 공문서를 조작한 사건에 깊이 관여했다고 의심받던 와중이었다. 국정원이 검찰에게 '털리던' 상황에서 그가 자살기도를 하자 수사는 난항에 빠졌다. 국정원의 특성상 권 과장의 상관인 대공수사단장 및 대공수사국장을 거슬러 올라가면서 누가 지시하거나 벌인 일인지 확인하는 작업이 뒤따라야 한다는데, 자살기도가 그런 고위직 관련 수사를 막기 위한 '꼬리 자르기'였는지는 알 수 없다.[22]

2015년 7월에는 국정원 임 모(45) 과장이 거의 비슷한 방법으로 세상을 떠났다. 마티즈를 몰고 가서 인적이 드문 곳에서 번개탄을 피웠다. 이 죽음이 있고 난 뒤에 좀체 보기 드문 일이 국정원 안에서 일어났다. 결코 작지 않은 분노의 목소리로 국정원 '직원 일동'이 성명서를 발표했다. 그런 조직에서는 상상하기 힘든 일이다. 자기들 조직이 정상이 아니며, 박근혜 정권 때 일어난 민간인 사찰 관련 수사가 부당하다는 내용이 담겼다.[23] 이는 외국에서 민간인 사찰용으로 해킹 프로그램을 구입한 의혹을 말한다. 국정원 직원들의 성명에는 임 과장이 '자살할 이유가 없다'는 말도 써 있었다. 임 과장은 유서에서 "업무에 대한 열정으로, 그리고 직원의 의무로 열심히 일했다", "내국인에 대한, 선거에 대한 사찰은 전혀 없었다"라며 의혹을 부인했다.[24] 그런데 왜 죽어야 했을까? 민주당 의원 등 많은 이들이 의혹을 제기했으나 해소되지 않았다.

국정원은 박근혜 정권 출범 이후부터 많은 상처를 입었다. 2012년 대통령선거 기간 중 국정원 심리정보국 소속 요원들이 '댓글 부대'가 되어 인터넷 여론 조작을 기도하며 대통령선거에 개입했다는 의혹도 있었다. 이 사건은 '댓글 부대'나 '십알단'(십자군 알바단) 같은 여론 조작단이 실재했음을 보여주었다.

그런데 사건은 정권 교체 이후에도 종결되지 않았다. 2017년 10월 31일, 국정원의 정치호(43) 변호사는 바로 그 국정원 대선 개입 관련 수사를 받던 중 자살했다. 《국민일보》 송세영 기자에 의하면, 정 변호사는 검찰 수사에 대한 대응 태스크포스(TF) 팀에 속해 있었다. 이 TF는 가짜 사무실을 만들어, 압수수색 나온 서울중앙지검 검사들을 속이고 국정원 직원들이 검찰과 법원에서 허위 진술을 하게 했다 한다.[25] 그러나 이런 사실조차 촛불항쟁과 정권 교체 이후 다 알려지게 되어, 관여된 사람들이 수사를 받았다. 정 변호사의 유가족과 죽음 직전 그를 만났던 친구가 강한 의문을 제기했다. 당시 국회 법사위 박범계 의원은 "정 변호사 죽음 역시 2015년 자살로 해석된 마티즈 국정원 임 과장처럼 국정원이 먼저 죽음을 알았다. 유가족은 정 변호사가 알던 국정원 비밀 때문에 결과적으로 죽음에 이른 것

아닌가 강력히 생각한다"고 주장했다.[26]

　그로부터 일주일 후인 2017년 11월 6일, 서울고등검찰
청 변창훈 검사가 서울중앙지검의 수사를 받던 중 투신자살해
서 숨졌다. 그는 2013년에서 2015년 사이에 국정원 파견 검사
로 일했고, 정치호 변호사와 같은 TF에 있었다. 정치호 변호사
가 죽기 전 여러 차례 통화한 것으로 알려졌으며, 국정원 댓글
사건의 증인을 해외로 도피하게 하는 등 사건 은폐에 큰 역할
을 한 것으로 지목되어 2017년 11월 2일 검찰에 의해 구속영장
이 청구되었다. 그의 혐의는 위계에 의한 공무집행방해, 위증교
사죄 등 중죄였다.[27] 잘나가던 검사가 검찰 수사를 받던 중 죽자
검찰 조직과 보수세력에게도 큰 충격이었는지, 그의 빈소에는
검사들과 황교안 전 법무부 장관 같은 사람들이 조문하느라 붐
볐다.

　그런데 고인의 아내 등 유가족의 반응이 격했다. 국정원의
화환을 거부했고, 박상기 당시 법무부 장관이 빈소에 오자 "무
슨 적폐 청산이냐, 내 남편 살려내라"며 박 장관을 향해 크게 울
부짖었다. 박 장관은 조문을 끝낸 직후 황급히 자리를 빠져나갔
다 한다. 김현웅 전 법무부 장관도 조문을 왔지만, 덤태기 씌워
죽였다는 유족의 항의에 인사만 하고 쫓겨나듯 물러갔다. 또 일
부 유족은 "수사 책임자인 윤석열 서울중앙지검장을 겨냥해 욕
설을 퍼붓기도 했다" 한다. 죽은 변창훈 검사는 윤석열 당시 서

울중앙지검장과 사법연수원 동기였다. 유가족과 검찰 내부의 반발 때문에 끝내 윤석열은 빈소에 모습을 드러내지 않았다.[28]

윤석열이 아직 '문재인 정부의 사람'이었을 때의 일이다. 그로부터 8개월 뒤 윤석열이 검찰총장 인사청문회에 나왔을 때, 더불어민주당 김종민 의원이 이 사건을 거론하며 윤석열을 격려했다. "이 비극을 만들어낸 것은 비정한 정치다. 윤석열 후보자가 수사해서가 아니고, 검사를 불법에 동원하고 그 검사를 다시 검사의 수사를 받게 만든 비정하고 불법적인 정치 때문에 만들어진 사건"이라고 했다. 또 "그걸 만든 정치권이 근본적으로 반성해야 한다"며, "검사들이 정권에 동원돼 불법에 내몰리지 않는 대한민국을 만드는 데에 윤 후보자의 임무가 있다"고 말했다. 윤석열은 죽은 연수원 동기의 이름이 나오자 울음을 터뜨렸다 한다. 그리고 "위원님 말씀에 유념해서… 하여튼 열심히 하겠다"고 대답했다.[29]

그리고 2019년 1월 6일에도 국정원 직원 A씨가 경기도 용인의 한 주택가 공터에 세워진 자신의 차 안에서 숨진 채 발견됐다. 역시 40대였고 번개탄을 피웠다. "내가 먼저 떠나게 돼 남은 가족들에게 미안할 뿐이다" 등의 내용이 담긴 A4용지 3장 분량의 유서를 남겼다고 현장 조사를 한 경찰이 말했다. 그런데 문재인 정부의 국정원은 국정원법을 내세워 더 자세한 직급이나 유서 내용의 공개를 막았다.[30]

이렇듯 박근혜 정권 시기 국정원의 불법적 정보활동이 오랫동안 논란이 되고 후유증을 남겼던 것이다. 민간인 사찰, 서울시 공무원 간첩 증거조작, 국정원 댓글 공작 등과 관련해서 일어난 국정원 직원들의 "잇따른 번개탄 자살시도의 원인은 문제가 발생할 때마다 되풀이되는 조직적인 증거·자료 조작과, 국정원 지휘부의 꼬리 자르기식 지침 등으로 일관하는 태도"라 생각할 수 있다.[31]

한편 2021년 6월 1일에 방영된 MBC 〈PD수첩〉은 국정원 전직 직원의 제보에 의거해서, 국정원 직원들의 연쇄 자살 사건의 맥락에 대한 하나의 유력한 해석을 제공한다. 이 프로그램에 나온 전 오사카 영사관 주재 국정원 직원은, 국정원 대선 개입의 핵심은 2012년 시작된 재외 국민 투표에 대한 개입이라 했다. 그러면서 이와 관련해 그가 국정원 감사실에서 당했던 고문에 대해 폭로했다. 그가 불려간 감사실은 온통 새하얀 색으로 칠해져 있었고, 책상 두 개가 겨우 들어가고 몸을 옴짝달싹하기 매우 어려운 좁은 밀실이었다. 그는 이 백색 밀실에 갇혀 앉아서 종일 한 곳만 바라보는 고문을 사흘간 당했다 한다. 그러고 나자 기억이 상실되거나 알 수 없는 곳에서 헤매는 등의 정신이상 증세가 나타났고 자살충동도 일었다고 했다.[32]

무엇이 '원인'인지 단언할 수 없다. 분명한 사실이라면 40-50대의 중간관리자 또는 실무 책임자가 안타까운 죽음을 맞았다는 것이다. 아마 그들이 희생양이 되어, 정말 책임져야 할 누군가가 보호되었을지 모른다. 젊은 그들이 목숨까지 버려 '조직'이 지켜졌을까? 국정원 간부는 일개 공무원이거나 정권의 한때 잘나가는 하수인일 뿐이다. 국정원이 곧 국가인 것도 아니며, 국정원을 지키는 일이 곧 애국인 것도 아니다. 그런데 중년의 남성 직장인·공무원들 중에는 '조직'과 자기 자신을 동일시하고 '조직'을 위해 사는 사람들이 있다. '평생직장' 개념이 존재하고 권위주의가 사회를 지배할 때 만들어진 인간형이거나, 특수한 (?) 직장을 다닌다는 자부심을 스스로 내면화하면 이런 생각을 하게 된다. 그런 직장에는 흔히 직업적·전문적인 기능적 인간관계 외에 '상명하복'과 '형님·아우' 하는 식의 남성 규율이 작동하는 경향이 있다.

'정윤회 문건' 사건이 쏘아올린 공

지금부터 말하려 하는 사건은, 최순실의 전남편이며 최유라의 생부인 정윤회가 '비선'으로서 박근혜 청와대의 속칭 '문고리 3인방'을 통해 인사 등의 '국정'에 개입했다는 의혹에서 비롯되었다. 그런 정황이 담긴 문건이 누군가에 의해 작성되고 신문사 기자에게 건네졌다. 이 '궁중 비화'의 결말은 권력에 의해 여러 명의 공무원들이 옷을 벗고, 신문사의 간부와 기자들이

고초를 당하고, 또 유능했던 젊은 경찰공무원 한 사람이 스스로 목숨을 끊었다는 것이다.

2014년 11월의 일이었다. 정윤회 또는 박지만이(이때는 누가 진짜 '비선 실세'인지 잘 몰랐다) 국정을 농단하고 있다는 소문에 관련된 문건이 《세계일보》에 특종 보도되면서 논란이 엄청 커졌다. 세간의 관심이 뜨겁자 청와대는 궁지를 벗어나기 위해 프레임을 확 바꿔버렸다. 최순실의 전남편인지 혹은 박근혜 동생 박지만인지가 국정을 농단하고 있다는 것이 아니라, 누군가가 청와대의 기밀(?) 문건을 언론에 유출했다는 것으로 초점을 돌렸다. 그러고는 '국기 문란' 운운하며 문건 유출의 책임자를 찾아낸다고 소란을 떨었다. 이 사건은 나중에 '촛불혁명'을 야기한 최순실 국정농단 사건의 일종의 '프리퀄'로 볼 수 있는 것이었다. 그러나 청와대와 몇몇 언론이 프레임을 그렇게 잡자, 누가 이 말도 안 되는 국정농단 문제의 유탄을 맞고 희생양이 될 것인가, 누가 사건의 본질과 무관한 사건의 '범인'이 될 것인가의 문제가 돼버렸다.

검찰이 문건의 유출 경위를 조사하기 시작했는데, 청와대는 대통령비서실 파견 정보경찰관 박관천 경정이 문건을 작성하고 《세계일보》로 흘려주었다며 주범으로 지목했다. 그리고 후에 자살한 최경락 경위와 그의 동료 한일 경위가 '종범'처럼 되었다. 최 경위의 유서에 있는 표현처럼, 경찰(파견자들)이 청와대에서 가장 "힘없는 조직"이었기 때문인지도 모른다.《조선일보》도 그 '몰아가기'에 일익을 담당한다.

수사를 받는 과정에서 박관천은 청와대에 저항하며 "우리나라의 권력 서열이 어떻게 되는 줄 아느냐. 최순실 씨가 1위, 정 씨가 2위이며, 박근혜 대통령은 3위에 불과하다"고 폭로했다.[33] 그런데 누구보다 인생 45년을 열심히 살아왔을, 아내와 자식을 둔, "그렇게 선하고 남을 배려하는 친구"[34]였던 한 사람이 스스로 목숨을 끊는 일이 생겼다. 다시 사건 전체의 의미와 향방이 혼미해졌다.

누가 범인이 될 것인가,
'몰아가기'의 공포

건강하고 성실한 중년 직장인 남자가 죽기로 작정하는 데는 뭐가 필요할까? 또는 얼마나 큰 모욕과 고통, 그리고 어느 정도의 시간이 필요한 것일까? 타인은 자신의 삶의 감각으로 상상력을 발휘해볼 수밖에 없다.

청와대·검찰·《조선일보》 등에 의해 범인으로 지목된 최경위는 12월 9일에 검찰에 체포됐다. 48시간가량 조사를 받고 12월 12일 새벽 2시에 구속영장이 기각돼 검찰에서 풀려났다. 구속영장 실질심사에서 그는 "묵주를 잡고 소리 지르고 울면서" 억울하다고 항변했다 한다.[35] 검찰에서 풀려난 뒤에는 노모를 찾아가 자신은 죄가 없으니 걱정하지 말라며 위로하고 귀가하여, 검찰한테 뺏긴 잠을 잤다 한다. 아침 9시경엔 변호사를 만나고, 11시 30분경 형과 통화를 했다. 역시 '나는 잘못한 게 없으니 형은 걱정하지 마라'는 취지였다.[36] 이런 행동과 '죽을 결심'은 병존 가능한 것인가.

그렇게 가족과 헤어지고 난 지 세 시간 뒤인 오후 3시경에 최 경위는 경기도 이천의 한 마트에 들러 번개탄 등을 구입했다. 그리고 그로부터 약 열두 시간 뒤인 12월 13일 새벽 2시, 자기 차 안에서 사망한 것으로 보인다. 다시 열두 시간쯤 뒤에 그가 발견됐다. 동네의 한 빈집 마당에서 자신의 차량 운전석을 뒤로 젖히고 누워 있었다. 차 안팎에서 번개탄과 빈 소주병 따위가 발견됐다. 자해 흔적이 있었고, 무릎 위에는 수첩에 적은 유서가 놓여 있었다.[37] 14장에 이르는 짧지 않은 글이었다. 꽤 시간을 들여 유서를 작성했다는 것을 알 수 있다.

'자살행동'이란 몇 단계의 심리적 계단을 넘어서야 가능한 일이다. 그 계단들 하나하나가 다 가파르다. 이성이 작동한다면 반복적이고도 강하게 '죽고 싶다'는 생각이 들어야 하고, 다가올 미래에 대한 암울한 평가와 깊고 혼미한 절망감과 고통이 '아직 희망이 있다'거나 '이겨낼 수 있다'는 등의 생각을 압도해야 한다. 다른 자기인식과 상황에 대한 객관적인 평가를 이겨야 한다.

또한 죽음에 대한 본능적 공포도 넘어서야 한다. 그리고 무엇보다 주변 사람들의 '지지'에 대한 망각이나 무시가 가능해야 한다. 즉 대부분 인간의 존재의 이유인 자식·부모·가족 같은 '사랑하는 사람'에 대한 걱정과 그들에 대한 의무감·죄책감을 넘어서고 저버려야 한다.

최 경위에게는 자살생각을 하여 번개탄 등을 구입한 낮 12시부터 오후 3시 사이가, 그리고 3시부터 대략 죽음을 결행한 그날 자정까지가 그런 심리적 계단의 마지막 단계를 넘어간 때였을까. 과연 무슨 일이 있었던 걸까?[38] 유서를 보면 그는 깊고 넓게 사태를 판단하고자 노력하고, 생의 과거와 현재를 이성적으로 생각하고자 한 것 같다. 왜 그는 자살생각으로부터 놓여나지 못했을까?

최 경위의 유가족은, 검찰에서 그가 심한 가혹행위를 당했고 청와대가 온 권력을 동원하여 그를 범인으로 몰아가자, 비싼 대가를 치르며 청와대와 싸워야 하는 부담감과 다시 검찰에게 가혹한 수사를 받아야 하는 공포감에 스스로 목숨을 끊은 거라 해석했다.

故 최 경위 형: BH(청와대)하고 싸워봐야 이길 수 없고, 동생을 죽이려고 하고, 동생한테 주동자라고 하면서 '네가 시켰잖아', 이렇게 나왔다고 하더라고요. 동생은 정말… 정말 환장하는 거죠.

내가 집을 팔아서라도 대법원까지 가보자 그랬더니 하는 얘기
가, '형, 내가 이 정부가, 박근혜 정부가 2년만 남았어도 싸워보
겠는데 이거는 4년이라는 세월이 남았는데 나는 그 안에 폐인이
돼버려', 그런 얘기를 하더라고요. 그래서 '이길 수가 없어. 그냥
시키는 대로 했다고 하고 가서 잠이나 푹 잤으면 좋겠다'고 그러
더라고요.[39]

최 경위의 형은 최 경위가 검찰 수사 과정에서 엄청나게
고통스러워했다 한다. 그리고 아래 인용문에서와 같이, 용변 보
고 먹고 자고 입는 걸로 사람을 괴롭혔다 했다. 검찰은 지속적
인 압박을 주어 최 경위가 자신이 모든 것을 뒤집어쓰게 만들든
가, 아니면 자기의 상관이나 누군가를 불도록 하려고 한 듯하다.

故 최 경위 형: (동생이 조사받으러) 가면서 '형, 애들 좀 부탁해' 이
러더라고요. 그러고 나서 힘쓸 수 있는 게 아무것도 없잖아요.
변호사만 바라보고 있어야지. 하룻밤인가 잤어요. 동생은 조사
받으러 검찰에 시달리고 있었겠죠. 그런데 거기 구치소에서 누
가 전화를 해줬어요, 제수한테. 최 경위가 밤에 잠도 못 잤고, 달
달달달 떨고 추워서 윗니하고 아랫니하고 부딪치고 그래가면서
데굴데굴 구르면서 그렇게 아파가지고 그랬다더라고요. (중략)
거기서 조사를 할 때, 이 새끼들이 소변도 못 보러 가게 하고, 때

가 넘겨서 밥도 안 주고. (중략) 네. 최순실 같은 경우는 곰탕 해다 주고 우병우 같은 경우는 오리털 파카라도 갖다줬잖아요, 그렇죠? 제 동생은 그때 노란 점퍼, 가을, 초가을 점퍼였거든요. 그러니까 얼마나 추웠겠어요. 밥이라도 줘야 될 거 아니에요. 밥도 안 주고. (중략)

제 동생이 포기를 하고 생목숨을 끊었다고 이렇게 생각하잖아요. 그런데 물론 본인이 생목숨을 끊었지만 이거는 현 고위층들이 (저지른) 타살이나 매한가지예요. (중략) 몰고 간 겁니다, 이거는. 자살하게끔 몰고 간 거예요. 이거 타살이라고요, 사실은.[40]

물론 이때 검찰은 단지 담당 수사관이 아니라 청와대를 등에 업은 거대한 괴물로서, 한 사람을 고뇌와 갈등에 빠뜨린 힘을 의미한다. 한국 검찰은 다양한 노하우로써, 마치 천적이나 먹잇감 앞에서 몸을 부풀리고 독기를 발하는 곤충이나 바다생물처럼, 피의자의 심리적 압박감과 고통이 실제보다 더 크게 느껴지도록 하는 방법을 아는 듯하다. 더구나 한국 검찰은 잠을 못 자게 만들거나 언어나 신체적 폭력을 '덤'으로 써서, 즉 육체적인 부담을 가하는 방법도 잘 안다. 이는 '수사'로 치장된 변형된 고문 아닌가? 와중에 피의자는 심리적으로 매우 약해지거나 트라우마를 갖게 될 수 있다.

유서에 담긴 회사(경찰), 언론, 동료

최 경위의 유가족은 수첩에 작성된 유서 중에서 가족에 대한 언급 부분을 제외한 1~8페이지까지를 공개했다. 여기에 나타난 심리적 상황은 위에서 본 것과 같으면서도 조금 다르다. 물론 대부분의 유서들이 자살자가 처한 문제상황과 심리상태를 다 보여주지는 못한다. 표현력과 어휘력, 구성력의 한계 때문이다. 그럼에도 최 경위가 처한 '문제상황'과 그런 선택(?)을 하게 한 심리적 동요가 드러나 있다.

유서에는 세 개의 두드러진 키워드가 있다. 하나는 "회사", 둘째는 "언론", 셋째는 최 경위의 동료 경찰인 "한일 경위"다. 당시 청와대는 한일 경위에 대해 불구속을 대가로 회유를 시도했다가 여의치 않자 구속해버렸던 것으로 알려졌다. 최 경위는 힘없는(?) 자신의 '회사' 생활과 "공무원의 현실"에 대한 생각에서부터 마지막 말을 시작했다. 좀 더 구체적으로 "회사"는 경찰 중에서도 최 경위가 일한 정보경찰 조직을 가리킨다. 공무원들 중 일부, 특히 이 같은 정보 계통 종사자들이 그러는 것처럼 최 경위와 동료들도 자기 조직을 "회사"라 불렀던 모양이다. 결코 평범하지 않은 직장을 다니는 그들이 가장 평범한 명사인 '회사'라는 말을 쓰는 건 흥미롭다.

경찰 생활하며 16년 동안 월급만 받아 가정을 꾸미다 보니 대출 끼고 현재 전세를 살고 있는 것이 대한민국 공무원의 현실입니다.

그리고 경찰 생활을 하며 많은 경험을 했지만 이번처럼 힘없는 조직임을 통감한 적이 없습니다.

힘없는 조직의 일원으로 이번 일을 겪으면서 많은 회한이 들기도 했습니다.

그러나 당당하게 공무원 생활을 했기에 지금도 행복합니다. 감사합니다.

(유서 1~2페이지)

최 경위의 유서는 부분마다 그가 상상한 '내포독자'를 갖고 있다. 그는 유서의 전반부부터 "제 동료이자 아우인 한일이가 저와 친하다는 이유 하나 때문에 이런 소용돌이 속으로 들어오게 된 것은 정말 미안하게 생각합니다"라고 했다. 자신과 함께 고초를 겪은 동료 한일 경위를 강하게 의식했고, 또 따로 그에게 말을 남긴다. 자신이 죽는 것은 "회사 차원"의 일이며 "회사의 명예" 문제라고 했다.

한일아 너무 힘들어하지 마라. 나는 너를 이해한다.
민정비서관실에서 너에게 그런 제의가 들어오면 당연히 흔들리는 것은 나도 마찬가지일 것이다. 이제 내가 이런 선택을 하게 된 것은 너와 나의 문제가 아니다. 우리 회사 차원의 문제이다. 이제 라도 우리 회사의 명예를 지키고 싶어 이런 결정을 한다. 너무 힘 들었고 이제 편안히 잠 좀 자고 쉬고 싶다. 사랑한다. 한일아.

(유서 5~6페이지)

이는 유서에서 자살자가 직접 자기 죽음의 '이유'를 말한 부분이기도 하다. 자신의 죽음 때문에 가장 큰 죄책감을 갖게 될지 모를 친구에게 적극적으로, 내 죽음이 "너와 나의 문제" 때 문이 아니라 "회사 차원의 문제"라는 것을 말한다. 그리고 "너무 힘들었고 이제 편안히 잠 좀 자고 쉬고 싶다"는 것이 이유라는 것. '쉬고 싶다'는 말은 최 경위가 형에게도 한 말이다. 이 자살이 가진 심리적 성격을 보여주는 대목이다. 외적 압력과 정치적 폭 력에 대한 반응이, 윤리적인 것과 사회적인 것을 벗어나, 뭐든 다 떠나 일단 쉬고 싶다는 '휴식'의 욕구로 표현돼 있다.

아마도 한 경위와의 관계는 최 경위의 죽음에 얽힌 '(상호) 윤리'의 차원에서 가장 중요한 대목일 것이다. 그 친구와의 관계 는 가해도 피해도 아니어야 할 것이기에, 최 경위는 많은 정서 적·윤리적 에너지를 기울인다. 한 경위는 사건 발생 2년이 지나, 최순실 국정농단이 드러나 박근혜 정권이 무너지고 있던 2016 년 11월에 당시의 일을 털어놓았다.

그는 2014년 당시에는 "말단 공무원이 청와대·검찰과 맞서려고 하니" 너무 무서웠으나, "이제라도 이야기하는 것은 최경위에 대한 미안함 때문"이라 했다. "끝까지 침묵을 지키면 유서가 거짓말이 되"기 때문에 "고인에게 예의를 지키고 싶었"다는 것이다.[41] 당시의 정황은 다음과 같다.

체포 하루 전인 8일 오후 4시쯤 P행정관한테 전화가 왔다. (중략) '청와대 문건을 복사해서 최경락 경위에게 넘겼다고 진술해라. 그럼 책임을 묻지 않을 수도 있다'고 했다. 하루 전 내가 검찰에 제출한 휴대전화 속 정보들도 이미 알고 있었다. 내가 문건을 복사했다는 내용도 그 안에 들어 있었다. (중략)
내가 복사를 해준 건 맞으니까 흔들렸다. 그래서 최 경위도 배려해주겠느냐고 물었더니 '얘기해보겠다'고 했다. 최 경위에게 연락했는데 '정윤회 문건을 절대로 기자에게 주지 않았다'고 했다. 내가 문건 복사해준 건 사실이니 그냥 그렇게 말하고 선처받자고 얘기했다. 최 경위가 '죽어도 못 한다. 내가 한 짓이 절대 아니다. 너 회유당하면 안 된다'고 말했다. 그리고 곧바로 체포가 됐고 구속영장 기각돼 풀려나자마자 최 경위가 목숨을 끊었다.[42]

청와대 민정비서관실은 검찰을 장악해 움직이고 있었고, 동료인 한 경위와 최 경위를 분리하는 술책을 폈다. 안타깝게도 두 사람의 우정과 동료로서의 신의는 별 도움이 되지 못했던 것 같다. 경찰 상부 조직은 무엇을 하고 있었던가? 한 경위의 말에 따르면 최 경위는 자신이 처한 상황이 무척 억울했고 전혀 '유출' 당사자가 아니었던 듯하다.

그러나 그 억울함을 풀 길은 없었던 모양이다. 따라서 최 경위의 죽음에는 '회피'와 '저항'의 성격이 함께 들어 있는 듯하다. '명예자살자'의 심리 가운데 '저항'은 가장 중요한 '심리적 원인'이고, 이런 성격의 자살에서 그것은 자주 '회피'와 병존한다고 보인다. 이런 경우 자살자들은 고립무원의 상황에서, 마치 파렴치범처럼 내몰려 있다. 그리고 앞으로도 계속 '홀로' 그 큰 불명예와 고난을 감내해야 할 것만 같다. 이런 상황이 죽음을 택하게 되는 압력이 된다.

그럼에도 억울하다면, '조직'의 지원을 받으면서, 또 함께 고초를 겪은 사랑하는 다른 동료들과 힘을 합쳐 싸워나가야 한다. 아마도 자신이 처한 모든 조직과 관계를 넘어서는 어떤 큰 비약이 필요할지 모른다. 물론 쉽지 않겠지만 그게 죽음보다 나은 게 아닌가? 그러나 불리하고 고립된 상황에 처한 어떤 자살자는 죽음으로써만 그 억울함을 제대로 호소할 수 있고, 부정과 비위가 바로잡힐 것이라 (절망적으로) 생각하게 된다. 2021년 5월 공군 제20전투비행단 소속이었던 이 모 중사가 성추행을 당하고 상관들에게 조직적 2차 가해를 당한 끝에 죽음을 선택한 사건에서도 이런 면이 여실하다.

그런데 최 경위의 말은 아직 충분히 이해되지 않는 면이 있다. 왜 자신이 '경찰 조직의 명예'를 떠안아야 한다고 생각했는지, 또 그 명예란 과연 무엇이고, 과연 그 조직의 명예가 다른 가치보다 더 큰 것인지.

언론은 책임이 없는가

최경락 경위 죽음의 가장 큰 책임은 당연히 박근혜 청와대와 검찰에 있다. 청와대가 전반적 문제상황을 제공했고, 검찰은 '직접 사인(死因)'에 비유될 수 있을 '가해'를 했다고 보인다. 그런데 최 경위의 유서에는 이에 대한 언급은 거의 없다. 대신 언론에 대한 언급이 여러 차례 나온다. 그만큼 당시 언론도 이 사건 전체에서 중요한 변수였다. 요컨대 이는 박근혜 정권 당시 언론과 정치의 관계, 또 언론인의 존재 방식에 대해 깊은 문제를 제기해주는 사안이었다.

죽음을 결심한 최 경위는 언론에 대해 할 말이 많았다. 유서에 기자들의 실명까지 밝혀 언급했다. 이는 《세계일보》의 특종에 의해 시작되고 《조선일보》《중앙일보》 등의 보도 경쟁으로 확산된 사안의 특징이 반영된 것이라 보인다. 유서의 앞부분부터 최 경위는 "잃어버린 저널리즘을 찾아주시기 바랍니다. /

나는 새로운 삶에 대한 호기심이 나를 짓눌러 이렇게 극단적인 방법을 택합니다"라고 했다. 그리고 그는 다음과 같이 《조선일보》와 《세계일보》의 기자들을 호명했다. 그 보도들 때문에 사태는 터지고 자기는 궁지에 몰렸다는 것이다. 그런데 경찰공무원이 기자들을 "아이들"이라 지칭하고, 유서를 통해서까지 언론 보도 내용을 부정하는 상황을 어떻게 이해해야 할까?[43]

> 제가 정보관으로 활동하면서 많은 사람들을 접하였으나, 그중에서 진정성이 있던 아이들은 세계일보 ○○○과 조선일보 ○○○이었습니다. 그런데 이번 사태에서 "BH의 국정농단"은 저와 상관없고, 단지 세계일보 ○○○ 기자가 쓴 기사로 인해 제가 이런 힘든 지경에 오게 되고, 조선일보 ○○○은 제가 좋아했던 기자인데 조선에서 저를 문건 유출의 주범으로 몰고 가 너무 힘들게 됐습니다.

이처럼 자살자가 '저널리즘'과 기자들의 실명까지 입에 올리자 언론계에서도 반응이 있었다. 그중 채널A는 "최 경위는 특히 유서에서 이번 사건을 취재한 《조선일보》 기자의 실명을 거론하며 《조선일보》에 배신감을 느낀다는 내용을 적은 것으로 전해졌다", "최 경위는 이들에게 다른 기자에게 들은 얘기를 옮겼을 뿐인데, 잘못된 보도 때문에 문건 유출의 주범이 됐다고 적은 것으로 알려졌다"고 보도했다. 그의 죽음이 《조선일보》의 몰아가기식 보도가 원인이라는 식으로 비판한 것이다. 이에 대해 《조선일보》는 격하게 반발했다.[44]

　　《세계일보》는 큰 특종을 했지만 당사자인 조현일 기자와 조한규 사장은 박근혜 정권에 의해 고초를 겪었다. 조 기자는 2017년 1월 박근혜 정권의 완전 몰락이 가시화될 때, 박근혜 탄핵심판 4회 변론 기일에 증인으로 출석해서 자신이 겪었던 일과 당시 사건의 자초지종을 말했다. 박근혜 탄핵 사유 중에는 '언론의 자유 침해'도 포함되어 있었다. 조 기자는 박관천 경정을 포함한 사건의 취재원들이 "보도를 하게 되면 당신이나 《세계일보》, 통일교 재단까지도 보복을 감당하기 힘들 것이다. 보복이라는 건 당신 생각처럼 순수한 수준이 아니다. 당신 같은 경우 3년 정도 검찰청에 불려갈 각오가 돼 있어야 한다"고 압박했다 했다. 나아가 '국정원이 지켜보고 있다'는 등의 말도 들었기에 가족의 안전을 걱정할 수밖에 없었다 한다. "수사기관에 계신 분들이 걱정을 해주셨"기에 "칼을 갖고 다녔"고, "가족에 대한 테러나 위해"가 걱정되어 "아내에게 아이들 등하굣길에 동행하도록 부탁"도 했다 한다. 그럼에도 "검찰의 수사 결과 발표 이후 부인이 혈액암을 진단받고 자신은 자율신경계 이상에 따른 스트레스 과잉반응 증세를 얻게 됐다"며, "가장으로서 견디기 쉽지 않았다"고 말했다.[45]

조 기자가 겪은 고통에는 최 경위의 죽음이 가져다준 것도 있었다. 최 경위가 문건 유출자로 지목돼 수사를 받다 자살하며 자신을 유서에서까지 언급한 것에 대해, "굉장히 절친한 관계를 유지하던 경찰공무원이 가족을 남기고 그런 결정을 했다는 소식을 듣고 정신 차리기 힘들 정도였다"고 했다.[46]

한편 누군가들이 조 기자에게 말한 것처럼 세계일보사도 한때 불이익을 당했다. 보건복지부와 국민건강보험공단 등의 '정부 광고'가 중단됐고, 4개 계열사가 세무조사를 받았다 한다. 조한규 당시 사장은 보도가 나가고 석 달 뒤인 2015년 2월 해임됐다. 세계일보사는 청와대의 강한 압력을 받아 사장을 자르고는, 사장을 해임하는 이유를 허위로 공표했다. 이에 대해 나중에 조한규는 부당한 해임에 따른 손해배상을 청구하는 소송을 냈고, 회사에서 1억 4천여 만 원의 합의금을 받았다. 또한 이유를 허위로 공표한 것에 대해서도 위자료를 받았다.[47]《세계일보》에 대한 정권의 대응이 김영한 당시 청와대 민정수석의 업무일지에 꼼꼼히 적혀 있었고, 그래서 정권의《세계일보》압박이 계획적이었음이 재판에서 확인되었기 때문이다.

그러면 청와대와 검찰의 말을 받아서 최경락 경위를 큰 곤란에 빠뜨린 보도를 했던《조선일보》와 그 기자들[48]은 어떻게 됐을까? '조국 사태' 전후에 조국과 언론사·유튜버들 사이의 공방은 기억할 만하다.[49] 사태 1년 후 조국은 '가로세로연구소',

전《월간조선》우종창 기자, 채널A와 TV조선 현직 기자, 문갑식(디지털조선TV), 공병호(공병호TV) 등과 몇몇 블로거를 허위사실 유포, 명예훼손 등으로 고소했다. 조국은 극우 미디어를 통해 가짜 뉴스와 혐오적 언어를 생산한 이들 외에도, "애꾸눈 마누라가 엄청난 부동산 기술자" 운운한 글을 SNS에 올린 MBC 기자, 사모펀드 관련자들의 해외 도피를 정경심 교수가 지시했다는 오보를 낸《세계일보》와 그 기자들, "조국 딸 세브란스 피부과 방문 인턴 부탁"이라는 보도에 관련된《조선일보》기자 2인 및 사회부장·편집국장 등을 4억 손해배상 청구 및 형사 고소했다. 2020년 8월 29일《조선일보》는 정정 기사를 내고, 문제의 "두 기자는 기자로서의 기본적인 확인 의무를 다하지 않고 이러한 기사를 작성, 송출하였는바, 최소한 허위사실 적시 명예훼손의 '미필적 고의'가 인정되기에 충분합니다" 운운하며 "조민 씨, 연세대 의료원에 사과드립니다"라고 사과하기도 했다.

자살 문제와 관련해서도 '언론과 표현의 자유'에 따르는 책임 문제를 깊이 생각할 필요가 있다. 보도에 책임을 지는 노력을 어떻게 제도화해야 하는지에 대해 한국 정치권과 언론계에는 큰 논쟁이 있었다. 2020년 9월 28일 법무부는 징벌적 손해배상제를 전면 확대하는 상법 개정안을 내놨다. 오보에 대한 고의·중과실이 인정되는 경우 언론사가 보도에 따른 손해의 5배 범위 내에서 배상 책임을 져야 한다며, 기존의 배상 책임액을 높인 것이 법안의 취지다. 2021년 9월 현재 여당인 더불어민주당은 이 법안이 '언론개혁'의 핵심이라 보고 강행 처리할 뜻을 갖고 있다.

이에 대해 찬반이 갈린다. 한국기자협회와 언론노조 등 관련 단체는 언론의 자유가 위축되는 역효과를 우려한다며 반대했으나, '민주사회를 위한 변호사모임'(민변)과 언론인권센터 등은 피해구제를 위한 증액 배상에 찬성했다.[50] 물론 《조선일보》《매일경제》 등의 언론기업들은 세계에 유례가 없다며 목소리를 높여 반대했다. 2021년 8월 2일 서울 여의도 국회 앞에서 KBS 노동조합 조합원들이 이른바 언론중재법 개정안을 강행 처리하려는 것에 반대해 릴레이 시위에 나섰고, 그들을 국민의힘 정치인들이 격려하고 있다.[51]

오늘날 한국 사회에서 언론의 자유란 무엇인가? '자유'가 위축되어 문제인가? 아니면 무책임을 부르는 언론산업과 SNS 등 개인미디어로 무한 확장된 공론장의 구조가 문제일까?

일부 언론의 무책임함은 단지 문제 있는 보도에 대한 손해배상액이 적어서 생기는 현상은 아닐 것이다. 저널리즘의 기본을 넘는 '주목경쟁'과 상업주의가 근본적일 것이다. 그리고 기자들은 자신들이 어디까지나 '사실'에 입각한 보도를 한다고 생각하거나, '의견 표명'의 자유권이 신성하다고 생각한다. 다 틀린 것은 아니지만, 기사로 표명된 말이 내용 자체보다 강한 '프레임'을 얻고, 내용이 이미지와 활자로 편집되어 세상에 표현될 때의 차이에 대해 무관심·무책임해서는 안 된다. 이 무관심·무책임이 언론자유의 모순과 내적으로 연관되어 있을 것이다. 매개(미디어)와 재현의 어떤 근본적인 문제 말이다.

앞서 말한 것처럼 공직자와 정치인들의 자살은 특히 한국 정치를 둘러싼 어둡고 지저분한 문제들, 정쟁과 권력투쟁, 조직의 이해, 부패 문제 등을 다각도로 보여준다. 와중에 목숨을 끊는 사람들은 권력정치라는 괴물의 희생양이다. 그런데 이렇게 사람들이 죽어나가도 변하지 않고 유지되어온 제도화된 권력이 있으니, 바로 제도언론과 검찰이다. 이는 정치검찰과 흔히 '조중동'이라 표상되는 언론의 한국적 특수성은 물론, 그 권력의 본원성과 연관된 것이다. 즉 사람을 수사하고 자유를 박탈하여 법정이나 감옥에 보내거나, 또 대중 앞에 세워 사회적·정치적 권위와 자원을 박탈하게 할 수 있는 힘 말이다. 그 작용의 힘 때문에, 어느 사회든 검찰과 언론이 '정의'의 구현자 역할을 하지만 동시에 고도의 자기성찰 능력과 제도화된 책임기제가 필요하다.

한국 검찰은 자살 사건의 가해자 또는 비위의 주체의 자리에 줄곧 있었으나 어떤 제대로 된 책임을 지거나 행동양식의 개혁은 없었다. 입으로 반성한 적은 있었으나 병통을 고치지는 못했다. 그래서 앞으로도 검찰 수사를 받다가 얻은 모멸감과 급성 우울증 때문에 자살하는 사람이 더 생겨날지 모른다. 2020년 6월 1일 검찰총장에 취임한 김오수는 '수사 관행 개선'을 또 한 번 다짐한 검찰총장이 되었다.[52]

'진상 규명'이란 결국 화해와 회복적 정의

최경락 경위의 죽음은 촛불항쟁과 박근혜 정권의 몰락 이후 '적폐 청산' 차원에서 다뤄졌다. 그의 동료 경찰과 가족이 다시 진상 규명을 청했고, 문재인 대통령이 받아들였다. 당시 조국 청와대 민정수석은 '진상 규명 하겠다'고 여러 차례 말했으며, 박영수 특검이 실제로 이 사건을 조사했다.[53] 다시 언론도 나서고 법원이 이 사건에 대해 법적으로 판단했다.[54]

최경락 경위와 함께 고초를 겪었던 관련자 중 박관천 경정과 한일 경위는 '대통령기록물 관리에 관한 법률 위반' 혐의에 대해 유죄 판결을 받았다. 박관천은 수사 과정에서 불거진 뇌물수수 혐의로 추가 기소됐으나 최종적으로 징역 8개월에 집행유예 2년을, 한일은 징역 1년에 집행유예 2년을 대법원에서 확정 받았다. '문건 유출'이 사실이었다는 것인데, 이런 형량은 큰 것인가, 작은 것인가? 목숨 자체나 삶의 전체 기간에 비하면 어떤가?

당시 또 다른 관련자로 지목받아 박근혜 청와대와 싸우다

직을 잃었던 검찰 출신 조응천은 무죄를 인정받고 명예를 회복했다.[55] 나아가 2016년 2월 더불어민주당 대표 문재인의 '인재 영입 대상'으로 입당하여 20대 총선에서 국회의원이 되었다. 한편 2014년 당시 청와대의 민정비서로서 문건 유출 사건을 잘 처리한 공을 인정받아 민정수석까지 올라갔다던 우병우는 촛불항쟁 때 감옥에 갔다. 정치검찰 '적폐'의 한 핵심으로 지목됐던 그는 그러나 2021년 2월 4일 고등법원 판결에서, 민정수석 시절 국정농단 방조 등의 혐의에 대해 형량이 1년으로 크게 줄었다. 그날 우병우는 '촛불 특검'의 무리한 수사에 대해 목소리를 높여 비판했다.[56] 대한민국 검찰 조직은 문재인 정부의 '검찰개혁'으로 흔들리는 듯했지만, 우병우의 법률대리인이 '검찰개혁'의 성과라는 공직자비리수사처(공수처) 초대 차장에 추천되기도 했다.[57] 그리고 박근혜·문재인 정부에 의해 각각 탄압(?)을 당한 윤석열 전 검찰총장은 2021년 현재 가장 유력한 대권 후보의 반열에 올라 있다.

　　최 경위가 가장 지켜주고 싶어 했던 한일 경위는 큰 고초를 당했다 한다. 당시 "5개월가량 복역하고 파면돼 퇴직금도 제대로 받지 못했"으며, "20년 넘게 몸 바쳤던 생업"인 공직자로서의 삶을 잃은 것이 너무 힘들었다고 했다. 2016년 11월 촛불이 한창 타오르던 때 인터뷰를 했는데, "보증금 6천만 원에 월세 50만 원으로 서울 강동구 다세대 주택에 산다" 했다. 그러나 "최순

실 사태를 보면서 진실은 언젠가 밝혀진다는 희망을 갖게 됐다"고 했다.[58]

역시 한국 경찰은 검찰이나 집권여당에 비하면 너무 약한(?) 조직인 것인가. 최경락 경위 죽음의 '진상'은 정권이 바뀐 이후 새로 밝혀진 것이 없다. 최 경위의 형은 자신의 모든 것을 걸고 "4년 동안 동생의 명예회복을 위해 뛰어다녔지만", "병만 얻었"다고 말했다. 대통령에게까지 "진상 규명을 약속받았지만 결국 지금은 흐지부지되고 있다"고 말했다.[59]

기실 이 같은 '진상 규명'이란 두 가지 차원의 마음에 결부된 문제다. 하나는 '자살원인'을 제공한 어떤 직접적인 정황에 대해 확실하게, 그리고 상식적 언어로 이야기할 수 있는 수준까지 납득하고 싶다는 것이다. 이를테면 누군가가 '네가 OOO를 위해 죽어야겠다'고 강요·방조했다든가, 사실은 자살이 아니라 타살이라든가 하는. 그러나 적어도 그 사건이 자살일 경우 명쾌한 원인을 찾고 그것을 언어화하기란 쉽지 않다. 자살의 상당수는 '사회적 타살'이지만, 그럼에도 자살에는 자살자 주체 스스로의 심리와 행동이라는 중대한 요소도 포함된다. 자살자조차 자기 마음과 행동을 온전히 다 표현할 수 없다.

둘째, 의혹 사건에서 피해자 측이 말하는 '진상 규명'이란 기실 신원(伸寃)과 위로라는 마음을 대신한 표현인 경우가 많다. 왜 아깝게 그 사람만 그렇게 죽어서 이 세상에서 없어져버렸는가? 남은 사람들의 안타까운 마음은 여전히 그 죽음을 받아들이거나 납득하기 어렵고, 자기가 죽은 이를 위해 할 수 있는 일도 없다는 억울함과 죄책감까지 겹친 슬픔이다.

둘 다 쉽게 풀리기 어려운 마음의 응어리의 표현이다. 그러니까 어떤 면에서 '진상 규명'이란 곧 화해와 회복을 뜻하는 것이다. '진상 규명'을 바라는 남은 사람들의 심리는 수많은 급작스러운 죽음과 의문사, 자살 사건에서 비슷한 면을 지닌다.[60] 이런 차원에서 '진상'은 '진실'이며, 용서와 화해와 '회복적 정의'는 언제나 누구에게나 필요한 것이다.

'명예자살'은 명예로운가

결론적으로, 지금까지 살펴본 공직자 또는 '실무자'의 죽음들에서 공통적인 점은, 자살자들이 양심선언·내부고발을 하거나 살아서 싸우기보다는, 그렇게 할 수 없는(것처럼 보이는) 이해관계의 뒤엉킴 속에서 침묵을 강요받고, 조직의 논리를 내면화한 채 죽음을 택했다는 점이다. 특히 그 조직들은 대부분 정쟁이나 부패 속에 있어서 그 안에 속한 다양한 사람들을 연루시킨다. 따라서 평범한 이들도 그 안에서는 무고·무구한 존재가 아니게 된다.

만약 자신이 속한 조직(또는 그 상관)이 저지른 불법과 비위 때문에 고통 받는 공무원이나 회사원이 있다면, 그에게 필요한 것은 무엇일까? 자살이 결코 해결책이 될 수 없다는 사실을 명확히 생각하게 하는 심리적·객관적 보증이 가장 중요하다. 즉 고립무원으로 느껴지는 외로움과 '나 하나 없어지면 되지'라는 마음에서 우선 벗어나는 일이다. 그와 동시에 도움을 줄 친구, 동료, 가족이 필요하다. 또한 적절한 법률적 대리인과 공적·객관적 기구에 대한 구제 요청이 있어야 한다. 검찰과 경찰 그리고 해당 기구의 상급기관과 국민권익위원회, 감사원, 그리고 사람들이 많이 보는 청와대 청원 게시판이나 SNS도 고려해야 한다. 종교단체나 언론사를 찾는 방법도 필요하다면 사용해야 한다.

혼자 죽는 것은 당장엔 간명한(?) 회피 수단일지 몰라도 결코 돌이킬 수 없는 손실이다. 그것은 부모, 아내, 아들딸 등의 가족과 친구들에게 영원히 풀지 못할 의혹과 죄책감과 한을 남기는 일이다. 아들딸은 마음의 상처를 안고 아버지와 그의 죽음을 언급하지 않으려 할 것이다. 엉뚱하게도 그들이 죄책감을 가질 수도 있다. 사자의 부모나 아내는 어린 자녀들에게 아버지의 죽음의 이유를 제대로 말해주지 않을지 모른다. 게다가 '조직'의 비위와 책임에 덤터기를 써서 자살한 사람은 아무도 칭찬하지 않는다. 그의 '명예'는 보존되지 못한다. 피치 못해 상관의 명령이나 조직의 압력으로 저지른 잘못이나 떳떳하지 않은 일이 있다면, 그럴수록 더 합리적이고 냉정하게 평가하고 법적 과정에 임할 수 있어야 한다. 혹 처벌을 받게 되더라도 버티겠다는 의지가 필요하다. 참담한 불명예를 안게 된다 해도 그것은 세계의 모든 것이 아니다. 그것은 결국 지나간다. 야차 같은 상관이나 권력자가 제아무리 힘이 세도 얼마 못 가고 그 자리를 내놓게 된다. 그러므로 죽지 말고 권리를 찾아야 한다. 자살은 모든 것을 잃게 하고, 자살한 이는 억울함을 씻을 수 없다.

최 경위는 한국의 평범한 중산층 시민으로서, 노력과 성실로 직업과 생계를 일군 사람이었다. 또한 많은 직장인들처럼 더럽고도 "힘없는"(?) '회사'를 다닌 "회사"원이었다. 최 경위의 가족은 그가 가톨릭 신자라는 점을 내세우며 성당에서 유서 공개 기자회견을 했고 장례도 치렀다. 한 사람으로서의 그의 결백과 억울함을 표현하기 위한 행동이었다고 보인다.

그런데 최 경위는 과연 '진실'을 다 말한 것일까? 그의 유서에도 침묵과 생략이 있다. "세상의 멸시와 경멸은 참을 수 있습니다. 그러나 진실은…"이라 말하며 중요한 대목을 넘어갔다. 이런 감추기나 다 말하지 않고 넘어가기가 공무원 혹은 지배계급 남성의 '명예자살'에서 하나의 중요한 맥락이며 행동패턴이다. 그는 죽어 모든 것을 잃는 와중에도 뭔가를 감추거나 굳이 지켜주려 했다.

그런 의미에서 그의 자살은 충분히 숙고되지 않은 것이며 억울한 죽음 같다. 그가 만약 처벌을 받고 직업을 잃었더라도 생은 끝나는 게 아니다. 제아무리 포악해도 한국의 정권은 5년이면 끝난다. 조직 또는 상사의 명예나 그와의 신뢰 따위보다 더 중요한 게 세상에는 너무나 많다. 자기 말대로 "당당하게 공무원 생활을 했기에 지금도 행복"하다 하지 않았나?

다시 최경락 경위의 명복을 빈다.

정치가 야기하는 자살:
정치의 잔혹함과 회피로서의 자살

누구든 어려움이 닥쳤을 때 회피하고 싶거나 도망가 버리고 싶은 마음을 가져봤을 테다. 그것은 고통을 회피하고자 하는 자연스러운 마음이지만, 인간은 그보다 더 크고 근원적인 고요, 무한의 정적, 완전한 정지에의 충동을 가질 수도 있다. 프로이트의 설명처럼 그 타나토스(죽음충동)는 자기를 파괴하여 이뤄질 수도 있다.[61]

생과 사는 반대되는 개념 같지만 전혀 대칭적이지 않다. 생은 1인칭이 아니다. 생은 생성이며 유한이고 가능성이지만, 사는 단절이고 무(無)다. 생은 사랑이고 육체이며, 피며 살이며 향기며 음식이며, 파도며 꽃이며, 투쟁이고 극복이고 관계며 충만이다. 생은 병이고 아픔이고 외로움이며 즐거운 여행이고 숨

가쁜 산마루다. 생은 문명이고 기계이며 아들이고 딸이며 잉태이고 성장이다. 그러나 그 모든 것은 유한이다.

죽음은 1인칭이다. 죽음은 한갓 마른 먼지이고 무다. '생즉시공 공즉시색'은 틀렸다. 생과 공은 다르다. 죽은 먼지가 우주를 가득 메우고 있고 수십 조, 수만 경에 퍼져 있다. 죽음은 단절이고 적막일 것이다. 완벽한 무가 죽음이다. 윤회와 천국은 모두 아직 목숨이 붙어 있는 자들을 위한 거짓말일 뿐이다.

그 같은 죽음의 개별적 차원은 누구에게나 평등하다. 어떤 사람이 대통령이나 서울시장이나 혹은 연예인과 같은 이른바 '공인'이라 해도, 죽음이 정지이며 무라는 사실은 변함이 없다. 개체로서 존재는 궁극적으로는 공적일 수 없으며, 죽음이라는 사건 앞에서는 '공인'으로 살아온 육신과 영혼도 개별적인 것으로 환원되어 버린다.

죽음이 적어도 사자 자신에게는 '온전한 무'라는 점에서, 자살은 무책임하며 효율적이고 결정적인 수단이다. 자살은 일료백료(一了百了)의 방법일 수 있다. 자살한 공직자와 정치인들은 자신의 죽음 뒤에 닥쳐올 일들을 짐작했을까? 지금도 정쟁과 법적 분쟁을 겪고 있는 박원순 전 서울시장의 죽음 같은 일도 있다. 그런 경우는 죄의 소추와 처벌 과정에서 야기될 고통과, 그리고 타자들의 비난에 의해 야기될 수치와 자괴를 단번에 미리 회피해버린 셈이다. 무한의 무책임이다. 물론 정반대로 이해할 수도 있다. 그는 죄를 인정하는 크나큰 죄책감에, 죄 닦음을 위해 죽음을 선택하고, 그렇게 자신을 처벌함으로써 모든 자기 업적과 생을 부정하면서까지 '무한 책임'을 구현하려 한 것일까?

　자살에 이르게 하는 심리는, 또는 그런 상황에 처한 사람의 마음은 한두 가지의 색채와 감정이 아니다. 체념, 분노, 절망감, 고립감 등이 뒤죽박죽된 상태에서 죽음만이 해결책이라는 '전능감'[62]이 들면 그런 선택이 가능할 수 있다. 그런 죽음은 '자살생각'이 '자살행동'으로 이행되는 과정의, 일반화하기 어렵고 변수가 너무 많은 상황을 압축해서 보여준다. 앞에서도 말했지만 대부분의 인간에게는 자신이 쌓아온 과거의 모든 것(명예, 과업, 관계와 지지 등)뿐 아니라 미래에 남겨질 것(예컨대 어린 자녀)이 있음에도, 그 '모든 것의 모든 것'조차 현재의 무와 파괴에의 욕구, 우울이나 고통에 압도되는 순간이 올 수 있다. 그리고 평소에 그런 증상이 반복·증폭되어 왔다면 쉬 자살에 이를 수 있을 것이다.

소결: 극단의 진영정치와 '진보'에 대하여

정치이념과 패당은 타인의 죽음에 대한 인간으로서의 연민과 애도를 가로막는 현실의 힘이다. 누구도 거기에서 자유롭기 어렵다. 우리는 타자와 '적'의 고통에는 더 무심·무감각하다. 애도는 하찮은 이념과 물리적 거리 따위에도 쉽게 영향을 받으며, 어떤 죽음은 아예 눈에 뵈지도 않는다.[63] 그러나 그가 설사 누군가가 보기에 죽어 마땅한(?) 죄를 저지른 악인이나 '적'이라 해도, 적어도 목격한 죽음 앞에서는, 특히 자살 앞에서는 산 자는 멈추고 자제해야 하지 않을까.

모든 죽음이 무지막지한 권능으로써 존재함의 허무와, 존재자가 걸치는 업보와, 돈과 아파트와 인기나 학벌의 허망을 가르쳐주지만, 자살은 특히 사회의 비참과 관계의 한계를 증거한다. 자살은 극심한 혼란과 도덕적 궁지에서, 거의 절대적인 고독의 상황에서 행해진다. 생의 모든 순간이 죽어 마땅하게 이뤄진 그런 인간은 없고, 따라서 누구도 타인의 존재 전체를 부정하거나 죽음을 선고할 수 있는 권리는 없다.

우리는 '슬퍼하는 이와 함께 슬퍼하라' 같은 성현의 가르침을 제대로 지킬 능력이나 '적' 혹은 먼 타인의 영혼마저 연민할 깊이를 못 가진 범속한 인간이기에, 죽음 앞에서는 그냥 잠시 멈추고 혼자서라도 묵례하면 될 듯하다. 침묵이 증오와 비참을 그나마 줄이고, 무엇보다 결국 스스로도 죽음을 피치 못할 우리 가련한 영혼을 더 비루하게 만들지 않는 방법인 듯하다.[64]

'진보'의 윤리: 인간은 완벽하지 않기에, 더 깨끗하고 도덕적인 정치를 원한다

거의 모든 사람은 다면적인 인격과 남 앞에 내보이기 어려운 사생활을 갖고 있을 것이다. 인간이 그런 존재라는 것 자체가 바로 '인권'에 관련된다. 한 개인이 지적·윤리적으로 완벽하기는커녕 한갓 취약하고 죄도 짓는 존재라는 것은 단순하고 간단한 진리, 아니 '사실'에 가깝다(그래서 끝없는 도야와 수행의 과제를 우리는 부여받는다). 복잡다단한 세속의 삶에서 '하늘을 우러러 한 점 부끄럼 없는' 그런 인간은 마치 시인 윤동주 자신처럼 이미 요절하고 없는 존재이거나, 타락과 모순이 가득한 세상에 아직 진입하지 않은 어린 이들밖에 없을지 모른다. 그래서 '모든 인간이 다면적, 또는 죄인'이라는 명제는 특히 사적 영역에서는 무한히 그리고 마음 깊이 고려되어야 한다. 잘 모르는 이에 대한 '뒷담화'든, 어떤 공인의 평판에 대해서든, 또 직접 아는 이라도 충분히 만난 적 없는 어떤 사람의 인상과 단편을 갖고 재단하거나 평가하는 일 자체를 삼가야 할 것이다. 이런 삼감은 오히려 우리 인격을 고매하게 지키는 일이다.

그러나 '모든 인간이 다면적'이라는 명제는 공동체의 도덕과 법과 죄의 문제를 대체하는 것은 아니다. 그래서 '사람이란 철저하게 악하지도, 지극히 선하지도 않다'는 사실은 정치적 리얼리즘의 출발점이 될 수 있다. '개인적으로는 누구도 단죄할 수 없다', '누구든 죄 없는 자 돌로 쳐라'와 같은 판단 제로(0)의 상태야말로 공적인 공동체의 세계에서는 면책·면죄부의 근거가 아니라, 오히려 합리적인 법과 죄형법정주의 같은 것의 실제적 근거일 것이다.

법과 국가의 이성은 바로 그런 모호함 때문에 성립한다고 생각한다. 개별자의 인간적 약점과 한계는 한없이 연민을 받아야 할 것이지만, 그 원칙은 당연히 객관적 가해와 죄를 비호하는 것이어서는 안 된다. 그리고 선택적이어서도 안 된다. 예를 들면 자식들에게는 자애로운 아버지이자 후배들에게는 호연지기 충만하고 인간적인 정과 마음 씀씀이가 넉넉한 쾌남아 전두환, 모차르트를 들으며 눈물을 흘리는 나치 SS대원, 사회주의의 원칙과 제국주의와의 싸움에 충실하느라 수백만 명을 살해한 스탈린주의자….

세속의 개별자들이 거의 다 더럽고 약한 면을 가진 만큼 '시민'과 '유권자'들도 거의 저속하고 치졸한 속물이면서도, 오히려 바로 그렇기 때문에 정치(인)와 운동(가)이 깨끗하고 도덕적이기를 원한다. 도덕적일 것에 대한 요청이 아니라면 정치공동체를 유지하지 못하기 때문이고, 또 세상의 약자를 보호할 수 없기 때문이다. 사람과 운동은 혼동될 수밖에 없는 정황에 놓인다. 이때 도덕은 그 정치(인), 운동(가)의 사생활의 모든 것이나 개별 인격에 관한 차원이 아니라 공적 윤리를 의미하는 것이다. 부의 축적 방식과 자녀 교육 같은 문제는 사적 영역에 있는 것 아닌가? 그러나 교육 불평등이 극심하고 '부모 운'이 인생의 모든 것을 좌지우지하는 한국 상황에서 이는 공적 문제에 속한다.

'조국 사태'와 박원순 시장의 죽음 이후 일부 자유주의적 지식인이나 언론이 거론하듯, 특히 한국 사회가 또는 정치가 도덕주의적 강박이나 '순결주의'가 더 강한가? 동의하지 않는다. 우선 그런 반(反)도덕의 언변이 매우 정치적인 맥락에서 선택적으로만 발화되어 왔다는 점을 상기하자. 지금 대통령 선거전에서의 행태를 보라. 조그마한 흠집마저 모두 들추거나 공격의 대상으로 삼는다. 그에 대해 지식인이나 언론은 매우 편파적이고 선택적으로 접근한다.

한국의 운동은 간악하고 비루한 특권동맹과 군사파쇼, 식민주의 세력들로부터 가난하고 여린 사람들, 즉 여성, 노동자, 빈민, 장애인의 삶을 겨우 방어하면서 성립돼왔다. 적극적이고 이상적인 사회혁신이나 '개혁'이 아니라, 그런 여린 삶을 약탈과 억압으로부터 '겨우' 방어하는 데 대부분 소용돼왔다. 지금도 상당 부분 그렇다.

정치(인)의 도덕성에 대한 규제적 윤리가 없어지면? 그 자리에 '내로남불'의 모든 꽃이 피고, 이명박이나 트럼프 같은 자들이 나타난다. 신자유주의는 윤리나 도덕보다는 '능력'이 우선이라면서 사기꾼들의 집권을 가능하게 했다. 요컨대 공동체를 유지하는 원리로서의 정치는 윤리적이어야 하며, 사회적 운동은 깨끗하지 않으면 안 된다. 특히 신자유주의의 불평등과 세습자본주의의 기회 불공정이 이를 요청한다.

운동에 참여하는 '취약한 개인'들과 '깨끗한 운동' 사이의 관계는 모순적이다. 위선과 모순은 어떤 필연인데, 이 필연을 어디까지 허용하느냐가 우리가 공동체의 시민으로서 늘 질문하고 아프게 판단해야 할 것이다. 그런 질문을 제도화한 것이 인사청문회다. 수없이 보았듯 인사청문회의 질의자가 후보자보다 더 흠결 많고 더러운 인간인 경우도 많다. 그럼에도 질의자는 후보자에게 깨끗할 것을 요구하면서 질문하고 심문할 권리를 갖는다. 그가 그 자리에서 공동체의 시민을 대리(대표)하기 때문이다.

사인(私人)으로 살지 않고 정치와 공직을 맡을 사람이라면 책임성을 가지고, 언행과 운동에 대해 더 온전해질 것을 추구해야 한다. 집합적 행위자로서 운동단체와 정당도 도덕성을 견지해야 한다. 오늘날 한국 정치는 '도덕적 순결주의'가 너무 강해서 문제가 아니라, 형식적으로 더 깨끗하지 않아서가 아니라, 실질적으로 그 행동양식이 더 많은 가난한 사람과 못 가진 사람들을 대변하지 못해서 문제라 생각한다. 또 그 모순을 너무 안일하게 허용해서, 부자와 가진 자들이 아무런 규제 없이 정치권력과 문화적 헤게모니를 갖게 만드는 데 있다고 생각한다.

70-80%의 가난한 사람들을 대변할 제대로 된 정당이 없고, 구조적 부패는 너무 크고 깊다. '조국 사태'와 '정의기억연대(정의연) 사태', 그리고 박원순 사건 이후, 한국의 시민사회는 너무 큰 타격을 입었다. 시민민주주의는 몰락하다시피 했다. 문재인 정부가 그 매개가 되었다. 1990-2000년대의 시민사회운동 종사자들이 자유주의 정부의 관료가 되어 거버넌스를 이룬 이른바 '데모크라트'도 종결된 듯하다.

3부

잔혹한 사회,　　　취약한 인간

연예인의 자살과
한국 사회

2000년대 이후의
'잔인성 체제'

'블랙 카펫' 위의 연예인들: 최진실, 설리, 샤이니 종현의 죽음을 중심으로

나의 그대가 원한다면 어디든 무대야 / 유머러스한 남자가 요즘엔 추세야 / 남자다운 남자는 낭자를 기쁘게 할 줄 알아야 해 / 같이 놀고 가지고 놀고 잘 놀 줄 알아야 해 / 오늘부로 너의 연예인이 되기 위해 해 (중략)

그대의 연예인이 되어 항상 즐겁게 해 줄게요 / 연기와 노래 코메디까지 다 해줄게 / 그대의 연예인이 되어 평생을 웃게 해 줄게요 / 언제나 처음 같은 마음으로

너를 슬프게 하는 사람 누구야 / 우는 모습도 이뻐 뭐야 왜 우는데 그러자 그녀가 웃는데 / 항상 개인기와 신기한 이벤트 쇼쇼쇼 / 준비 다 끝났으니 우울한 날엔 말씀하셔서서 (중략)

난 그대의 연예인 / 난 당신의 연예인 / 난 당신의, 난 당신의 댄스 가수

— 싸이 〈연예인〉(부분)

대형병원 장례식장에 몸 전체를 검은 옷으로 감싼 '스타'들이 줄줄이 들어선다. 슬프고 초췌한 얼굴이다. 화장기 없는 민낯도 여럿 있다. 그들을 향해 카메라 플래시가 쏟아지고, 그 모습조차 인터넷 뉴스의 '화보'로, 또는 '연예가 중계' 같은 프로그램으로 중계된다. 표정과 배경음악은 다르지만 영화제의 레드카펫 행사와 형식은 비슷하다. '블랙카펫'이라 부를 만하다. 그들 '스타'들은 장례식장에서도 숨을 데가 없다. 평범한 이들도 남에게 보여주기 꺼려하는 상한 얼굴이나, 고통과 당혹감에 일그러진 얼굴도 모두 공개되곤 한다.

최고 인기 배우였던 최진실 씨가 세상을 뜬 바로 그날, 2008년 10월 2일, 한국에서 열리는 가장 화려한 국제적 대중문화 행사의 하나인 부산국제영화제 개막제가 열렸다. 최진실 씨의 동료 '스타'들은 레드카펫 위에서 세상에서 가장 화려하고 비싼 옷을 입고 스포트라이트를 받았다. 그날도 여배우들은 드레스 맵시로 '주목경쟁'을 했다. 그런 자리에서 (의도된 것이었는지 모르지만) 노출이 심한 옷을 입어 갑자기 큰 관심거리가 되는 여배우들도 있다. 2011년 부산국제영화제 레드카펫 행사에서 그렇게 주목을 끄는 데 성공한(?) 한 젊은 여배우도 훗날 '극단적 선택'을 했다. 그녀의 삶은 '지속가능'하지 못했다. 잠시 주목을 끌었지만 서른을 넘고도 화려한 성공이나 안정적인 삶은 없었다. 그녀가 연예인의 길을 택하지 않았다면 어땠을까?

모든 연예인이 최진실 씨 같은 '대스타'처럼 살고 죽지는 않는다. 연예인이라는 직업인의 대다수는 가난하다. 반복된 빈곤과 불안정함이 죽음 앞으로 그들을 모는 경우도 적지 않다. 그런데 적어도 그들이 '스타' 혹은 '아이돌'로 존재하는 동안 그들의 육신·경험·관계·언행·사생활 등 모든 것은 극한적으로 노출되고 소비될 가능성이 높다. 특히 여자 연예인의 신체와 사생활, 인격은 더 그렇다. 최진실·장자연·설리 씨의 경우는 이승을 떠나고 난 후에도 그 육체와 생이, 제정신이 아닌 미디어의 돈벌이와 일부 대중의 관음증적 욕망을 위해 소비되고 갈취된 경우다. 연예인의 자살 또한 이 사회의 잔인함과 문화의 얄팍함을 보여주는 어두움이다.

갈취·착취라는 표현도 부족할 더 극단적인 경우가 장자연 씨의 가해자들일 것이다. 알다시피 장자연 씨는 2009년 3월, 죽음으로써 언론사 사주와 그들의 착취 네트워크에 의해 저질러진 '성접대'와 비리를 고발했다. 욕망이 평균치보다 두껍고 간교한 그런 자들은 '무명 여성 연예인'이라는 약한 존재의 모든 것을 돈과 술수로 파괴했다. 그런데 '대중'의 자리에 있는 모든 사람이 그러한 '인간 소비'의 잔인한 집단 행위에 가담할 수 있다는 점이 문제다. 우리는 아무 생각 없이 그들의 몸과 삶을, 보고 즐기고 평가한다. 그중 일부는 굳이 '악플러'가 되어 연예인을 고통에 빠뜨리기도 하는데, 여러 차례 밝혀졌지만 그런 악플러

에는 초등학생부터 노인까지, 여성이나 남성, '배운 사람'과 덜
그런 사람이 다 섞여 있다. 물론 '팬'이라는 존재가 되어 적극적
인 사랑과 격려에 나서는 이들도 수없이 많다. 그런데 연예인에
대한 소비·착취와 사랑이 잘 구분되지 않을 때도 있다.

　한 사람의 연예인이 죽음으로 내몰리는 '문제상황'은 어
떤 거시적·미시적 요소로 구성되는가? 이 글은 연예인 자살에
개재된 이 사회의 정신적·정서적 상황과 욕망구조를, 최진실·
설리·샤이니 종현 등의 죽음을 통해 살펴보고자 한다. 한국 연
예인의 자살도 2000년대 이후의 사회현상이다. 1990년대 후반
김광석·서지원 씨 등의 자살 사건이 충격을 주기는 했으나, 그
이전의 언론 보도를 조사해보면 연예인 자살 사건이 별로 없다.
두드러지지도 않는다. 따라서 연예인 자살은 2000년대 이후 형
성된 구조적인 '잔인성의 체제'의 현상이다. 그리고 그것은 한국
자본주의의 상황과 문화정치 전반에 개재된 문제들, 특히 미디
어·연예산업과 젠더 구조에 관련된다.

　　대중의 갈취, 존재론적 불안

　　유니, 정다빈, 안재환, 최진실, 장자연, 최진영, 박용
하, 우종완, 송지선, 김다울, 곽지균, 김수진, 김지훈, 종현, 전미
선⋯ 그리고 비교적 최근의 설리, 구하라, 박지선 등. 이름을 미

처 다 기억할 수 없을 만큼 많은 연예인이 스스로 목숨을 끊었다. 그 죽음을 둘러싼 정황과 '이유'는 물론 다양하고 복잡하다. '연예인'이라고 함께 묶기도 어려운 젠더·(출신)계급·세대의 차이가 있고, 죽음 당시의 주목도나 죽음이 야기한 사회적 파급력도 서로 다르다. 스스로 목숨을 버린 연예인은 위에 거명한 것과 같은 '유명 연예인'만도 아니다.

그러나 '연예인'이라는 특별한 삶의 방식과 직업 자체에 개재된 공통된 불안정성이나 딜레마에 주목해볼 필요가 있다. 그들은 특수한 노동에 종사하면서 다른 직업군의 사람들이라면 겪지 않아도 되는 긴장을 늘 견딘다.

첫째는 감정노동이다. 앞의 서두에 제사(題詞)로 인용한 싸이의 노래는 일종의 연애시로 해석될 수 있는데, 가사에 나타난 '연예인'은 "그대의 연예인"으로서 "항상 즐겁게 해"주는(entertaining) 존재다. 그런데 타인을 즐겁게 해주는 일이란 곧 자신의 기분이나 감정과는 싸워야 하는 노동이다. 문화연구자 이동연은 연예인이 감당하는 격심한 감정노동에 주목했다. 연예인은 "현실에서의 감정과 연기와 무대에서의 감정의 분열이 일반인들보다 훨씬 더 심하게 나타"날 것이라는 것이다.[1]

두 번째는 '인기'의 모순과 딜레마다. 상투적인 말이지만 연예인은 '인기'라는 것을 먹고 산다. 인기가 없으면 그들의 직업은 성립하지 않지만 바로 그것이 그들을 존재론적 곤란에 빠뜨린다. '인기' 때문에 그들은 보통의 사람들과는 다른 사생활과 내면을 갖게 된다. 사람의 내밀한 사생활·신체, 그리고 내면은 공개되지 않고 보호받아야 할 권리가 있는 것인데, 연예인은 바로 그것을 꺼내놓고 노출해야 하는 상황에 빈번히 놓이는 직업이다. 그런 일이 한 인간에게 어떤 영향을 미치는가?

셋째, 연예인은 화면 상의 이미지와 실제 자신의 정체성 또는 인간됨 사이의 거리 또는 괴리를 감당해야 한다. 문학평론가 이명원은 현대의 연예인이 부족사회의 토템 같은 구실을 한다면서, 연예인의 "삶은 그가 실제로 살아가고 있는 생활세계와의 극단적인 분리와 은폐를 통해서만 가능해진다는 점에서, 분열적 존재일 뿐만 아니라 불완전한 환영"이라 했다.[2] 그가 좋은 기예와 이미지로써 사람들의 사랑을 받을수록, 한 사람의 평범한 인간인 그의 실제와 괴리된 모습을 감당해야 한다.

요컨대 무대에 올라서고 주목을 끌어야 먹고살 수 있는, 타인의 시선과 평가를 견디고 감정의 긴장과 기복을 다스려야만 하는 연예인의 존재 방식 자체가 항상적인 존재의 불안을 만드는 것이다. 인기의 부침이나 이미지의 변화는 그런 불안을 더 증폭할 것이다.

치명적 불안과 우울을 동반하는 공황장애는 '연예인병'이라 불린다. 근래 크게 늘어난 공황장애 환자는 전 계층과 연령대에 걸쳐 있지만,[3] '공황장애'라는 병명은 여러 연예인이 공황장애를 겪고 있다는 것을 고백하면서 널리 알려지게 되었기 때문이다. 이경규, 이병헌, 김장훈, 김하늘, 차태현 등을 비롯해 자신의 공황장애를 고백한 연예인이 많다.[4]

물론 연예인의 자살 또한 사회적인 현상이다. 그들이 당하는 고통 역시 "한국 사회가 안고 있는 무한경쟁 체제, 가부장적인 권력관계에 의해 가중된다"고 할 수 있다.[5] 사회적 착취와 잔인성의 체제가 지속적으로 그들을 죽음에 이르게 하는데, 이제 그런 죽음 자체가 익숙한(?) 일처럼 되고 있다. 오늘 만약 어떤 연예인이 자살했다는 뉴스가 나온다면 어느 정도나 충격적인 일이 될 수 있을까? 관성화되고 무뎌진 감각 때문에 어떤 연예인의 죽음은 일시적인 뉴스거리나 스펙터클로 금방 소모되고 만다. 그래서 고난에 처한 사람들이 또 그런 길을 선택할 수 있는 가능성이 커진다.

최진실, 연예인-여자의 일생

최진실 씨의 죽음은 그 파급 효과나 문제상황의 전개 과정 등 여러 측면에서 연예인 자살 사건 중 가장 중요한 경우라고 할 수 있다. 2008년 가을 그녀의 죽음 당시, 한국의 모든 세대와 계층의 대중은 경력 20년의 '톱스타'인 그녀를, 또는 그녀의 파란만장한 인생을 알고 있었다. 즉 그녀의 죽음은 수많은 한국인들을 '자살생존자'처럼 만든 것이다. 최진실 씨와 동년배라는 문화평론가 이택광은 "그녀의 죽음이 마치 우리 세대의 패배처럼 느껴진다"고 말했다.[6] 사건은 또 다른 유명 연예인 안재환 씨의 자살 사건과 그 충격의 연장선상에서 일어났으며, 이후 동생 최진영 씨와 전남편 조성민 씨를 비롯해 다른 사람들의 잇따른 자살에도 큰 영향을 미쳤다.

그뿐만 아니라 그녀의 고난과 죽음은 이른바 '최진실법'[7]이 제정되게끔 할 정도로, 여성의 법적 권익과 연예인에 대한 한국 사회 전체의 태도를 돌아보게 하는 큰 계기를 만들었다. 그녀의 인생과 자살 전후의 상황에 대해서는 꽤 많은 자료가 있다. 단행본 문화연구서도 있다. 최강민 등이 함께 쓴 이 책은 "최진실의 삶에는 역사의식, 사회의식, 인권의식이 잘 드러나 있었"다고 평가하면서, "연예인과 여성에 대한 혐오가 만연한 대한민국 사회에서" "허위사실 유포에 취약하여 고립되기 쉬운" 정황과 "연예인으로서 대(大)성공한 사람이라는 특수한 위치", "사회적 소수자인 여성이지만 주류 사회에서 최고의 자리에 있던 사람"[8]이라는 특수한 위치 등이 최진실 씨가 맞닥뜨린 고난이라 정리하기도 했다.

한편 최진실 씨의 어머니 정옥숙 씨가 자기 가족의 이야기와 자살 당시의 정황, 그리고 자식을 잃고 난 심경을 쓴《엄마가, 미안해 그리고 사랑해》(2011)라는 책도 있다. 연예인 남매를 모두 자살로 잃은 어머니의 수기는 세상 어디에서도 보기 드문 책일 것이다. 자식의 죽음을 겪고 난 뒤 얼마 되지 않은 시점에 어머니가 (구술하고 작가가 정리하여) 낸 책이라 신중하게 볼 필요가 있겠지만, 이 책은 자살자 유가족의 증언을 넘어 의외의 중요한 내용을 담고 있다. 1945년생인 정옥숙과 1968년생인 최진실이 겪은 곡절 많은 삶과 죽음은 '한국 여성사'의 한 자락이라 할 만하기 때문이다. 20세기 중후반 한국 여성의 삶이 어떤 질곡에 처했는지, 또 개발연대 한국의 대중문화와 '여성'이 어떤 관련을 맺었는지를 생각하게 한다.

정옥숙 씨의 아버지는 한국전쟁 중 인민군에 부역했다는 혐의로 고문을 당하고 그 후유증으로 사망했다 한다. 한 민초가 당한 역사의 비극은 정옥숙 씨 스스로 말한 바, 한 명의 한국 여성이 "시골 오지에서 태어나 제대로 교육도 못 받고 자란 나"가 되게 한 주요 배경이 된다. 정옥숙 씨보다 나이가 훨씬 많았던 최진실 씨의 생부는 아내와 진실·진영 남매를 버리고 가출해 이혼했다 한다. 그 전후 과정이 아내와 어린 자식들에게 어떤 고통을 가져다주었을지? 1970-1980년대에 '가장'도 없이 가난하고 배운 것 없는 어머니와 그 아래에서 자라는 딸(들)의 인생은 어떻게 전개되었을까? 정옥숙 씨는 "라면 하나 먹으면서 찬바람 막기도 어려운 집에서 살게 하"였으나 "아이들이 모든 사람이 선망하는 연예인을 만들"게 되었다고 자랑스럽게 말했다.[9]

왜 "모든 사람"이 연예인을 선망했는가? 또는 선망한다고 말했을까?

'남자는 여자 하기 나름이에요'라는 삼성전자 광고 출연으로 벼락스타가 되고 신드롬까지 만든 최진실 씨는 1990년대 초반 당시의 새로운 스타였고 표상이었다. '귀여움'이라는 이미지 뒤의 실제 최진실 씨의 인생은 여성형 입지전과 여성형 '개천용' 신화의 대명사라 할 만큼 치열한 것이었다. 즉 '가난하고 못 배웠지만' 엄청난 노력과 절제로 자신과 가족을 다른 계층 위치에 올려놓은 '또순이'이자 '소녀가장'이었다. '수제비 소녀'나 '저축왕' 같은 별명도 초기의 그녀를 따라다녔다. 실제로 서울 은평구의 허름한 빌라에서 자랐다는 최진실 씨는 "데뷔한 지 6년 만에 40억 원대의 강남 빌딩 주인이 됐"다. "버는 대로 저축한 결과"였는데, "두 번씩이나 재무부(현 기획재정부)로부터 저축왕상을 받았고 청와대에 초청돼 대통령상도 받았다"고 한다.[10]

이런 계층 비약의 신데렐라 드라마는 1970-1980년대 여공이나 남자들의 성공신화에 비교하면 어떤 것이었을까? 여성들에게 이 고도성장기는 어떤 '성공' 기회를 제공했나? 결혼은 그들에게 무엇이었으며, 결혼 외에는 또 무엇이 있었나? 가난한 도시빈민과 농민의 딸들 중 도시 중산층 진입에 성공한 한국 여성들은 그렇다면 '집단'적 신데렐라였던 셈인가.[11]

'연예'와 관련된 재능과 신체성과 강한 의지(또는 욕망) 외에는 가진 것이 없었던, 그러나 그것으로써 한국 사회와 상대한 여성이 최진실 씨였다. 그 힘으로 신데렐라처럼 '국민배우'이자 '만인의 연인'이 되었던 그녀의 삶은 2000년 12월, 유명 야구선수 조성민 씨와의 결혼 이후 완전히 달라졌다. 조성민 씨는 비교적 유복한 가정에서 자라나 승승장구 엘리트 야구 스타의 길을 걸었던 사람이다. 잘생긴 외모와 일본 프로야구의 상징인 요미우리 자이언츠 입단 등으로 주목을 받았었다.

결혼생활은 2년 만에 파탄이 났고, 그 과정에서 최진실 씨는 남편과 그 가족으로부터 큰 상처를 받았다. 남편은 이혼 과정에서 최진실과 최진영 등 처가 식구들을 상대로 3년간 정조의 의무 위반, 폭력, 사기, 명예훼손, 허위사실 유포 행위 등에 관한 송사를 벌였다. 남편이 임신한 상태의 최진실 씨를 폭행하기도 했다. 더욱 나쁜 것은, 복잡하고 어두운 이런 과정이 모두 대중에게 노출되고 '논란'과 '스캔들'이 되었다는 것이다. 이는 공익활동과 기부도 많이 했던 배우 최진실의 좋은 이미지를 실추시켰다. 인터넷에 '안티 최진실 카페'가 생길 정도였다. 가정폭력과 이혼(녀)의 나쁜 이미지가 따라붙자 한 광고주는 최진실 씨를 상대로 손해배상소송을 내기도 했다.

최진실 씨는 자존감과 스타로서의 존재감에 심한 타격을 받고, 연기자 활동마저 2년 정도 중단했다. 2006년 이후 재기에 힘겹게 성공해 다시 출연한 드라마를 히트시키고 나쁜 이미지를 불식시키기도 했다. 그래서 그녀는 한 단계 더 성숙하고 시련에도 강한 여성으로서의 이미지를 갖게 되기도 했다.

그러나 친한 후배이기도 한 개그우먼 정선희 씨의 남편이자 역시 연예인이었던 안재환 씨의 죽음(2008년 9월)과 그에 관한 악소문을 이겨내지 못했다. 이른바 '찌라시'에서 시작해 인터넷 공간으로 광범위하고도 악의적으로 유포된 소문은, 안재환 씨를 죽음에 이르게 한 사채업자가 최진실이라는 것이었다. 그녀는 루머를 퍼뜨린 범인을 찾아 경찰 조사를 받게 하는 등 나름대로 적극적으로 대응했으나, 그 과정의 스트레스와 우울을 끝내 이기지 못했다. 그녀의 어머니나 친하게 지내던 잡지사 기자의 증언에 의하면, 마지막 날들까지 최진실 씨는 대중의 반응과 인터넷 악플 따위에 신경 쓰고 있었다. 하루 종일 인터넷만 들여다보면서 자신의 안티 사이트에 들어가 보기도 했다는 것이다. 그리고 대중의 그런 반응이 섭섭하고 억울했다는 것이다. 친구들과의 관계도 일시적으로 끊어졌으며,[12] 이런 심경을 가깝게 지내던 한 기자에게 전했다 한다.[13]

질기고 지난했던 인생과 투쟁을 생각하면, 죽음은 허무하고 급격한 종말이었다. 악소문은 그녀가 이전에 겪었던 고난에 비하면 작은(?) 일이 아니었을까? 우리는 여기서 중요한 자살행동의 원리 하나를 본다. 즉 누적된 정신적 피로와 우울, 외상적 경험에 의한 반복된 모멸감이 한순간 죽음행동을 격발한다는 사실이다. 지속적으로 모욕을 당하거나 상처를 입어온 사람의 영혼은 물 먹은 종잇장처럼 여려진다. 임계를 넘어버리는 우울과 정신적 피폭력은 '미래'에 대한 생각이나 가족의 지지 같은 요인도 잊게 만든다. 그래서 사랑하는 아들·딸과 가족, 친구들도 지지가 되지 못할 만큼[14] 당장의 분노와 우울, '끝내고 싶은 마음'이 마음을 지배하고, 인지와 감정을 매트릭스 속에 가두어 버린다는 것이다.

대체로 최진실 씨와 그 가족은 수없이 많은 가난하고 평범한 한국 사람들이 그랬듯 불안전한 삶을 겪은 듯하다. 최진실 씨 어머니가 쓴 책에 나타난 두 모녀는 지난 시대에 한국 사회에서 어쩌면 가장 평범했던 부류의 여성이라 할 수 있다. 대스타가 되고 난 뒤에도 가부장제 사회에서 그런 여성은 여리고 약한 존재였다. 책에서 그들은 남성(남편)에 의지할 수밖에 없거나 남성의 권력과 폭력에 계속 휘둘리고, 주변의 소문과 평판에 좌지우지당하는 '착하고 순한' '여성'이다.[15] 때로는 폭력적 가부장 자신도 그 피해자일 수 있는 가난과 좌절, 불안은 트라우마와 폭력으로 아내와 아이들에게 전이되고 또 (무의식중에) 물려진다.

설리, '아이돌'과 착취 그리고
죽음 보도 경쟁

2019년 10월과 11월, 설리 씨와 구하라 씨 등 '아이돌' 출신 젊은 여성 연예인의 자살 사건이 이어져 사회에 큰 충격을 주고 반향을 일으켰다.

'아이돌'이라 불리는 존재는 오늘날 한국 대중문화뿐 아니라 한국 사회 자체의 어떤 상징들이다. 그들은 10대 초중반의 어린 나이에 연예산업에 뛰어들어 '연습생' 시절을 거치며 길고 혹독한 훈련의 과정을 겪는다. '글로벌 시장'에 내놓을 만한 신체와 기량을 갖추게 될 때까지, 처절하게 노력한다. 물론 부모의 수고와 지원도 작용한다. 그리고 이제 세계적인 고도의 노하우와 경영 능력을 가진 한국의 '기획사'들은 성형수술 등을 포함한 신체의 변형과 5-10년에 걸친 수련 기간을 연습생들에게 요구한다. '연습생'들은 소속 기획사 안팎의 다른 연습생이나 연예인 지망생과 치열하게 경쟁하며 데뷔를 꿈꾼다. 그러나 데뷔 후에도 그 시장의 경쟁이 하도 치열해서 생존 확률은 매우 낮다.[16] 대부분 10대 소년소녀인 이 '아이돌'들은 오늘날 선망과 성적 상품화의 대상이며, 글로벌화된 K-컬처의 첨병이다.[17] 말하자면 그들은 21세기 한국의 일종의 새로운 '산업전사'인 셈이다.

2019년 10월 14일, 1994년생 설리(본명 최진리) 씨는 스물다섯의 나이로 세상을 떠났다. 열한 살의 나이로 연예계에 아역 배우로 나왔고 에프엑스(F(X))라는 아이돌 그룹에서 활동했으며 모델과 배우를 겸업했다. 평소 심각한 우울증을 앓고 있었다는데, 연예인으로 사는 내내 악성 댓글과 루머 때문에 시달렸다. 유서는 발견되지 않았다. '논란'과 '화제'의 대상이었기에 죽음은 세간에 큰 충격을 주었다.

그런데 너무나 새삼스러운 분노와 슬픔을 야기한 설리 씨의 경우도 최진실·장자연 씨 등의 죽음과 교집합을 갖고 있다. 우리는 무엇이 그녀들의 죽음을 야기한 사회적 요인인지 대체로 안다. 표면적으로는 여성혐오나 성차별, 그리고 잔인하고 상업적인 인터넷 미디어 문화와 '댓글'이 문제일 것이다. 하지만 그런 일을 가능하게 하는 심층에는 타자를 향한 분노와 '사회적 잔인성'이 있다.

반성컨대, 우리는 조롱과 조리돌림에 너나 할 것 없고, 또 너무 둔감해져 있다. '악플'을 다는 일이나 받는 일도 거의 일상화돼 있으며, 이에 대한 성찰도 둔화돼 있다. 타자에 대한 존중과 배려의 문화는 없다. 상대를 절멸시켜야 끝날 것처럼 대결과 잔인함을 조장하는 정치, 태어날 때부터 너무나 명백한 사회경제적 불평등이 우리 사회를 지배한다. 이 극단적인 '진영정치'와 또 거기 기생하는 미디어산업, 그리고 극심한 '불평등'이 완화되지 않는다면, 존중과 배려의 문화는 불가능할 것이다.

그런데 왜 연예인은 더 함부로 취급해도 되는 존재가 되었을까? 그들이 자신의 신체를 자원화하고, 가볍고 접근하기 쉬운 '예능'에 종사한다는 데 이유가 있는 것일까? 인류학자 김현경은 연예인에 대한 '안티팬덤'이나 악플 현상을, 사회적으로 만연해 있는 능력주의와 젠더화된 '샤덴프로이데'가 결합된 것으로 설명한다. 샤덴프로이데(Schadenfreude)란 '타인의 불행이나 고통(Schaden)을 보면서 느끼는 쾌감(Freude)'을 일컫는다. 즉 '성공한 여성'은 섹슈얼리티를 이용해서 '불공정하게' 자원을 획득한 것으로 쉽게 간주되고, 이런 인식이 한국 사회에 만연한 '여성혐오'와 결합한다는 것이다.[18] 좋은 설명이지만 충분하지는 않은 듯하다. 신체를 자원으로 삼은 존재를 가볍게 치부하고 함부로 대하는 문화는 오래됐지만 특히 여성에게 집중된다. 그리고 이는 넓은 의미의 '여성혐오'의 역사와 연결된다.

최진실 씨의 경우도 그랬지만, 죽음 이후에도 '여자 연예인' 설리(의 육체)에 대한 갈취와 착취가 끊이지 않았다. 그녀의 죽음을 최초로 발견한 119구급대원 세 사람부터가 하지 말아야 할 일을 했다. 119구급대에서 작성한 동향보고 문건을 인터넷 커뮤니티 게시판에 올린 것이다. 거기에는 '사망 추정 최초 보고'와 경찰이 작성한 초동 수사 상황, 그리고 사망일시·주소 등이 담겼다. 물론 이런 문서를 공개하는 것은 불법이다.

이에 대해 비판이 쏟아지자 경기도 소방재난본부장은

"119구급대 활동 동향보고서가 외부로 유출된 데 대해 국민께 진심으로 사과한다"며 유출자에 대해 경찰 수사를 의뢰했다. 그들은 왜 그런 짓을 했을까? 설리 씨의 죽음이 가진 파장을 알기에 (남성)대중의 관음증을 자극하고 또 그들 스스로 관심을 즐기고자 한 것이겠다. 이들은 형사처벌 없이 1년 직위해제 징계를 받았다.[19]

이 같은 일은 언론 환경이 부추긴 일이다. 설리 씨의 사망소식이 전해지자 언론은 마구잡이로 자극적인 문구를 동원해 클릭 사냥 기사와 자살 보도 권고기준을 무시한 보도를 쏟아냈다.

미디어 비평지인 《미디어오늘》에 따르면, 설리 씨 사망 소식이 알려진 직후부터 분초 단위로 보도 경쟁이 시작됐는데, 그중 특히 《서울신문》《헤럴드경제》《톱데일리》《국민일보》 기사 등이 문제였다. 《서울신문》의 〈[속보] 경찰, '설리 자택서 사망신고 접수⋯확인 중'〉 같은 기사는 심지어 생전에 설리 씨가 구설수에 올랐던 '노출 사진'까지 첨부했다.[20] 이에 대해 비판이 쏟아지자 언론사는 기사 사진을 바꾸기는 했으나, 민주언론시민연합의 지적대로 포털에 보이는 섬네일은 그대로였다. 이런 "도의적 차원에서 봤을 때 용납할 수 없는 몰상식한 행태"[21]는 언론사의 데스크와 디지털 부문 담당자들에게 책임이 있을 것이다. 《월간조선》은 그녀가 어떻게 세상을 떠났는지 구체적으로 묘사하기도 했고, 몇몇 인터넷 언론은 빈소와 구급차 사진

등을 보도하기도 했다.

기사 제목에 '자살'이나 자살을 의미하는 표현을 쓰지 말라거나 특히 악영향을 끼치는 것으로 간주되는 구체적 자살 방법, 도구, 장소, 동기 등을 보도하지 않아야 한다는 것, 그리고 더 근본적으로 고인의 인격과 유가족의 사생활을 존중해야 한다는 '권고'는 한국 언론의 하이에나 같은 속성 또는 클릭 수로 수익을 내는 상업 환경 때문에 곧잘 무너진다.

특히 여성 연예인인 경우에 더 심하다. 생전에도 설리 씨를 '논란'의 대상이 되게끔 유도하고 결국 악플에 노출되게 하여 고통에 빠뜨린 데는 언론에 정말 큰 책임이 있는 것 아닌가? 《한국기자협회보》에서 박지은 기자는 설리 씨가 "언론의 무분별한 사생활 보도로 고통 받아온 피해자였다"고 단언했다.[22]

사후 거의 1년이 지난 후 설리 씨의 죽음이 남긴 것을 돌아본다는 의도로 제작된 다큐멘터리조차 이런 문제점을 노출해 시민들의 비판을 받았다. MBC가 만든 이 다큐멘터리는 〈설리가 왜 불편하셨나요?〉라는 제목을 달고, 설리 씨가 감당해야 했던 복잡하고 많은 논란을 다룬다는 취지를 갖고 있었지만, 외려 그녀의 연애 등 사생활에 주로 초점을 맞추었다. 그래서 자유롭고 독립적인 여성으로서 설리 씨가 남긴 메시지나 죽음을 계기로 이 사회가 인식·실천해야 할 책임과 교훈은 사라졌다는 비판을 받았다. 생전에 그녀를 계속 괴롭혔던 사생활에 관한 일

방적 해석과, 자살 보도 준칙을 위반하는 장면들로 채웠다는 것이다.[23]

　장자연 씨 사건의 경우도 비슷하다. 그녀의 유서에 관한 보도에서도 SBS 등의 뉴스는 "이야기 구조는 편지 사본에서 내용을 발췌하여 술접대·성상납, 접대를 강요당한 또 다른 여성 연예인, 리스트, 복수, 자살 등 선정적인 방향으로 전개"되었다는 평가를 할 수 있다. 또한 장자연 씨는 한 사람의 인간이 아니라 "'무명의 신인 여배우'로 명명"되면서 이런 뉴스에서조차 물화(物化)와 착취의 대상이 되었다.[24]

　어떤 거대한 구조가 여성 연예인과 '아이돌'을 휩싸고 있어 그들이 생전에도 사후에도, 좀체 성적 대상화와 착취에서 벗어날 수 없다는 것을 알 수 있다. 그것은 연예산업과 미디어의 영리 취득 구조, 연예인에게 투사되는 대중의 양가적 도덕감정, 남성중심주의 젠더 구조와 여성혐오 등으로 구성된다. 사회적 자원이 부족한 어린 여성일수록 이 매트릭스를 벗어나기 더 힘들다. 《CBS노컷뉴스》의 김수정 기자의 말대로 "'여성 아이돌'이기 때문에 대표적인 타깃이 돼 더 많은 무례한 공격을 감수해야" 한다. 그리고 설리 씨의 경우처럼 "특히 여성 아이돌에게 기대하는 '덕목'을 위반했을 때 더 잔인한 결과가 돌아온다." "시대착오적이고 모순적이며 개인의 자유를 옭아매는" 덕목을 이 사회와 대중(의 일부)이 특히 "여성 연예인, 여성 아이돌에게 요구"한다는 것이다. 이 덕목은 오래된 한국 가부장제가 여성에게 요구하는 많은 것, 즉 온순하게 말을 잘 들을 것, '문란'하지 말고 한 남자에게만 충실할 것, 예쁘게 여자답게 꾸미고 다닐 것 등등에 신자유주의적인 젠더문화가 덧입혀진 것이리라.

신자유주의 사회에서 신체와 매력은 개인의 중요한 자본이며, 예쁘게 잘 가꾸고 관리하는 것은 '능력'의 중대한 요소다. 그런데 한편으로 이런 매력과 능력은 무한히 칭송되지만, 또 다른 한편으로는 분노의 대상이 되기도 한다. 설리 씨의 경우 아역 배우 출신으로, '소녀'로 성애화된 이미지를 가진 존재이기도 했다. 그러나 성인인 설리 씨는 자기에게 요구되는 지배적 '덕목'뿐 아니라 여성차별에 저항하는 일련의 언행을 했다. SNS를 통해 '노브라 셀카'를 지속적으로 올렸으며, 일본군'위안부' 피해자 기림의 날(8월 14일)을 기념했고, 'Girls Supporting Girls'(여자는 여자가 돕는다)라는 문구가 박힌 티셔츠를 입은 사진을 게시했다. 이런 행동에 따라붙은 건 악의적인 기사와 악플러들의 잔인한 공격이었다.[25]

이미 최진실 씨의 죽음 이후 악플 규제에 관한 논쟁이 야기되었지만, 13년이 지나고 설리·구하라 씨가 숨을 거두고 나서야 네이버는 '실시간 검색순위' 정보를 제거했고, 다음카카오 등 포털 서비스 기업들도 연예·스포츠 기사 댓글과 연관 검색어 기능을 없앴다. 그럼에도 다른 SNS와 웹사이트에서 비난과 악플 달기는 여전히 가능하다.

신체를 자원으로 '아이돌'이나 '스타'가 된 여성 연예인은 중년이 되어서야 저런 착취 상태를 벗어나는 듯하다. 한때 '아이돌', '스타'였다가 어느 샌가 잊히고 이제는 중년이 되어 나오는 프로그램은 그래서 의미심장하다. '방송국 놈들'과 돈으로 그 신체와 선망을 구매하려 했던 재벌·권력자들의 이리떼 같은 착취가 다른 데로 옮아가고 대중의 관심도 썰물처럼 휘발되면서, 비로소 그들 중년은 '연예인'이 아닌 인간으로 살아남은 것이다.

연예인-베르테르 효과

연예인 자살에 대한 수없이 많은 신문·잡지 기사가 있는 것과 대조적으로 그에 대한 학문적 연구는 별로 없다. 이 사회는 연예인 개인에 관한 선정적인 또는 팬으로서의 관심은 넓지만, 연예인이라는 존재 자체에 대한 깊은 이해는 존재하지 않는 것 같다.

다만 연예인 자살 사건에 대한 언론의 보도 태도와 '베르테르 효과'에 대한 연구는 2000년대 중반 이후로 꽤 쌓여 있다. 이는 연예인 자살에 대한 언론의 보도 방식이 조금 나아지는 데도 기여한 것으로 보인다. 여러 논문의 연구 결과를 볼 때, '모방

자살'이 일시적으로 증가하는 베르테르 효과는 객관적인 현상이다. 유명인사의 자살 사건 이후, 그리고 김광석·서지원 씨 등의 연예인 자살 사건 이후에 자살자가 늘었다는 연구 결과는 응급실 내원 환자를 중심으로 실증되었다.[26] 전 국민적 충격을 주었던 최진실 씨의 자살 이후에 자살기도자가 늘어난 것도 사실로 관찰되었다.[27] 그런데 이 같은 '모방' 효과가 모든 세대와 계층의 사람들에게서 관찰되는 것은 아니다. 유명인 자살자와 나이·젠더 면에서 비슷한 정체성을 지닌 사람들이 주로 영향을 받는다. 그리고 그들과 비슷한 방법으로 자살을 기도하는 경향이 있다. 이런 견지에서 "자살 장소, 자살 방법, 단일적 자살 동기 묘사, 자살자·유가족 신상정보, 자살 미화, 선정적 묘사" 등에 대한 자살 보도 규제는 의미가 있다.[28]

2018-2019년 사이에 10-30대 젊은 여성의 자살률이 크게 늘어, 20대에서 25.5%, 30대에서 9.3%, 10대에서 8.8% 증가했다. 이에 대해 보건복지부는 "지난해 10월부터 자살 사망자 수가 급증한 것으로 보아, 유명 연예인의 자살이 일부 영향을 준 것으로 추정한다"고 설명하기도 했다.[29] 설리·구하라 씨의 죽음이 젊은 여성들에게 준 영향을 말한 것이다. 실제로 최진실 씨의 경우처럼 큰 영향을 끼쳤는지는 현재(2021년 2월)까지 객관적인 조사가 없지만, 설리·구하라 씨의 죽음이 젊은 여성들의 비관적 사회인식과 '사회적 우울'에 큰 영향을 끼친 것은 분명해

보인다.[30]

그런데 '베르테르 효과'는 좀 더 깊이 있게 논의될 필요가 있다. '베르테르 효과'는 어떤 사회적 상황의 결과이지 그 자체가 자살 현상의 '원인'은 아니다. 유명인의 자살이 자살행동을 유발한다는 것은 그와 비견될 상황이 퍼져 있다는 것이다. 또 중요한 것은, 너무 자주 발생하는 연예인의 죽음이 다른 연예인들은 물론 그들에게 많은 영향을 받는 청소년이나 대중의 세계관과 생사관을 바꿔놓는 건 아닌가? 이 잔혹한 세계에서 자살이, 고난을 겪는 어떤 이들에게는 쉽게 '자기 선택'이라고 인식되는 건 아닌가? 2020년 11월 개그우먼 박지선 씨가 불과 35세의 나이에 어머니와 함께 '극단적인 선택'을 했을 때, '이해한다'는 반응이 너무나 많았다. 나는 이런 현상에 더 큰 충격을 받았다.

샤이니 종현, 내면의 우울과 과로하는 삶

한때 세계적인 인기를 끌며 K-팝 한류를 선도하던 그룹 '샤이니'의 종현은 2017년 12월 18일 죽음을 선택하면서 다음과 같은 유서를 남겼다. 이는 보기 드물게 깊고도 명징한 언어로 되어 있다.[31] 내용적으로 크게 세 부분으로, 처음엔 자신의 고통과 우울을 말하면서 "멈추고 싶다"고 했다.

난 속에서부터 고장 났다.

천천히 날 갉아먹던 우울은 결국 날 집어삼켰고

난 그걸 이길 수 없었다.

나는 날 미워했다. 끊기는 기억을 붙들고 아무리 정신 차리라고

소리쳐봐도 답은 없었다.

막히는 숨을 틔어줄 수 없다면 차라리 멈추는 게 나아.

날 책임질 수 있는 건 누구인지 물었다.

너뿐이야. / 난 오롯이 혼자였다.

끝낸다는 말은 쉽다. / 끝내기는 어렵다.

그 어려움에 여지껏 살았다.

도망치고 싶은 거라 했다. / 맞아. 난 도망치고 싶었어.

나에게서. / 너에게서.

이 글에서 종현이라는 한 예술가는 깊고 복잡한 자의식과 함께 자신을 죽음 앞까지 데려온 병에 대한 뚜렷한 인식을 보여준다. 그리고 자살을 결행하는 이유를 반복적으로 지속된 우울증, 그리고 깊은 피로감이라 선명하게 말한다. 통계상 자살자들의 30% 정도만 유서를 남긴다. 그중에서도 상당수의 유서는 간단하거나 모호하다. 그러나 종현은 길게 쓴 자신의 유서를 지인에게 맡기고 언제 공개해달라며 미리 부탁하기까지 했다.

여러모로 볼 때 종현은 '최종 선택'의 이유를 정당화하고 또 명확히 하고 싶었던 것 같다. 그 누구보다도 우선은 자기 자신에게, 그리고 사랑하는 사람들과 주변의 타인(들)에게. 유서를 보면 종현은 꽤 오랜 기간 우울증과 맞서고 치료를 시도했다. 그는 자살생각과 삶/죽음을 둘러싼 의사와의 대화를 비교적 자세하게 재현하고 있다. 역시 '선택'을 정당화하기 위해서다.

성격 탓이란다. 그렇군요. 결국엔 다 내 탓이군요.
눈치 채 주길 바랬지만 아무도 몰랐다. 날 만난 적 없으니 내가 있는지도 모르는 게 당연해.
왜 사느냐 물었다. 그냥. 그냥. 다들 그냥 산단다.
왜 죽으냐 물으면 지쳤다 하겠다.

시달리고 고민했다. 지겨운 통증들을 환희로 바꾸는 법은 배운 적도 없었다.
통증은 통증일 뿐이다. / 그러지 말라고 날 다그쳤다.
왜요? 난 왜 내 마음대로 끝도 못 맺게 해요?
왜 아픈지를 찾으라 했다.
너무 잘 알고 있다. 난 나 때문에 아프다. 전부 다 내 탓이고 내가 못나서야.
선생님 이 말이 듣고 싶었나요? / 아뇨. 난 잘못한 게 없어요.

조근한 목소리로 내 성격을 탓할 때 의사 참 쉽다 생각했다.

왜 이렇게까지 아픈지 신기한 노릇이다. 나보다 힘든 사람들도 잘만 살던데. 나보다 약한 사람들도 잘만 살던데. 아닌가 보다. 살아 있는 사람 중에 나보다 힘든 사람은 없고 나보다 약한 사람은 없다.

그래도 살라고 했다.

왜 그래야 하는지 수백 번 물어봐도 날 위해서는 아니다. 널 위해서다.

날 위하고 싶었다.

제발 모르는 소리 좀 하지 말아요.

아마도 담당 의사가 '죽고 싶다'는 말을 했을 종현에게 여러 번 '살아야 하는 이유'에 대해 말했던 모양이다. 그는 "몇 번이나 얘기해줬잖아. 왜 내가 힘든지. 그걸로는 이만큼 힘들면 안 되는 거야? 더 구체적인 드라마가 있어야 하는 거야?"라며 반박하는 자세를 취했다. 그래서 의사의 '성격 탓'과 이 우울증 치료의 '실패'를 두고 논란이 일기도 했다.[32] 이 죽음은 아마 관련된 일에 종사하는 의사나 전문가에게 큰 교훈이 될 수 있을 것이다. 어떤 약물 치료나 (언어적) 개입이 필요한지, 또 그것이 어떤 한계를 갖는지에 대해 말이다. 자살생각과 자살의지를 줄이고 바꾸는 힘은 어디에 있을까?

종현의 죽음은, 우울증이 급격히 심각해져서 판단력 자체가 흐려지거나, 자신의 사회적·가정적 위치나 책임 같은 것을 압도하는 오로지 '극심한 고통의 즉각적 탈출' 외의 다른 것이 전혀 보이지 않는 '터널 비전'에 들어섰을 때의 죽음은 아닌 듯하다. 종현은 삶이라는 게 최종심급에서는 '결국 혼자'인 것("난 오롯이 혼자였다")이라고 생각하는 사람이고, 또 그의 선택은 짧지 않은 기간 동안 숙고된 것이라 보인다. 이 근본적인 고립감과 비관주의는 어디서 비롯한 것일까? 그는 그토록 섬세하고 다정한 친구이자 가족이기도 했다는데 말이다.

> 세상과 부딪히는 건 내 몫이 아니었나 봐.
> 세상에 알려지는 건 내 삶이 아니었나 봐.
> 다 그래서 힘든 거더라. 부딪혀서, 알려져서 힘들더라. 왜 그걸 택했을까. 웃긴 일이다.
> 지금껏 버티고 있었던 게 용하지.
> 무슨 말을 더해. 그냥 수고했다고 해줘.
> 이만하면 잘했다고. 고생했다고 해줘.
> 웃지는 못하더라도 탓하며 보내진 말아줘.
> 수고했어. / 정말 고생했어.
> 안녕.

위에서처럼 마지막 대목들은 작별의 인사다. 여기서는 죽음에 대한 추구, 즉 '생'과는 반대되는 완전한 휴식·침묵·무감(無感) 등 고요에 대한 욕구가 더 깊이 느껴진다. '소진증후군'이랄까? 종현은 그저 "수고했다고 해줘"라고 했다. 이 말은 큰 울림이 있었다. 이에 호응하여 누리꾼이나 팬들도 "종현 님, 수고하셨어요"라면서 추모했다.

원래 인생이란 이렇게 '수고'하는 것인가? 종현은 '그렇다'고 말한다. 그러나 그는 고작(?) 스물일곱 살이었다. 왜 이렇게 벌써 수고하고 지쳐버려서 (영원한) 휴식을 갈망하게 됐을까? "세상과 부딪히는 건 내 몫이 아니었나 봐. / 세상에 알려지는 건 내 삶이 아니었나 봐"라고 했다. 종현의 고된 가정환경에 대해서도 알려져 있지만, '부딪히고 알려지는' 연예인으로서의 삶이 고단하고 힘든 것이었다는 것이다.

'부딪히고 알려지는' 것은 연예인이라는 직업 특성상 특히 감당해야 할 바이고, 그게 없다면 대중예술가로서의 삶은 거의 성립하지 않을 것이다. 그렇다면 그것을 완화하는 다른 길과 방식이 필요했겠다. 그게 불가능하다면 역시 한국의 스타시스템과 연예산업에 착취당하는 아이돌의 삶을 문제 삼을 수밖에 없다.

그러나 종현이 죽음을 깊이 이해했음에도 삶을 다 이해했다고는 할 수 없을 것 같다. 살아야 하는 이유는 무엇일까? 삶은 어떻게 끝나지 않고 이어지는가? 언제까지 살아야 하는가? 삶은 대체로 의미 있는 것이며 (상당히) 자동적이고도 '가능적인 것'이다. 그런데 삶의 의미들은 화려하고 빛나는 순간이 아니라 주로 '길고도 가는 것', 즉 사소한 것들에 있다. 궁극적으로 삶의 의미란, 선험적인 것이거나 어딘가 외부에서 주어지는 것이 아니라 발견하는 것일 테다. 스스로 가꾸는 작은 것들이다.

하지만 이어지는 '우울'이나 피로, 그리고 그에서 비롯되는 비관은 이들을 모두 파괴하며, 무의미하고 재미없는 것으로 만들 수 있다. 삶을 지속하게 하는 '의미'란 궁극적으로는 돈, 출세, 인기, 명성 따위와는 크게 상관없다. 따라서 '우울'이나 삶의 무의미함과 싸워 이기는 것은 몸과 마음 건강의 요소들, 햇볕, 휴식, 좋은 날씨와 적당한 음식, 여유 있는 일상이어야 한다. 그리고 주변 사람들의 지지.

심각한 죽음충동까지 겪고 있다는 사실을 만일 알았다면, 더 즉각적이고 강한 조치가 필요했을 것이다. 일단 무조건 당분간 연예인으로서의 삶의 방식을 벗어나 휴식했어야 할 것이다. 즉 육체적·정신적 소진과 그것을 만드는 '현재'의 심리적·직업적 의무의 매트릭스를 벗어나야 한다. 이는 연예인뿐 아니라 열심히 일하고 사람들과 부대끼며 육체와 정신을 소진하는 모든 사람에게 적용될 수 있는 것이기도 하다. 장시간 과로하면서 갑질과 '고객님' 또는 경쟁하는 사람들 사이에서 전쟁하듯 일하는 이들에게 휴식과 단절 외에 다른 대안이 있을까? 이것이 불가능한 사회라면 자살을 줄일 수 없을 것이다. 뇌와 마음도 객관적으로 지친다는 것을 이해하는 것이 매우 중요하다.

관종의 시대,
연예인화되는 삶과
죽음정치

　　이른바 '공인' 중에서도 특히 연예인의 자아는 매우 위태로운 것임을 알 수 있다. 그들은 모든 것이 노출된 상태에서 살아간다. 그들의 일거수일투족은 언제나 '감시'와 '관음', 그리고 '평가'의 대상이 된다. 특히 연예인에 대한 세인의 평가란 실로 놀랍도록 냉정하고 자주 폭력성을 띤다. 전국의 남녀노소가 언제나 그(녀)에 대해, 그리고 그(녀)의 모든 것에 대해 이야기한다. 머리부터 발끝까지, 얼굴의 부분들은 말할 것도 없고 가슴과 엉덩이, 기타 신체의 세세한 모든 것이 평가의 대상이 된다. 대중과 남성적 시선이 그것을 대상화·물화하기 때문만이 아니다. 무대, 카메라, 화면 등의 장치 자체가 그런 속성을 내포한다.

　　물론 신체적인 것 외에도 정신의 영역에 속하는 감정, 지성, 성격, 사고방식도 언제나 평가의 대상이 될 수 있다. 2021년 몇몇 연예인의 학교폭력 논란에서 보듯, 현재의 그(녀)만이 아니라 과거의 이력과 사람됨도 그 대상이 된다. 따라서 이런 광범위하고 냉정한 평가를 자처(?)하고 또 그것을 내면화하거나 받아 넘기(는 기술을 익히)는 것이 바로 '연예인으로 살아가기'일 것이다.

연예인으로 살아가기,
연예인을 '소비'하기

유명 연예인이거나 또는 덜 유명하더라도 어떤 연예인이 가진 남다른 신체성 때문에 젠더나 섹슈얼리티의 표상과 강하게 연결될 경우, 그의 몸과 사생활 전체는 더 강하게 '소비'된다. 설리 씨와 같이 범상함을 넘은 자유로운 생각이나 그에 결부된 신체성을 가진 경우라면 더 그럴 것이다.

그러니까 이제 단순히 연예인을 소비한다는 말은 부족하고 둔탁하다. 오늘날 연예인에 대한 대중의 수용은 단지 소비용품이나 패스트푸드를 취하는 식의 일만은 아니며, 다층적이고 복잡하다. 그것은 자아와 욕망의 상당히 큰 영역을 쓰고 투사하는 일이다. 이는 깊고도 다양한 팬덤 문화와 '덕질'에서 보듯 꽤 진지하고 심각한 수행이며, 오늘날 대중문화의 요체가 되었다.

그런데 연예인에 대한 수용과 소비는 인터넷과 디지털이라는 공간과 신자유주의 미디어산업 때문에 더욱 신경증적인 일이 되었다. 또 악플 달기(또는 댓글 읽기) 같은 팬들의 행동은 거의 모든 이에게 일상문화화하고 제도화되었다. 포털에서 연예·스포츠 기사의 댓글을 폐지한 것은 잘한 일이지만, 발달한 디지털 기술이 'n번방 사건' 같은 새로운 형태의 성폭력과 음란물 생산·유통을 가능하게 했듯 연예인을 대상으로도 새로운 형태의 성착취와 폭력을 가능하게 한다. 얼굴 합성 기술인 딥페이크(deep fake) 같은 것이 대표적 사례다. 이는 인공지능(AI) 기술을 이용해 여자 연예인의 얼굴을 음란물에 합성한 뒤 해당 연예인이 출연한 것처럼 조작한 것을 말한다. 2020년 4월 아이돌 가수 등 100여 명의 여자 연예인이 약 3000종의 딥페이크 음란물 피해자로 추정돼서 경찰이 수사에 나서기도 했다.[33]

주목경쟁, 만인의 연예인화

타인의 평가, 세인의 평이라는 것은 얼마나 어려운 인간사의 근본 문제인가? 고대 중국에서 만들어진 텍스트 《논어》에는 '남이 알아주지 않아도 화를 내지 않는 자가 군자다'라는 말이 있고, 《사기》에는 이와 대조적으로 '선비는 자신을 알아주는 사람을 위해 죽는다'는 말이 있다. '군자'와 '선비'들이 얼마나 남이 알아주는 데 목이 마르다 못해 목숨까지 버릴 종류의 인간들이었는지를 짐작할 수 있다. 완전한 내면으로부터의 자기만족과 '인정 너머의 진정성의 세계'는 불가능한 것일지도 모른다. 매우 기본적이고 원초적인 인정의 문제를 넘어, 또 '선비'나 '군자'같이 정치·학문 등에 종사한 남성 특권계급을 넘어 사회적 인정은 전 계층, 전 세대 사람의 문제다. 이른바 '별점'과 '관종'의 시대다.[34] 어린아이부터 노인까지, 가장 힘없고 가난한 사람부터 재벌 회장이나 장관·대통령까지, 모두가 SNS와 유튜브를 하거나 본다. 그러하기에 연예인만이 아니라 SNS와 유튜브 같은 공간의 '무대'에 오르는 모든 이에게는 '관심'과 그에 따른 존재론적 부담을 감당해야 하는 상황이 주어지고 있다.

문제는 이러한 '주목받기'가 성취감·보람·충만감 등으로 구성되는 '존재 이유'와 어떤 함수관계인지 정확하게 가늠할 수 없다는 점이다. 다시 말해 당신의 SNS나 유튜브가, 또는 그에 준하는 어떤 노력의 결과가 어느 정도 '좋아요'와 '구독'을 받으면 만족스러울까? 많은 팔로어가 생겨 유명해지고 사생활이 노출되어 생기는 곤란을 감당할 수 있는가. 타인에게 주목받고 사생활이 노출되는 게 싫어서 SNS와 유튜브를 하지 않는 사람도 많지 않은가. '친구'나 '팔로어' 중 악플을 달거나 성희롱을 할 가능성이 있는 사람들도 언제나 있지 않은가.

우리는 늘 주목과 외로움 사이의 모순을 감당해야 한다.

주목이나 인정은 엄청난 (중)독성을 가진 것이어서, 주목과 외로움 사이의 지극히 모순적이고 상대적인 작용을 자기 스스로의 힘으로는 잘 조율하지 못한다. 어떤 계급, 젠더, 연령대의 사람이라 할지라도 사랑과 인정, 지지와 칭찬을 필요로 하지 않는 삶을 살기란 어렵다. 공자뿐 아니라 수많은 철학자나 사회학자가 말했듯 '인정'은 거의 보편적인 인간조건 자체다. 하지만 SNS와 유튜브의 '팔로우', '좋아요', '별풍선' 따위가 과연 사랑과 지지, 인정일 수 있는가? 오히려 '팔로우'와 '좋아요'가 많아질수록 내면이 불안·초조해지고, 내적 자아는 위험에 처할 가능성이 커지는 경향이 있다. 오늘날 우울증에 대한 주요 처방 중 SNS를 중단하라는 것도 있다. 무책임하고 무분별하며 피상적인 '팔로우'와 '좋아요'가 넘쳐나는 것은, 어쩌면 오늘날의 문화 자체일지도 모른다. 하지만 그렇다 해도 우리에게는 특히 더 '구체적인', 살아 있는 현실의 사랑하는 사람과 의지할 만한 친구들이 필요하다.

　　오늘날 이러한 '주목경쟁'이 특히 위험한 점은 무엇일까. 첫째, SNS와 유튜브 덕분에 어린아이부터 노인까지 모든 이가 그것에 쉽게 동참하고, 쉽게 중독된다는 것이다. 이 중독성이야말로 SNS 플랫폼 기업이나 자극적인 유튜브 채널 등이 성공하는 비결일 것이다. SNS·유튜브·인터넷방송에서는 얼굴과 신체는 물론 내면의 어두운 구석이나 가족·친구 등의 사적 관계, 은

밀한 사생활까지 콘텐츠화하는 사람들도 있다.[35] 자아와 사생활을 전시하여 타인의 욕망어린 시선을 즐기거나, 피상적인 칭찬과 아부에서 위로(?)와 쾌감을 얻는 사람도 허다하다. '네트워크화된 자아' 또는 '수행적(연기하는) 자아'라 개념화할 만한 이들의 내면은 어떤 식으로든 우울과 불안, 신경증과 망상으로 이어질 가능성이 크다. 또한 타인의 시선과 주목도가 높아질수록 시기·질투·언어폭력(악플)·성폭력의 가능성도 더 커질 수밖에 없다. 이 세상의 잔인함과 폭력성은 사이버 공간의 무차별한 익명성과 악용되는 기술 때문에 증폭돼왔다.

둘째, 그러한 위험을 모르지 않으면서도 돈을 벌기 위해, 또는 다른 목적 때문에, '관심'에 의존해서 살지 않으면 안 되는 사람들이 대폭 늘었다는 점이다. 유튜버·인터넷방송인(스트리머) 등은 새로운 직업이며 새로운 존재양식이다. 그들과 함께 이른바 '관심경제(Attention Economy)'가 사이버 공간에 완전히 정착했다. '관심경제'는 사이버 공간의 폭력성과 자아 전시의 피폐함을 증대시킨다. 현재의 '관심경제'는 단순히 '인기가 돈이 된다'는 연예산업과 자본주의의 고전적(?)이고 일반적인 차원을 넘는다.

'관심경제', '주목경제'가 더욱 심화된 상황을 '관종경제'라 불러야 할까? 극우·인종주의 행동이나 혐오발언은 주류적 가치의 위선과 '정치적 올바름'(PC)의 한계, 대의민주주의의 모순 때문에 더 번성하고 있다. 《관종의 시대》의 저자 김곡은 "관종은 이전 세기의 주체들과는 그 종자부터 다르다. 그는 더 많은 댓글, 더 많은 조회 수, 더 많은 관심을 받기 위해서 불안과 죽음, 적과 동지, 이상과 이념 등 그 어떤 대상도 기꺼이 소거해버린다"고 한다.[36] 기괴한 행동과 (일부러) 논란을 끄는 언행으로 클릭 수를 모으는 유튜버라든가, 누가 클릭했는가와 무관한 조회수의 맹목성을 생각하면 그의 주장이 옳다. '좋아요'의 피상성과 환금 가능성은 성찰과 관계를 지운다. 이렇게 이 사회는 아이돌이나 유튜버·스트리머가 장래 희망이라는 청소년을 수없이 길러내고 있다.

'화려한 인생'이 지불하는 것

많은 연예인 자살은 일면 한국 사회 전체의 자살 현상의 일부이면서 동시에 '연예인'이라는 직업군에서 나타날 수 있는 특수한 현상이다. 한국 사회의 폭력성과 가부장제, 젠더 구조, 경쟁체제가 이 문제에 결부돼 있다.

이 시대의 '공인'인 연예인은 불필요한 타인의 주목과 시선을 감당하면서, 또 '관종의 시대'의 잔혹함을 견디면서 무엇인가를 얻고자 한다. 돈인가? 권력인가? 아니면 인정 그 자체로 얻어지는 존재감이나 인정욕망의 충족인가? 인기란 과연 무엇인가? 만약 '행복'을 평범하고 소박하며 조용한 삶에서 비롯되는 것이라 간주할 수 있다면, 생의 화려함과 행복은 서로 배제하는 관계에 놓인다. 부와 명성과 인기 같은 '화려한 것'을 추구하는 주체의 마음은 불안전하고 위험하다. 불교를 위시한 탈속적 윤리를 주장하는 논리처럼 단순하고 평범한 삶이 훨씬 안전하다. 그럼에도 돈·인기·권력 등으로 표상되는 생의 화려함(일상의 용어로는 '잘나가는 것')이야말로 거의 모든 사람이 추구하는 것이다. 그런 것을 추구하지 않는 생이 무슨 의미가 있는가, 돈·인기·권력이 없는 생이야말로 불행한 것 아닌가, 라고 사람들은 생각하고 외칠 수 있다.

그러나 모험을 걸고 화려함을 추구하며 거기에서 존재의 의미를 느끼는 것에는 대가가 따른다. 그래서 자아의 작용, 즉 '자아의 기술'(자기의 테크놀로지)은 개인에게 닥치는 이 거대한 모순을 해결하기 위해 작동(해야)한다. 오랜 덕목인 안분(安分)의 논리는 그래서 동서고금을 통해 계발되어 왔다. 안분은 패배와 자족을 내포한다는 점에서 초월과 다르다.

'좋은 대학'을 나와서 '좋은 일자리'를 갖는 게 더 힘들어지고 특정 계층에게만 허락되는 일이 될 때, 존재 증명을 위해 연예인이 되고 싶다는 많은 디지털 네이티브 청소년들에게 이 사회는 무엇을 가르칠 수 있을까? 근본적인 답을 '어른들'이 주지 못하고 있다.

2019년 3월, 청소년 연예인의 자유선택권, 학습권, 인격권, 수면권 등 기본권을 보장하기 위한 '청소년 대중문화예술인 표준 부속합의서'가 제정됐다. 이에 따르면 기획업자 또는 소속사에 의한 폭행·강요·협박 등을 금지하며, 청소년 대중문화예술인을 '청소년보호법'에 따른 유해행위로부터 보호한다고 돼 있다. 성폭력과 야간활동, 노동시간 등에 대해 규제가 강화된 것이다.[37] '법'은 진일보한 내용을 갖고 있다. 그러나 사회는, 또 '돈'은, 법과 따로다. 아직 불충분하다.

보이는 심연,
고착된 구조

2010년대 이후
한국 사회의 자살과
자살예방정책

자살예방법과
자살예방정책

'자살공화국' 대한민국도 자살 문제를 방치하지만은 않았다. 특히 2012년 3월 1일에 공포된 '자살예방 및 생명존중 문화 조성을 위한 법률'(이하 '자살예방법')은 의의가 작지 않은 것이었다. 이는 자살을 그저 개인적이며 일부만의 정신병리적인 문제라 간주하지 않고, 국가와 사회(지자체·기업·학교 등)가 관리해야 할 '사회적' 현상으로 간주하고 법으로 제도화한 최초의 것이다. 그래서 자살예방법은 자살 위험에 처한 사람들에 대한 국가와 사회, 그리고 타인들의 의무까지 규정했다. 구체적으로는 보건복지부가 주무 기관이 되어 광범위한 자살 현상의 실태를 조사하고, 자살예방센터를 비롯한 기구를 중앙과 지방에 설치하여 다양한 관련 사업을 벌이게 했다.

그러나 이 법 자체에 한계도 있었다. 첫째, 기본 취지나 철학적(?) 근거다. 이 법 제2조 2항에 의하면, 자살예방의 기본 정책은 "생명윤리의식 및 생명존중문화의 확산, 건강한 정신과 가치관의 함양 등 사회문화적 인식 개선에 중점을 두고 수립되어야 한다"고 했다. 이는 우리 사회 일각의 자살에 관한 잘못된 관념이나 일부 종교 교단에서 조장하는 생각을 반영한 것이다. 생명을 존중하지 않거나 "건강한" 가치관이 없어서 자살이 만연한다고 전제했기에 "사회문화적 인식 개선에 중점을" 둔다는 것이다. 여기에는 "생명존중문화"라는 것이 조성되면 자살자들이 줄어들 것이라는, 다분히 관념적이고 종교적인 생각이 전제돼 있다. 과연 인식이 문제인가? 자살자나 '자살생각'을 하는 사람들이 생명을 존중하지 않는 사람들인가? 또는 그들이 생명을 존중하지 않아서 자살했는가? 우리 사회에서 과연 누가 생명을 존중하지 않는가? 문제는 단지 생명이 아니라, '생 자체를 포함한 제대로 된 삶'이다.[1] 대부분의 자살은 어려운 삶의 과정에서 피치 못해 선택된 "차악"[2]이며, 모든 자살에는 반드시 원인을 제공한 구체적인 관계와 상황과 구조가 있다.

둘째는 비구체성의 문제다. 공포 당시 이 법안은 전반적으로 실질적 내용이 부족했다. '자살예방'의 실제 효과가 나타나게 하기 위한 '개입'과 사회적 조치들이 무엇일지에 대한 막연한 생각이 법 전반의 내용에 흐르고 있었다. 선언적인 말 한마디뿐인 항도 있다. 이를테면 제5조 "사업주의 책무"는 "① 사업주는 국

가 및 지방자치단체가 실시하는 자살예방정책에 적극 협조하
여야 한다. ② 사업주는 고용하고 있는 근로자의 정신적인 건강
유지를 위하여 필요한 조치를 강구하도록 노력하여야 한다"라
고 되어 있다.[3] 어떤 '협조'와 '노력'이며, 그것이 이뤄지지 않는
상황에 대해서는 어떻게 할 것인가? 아무 실효성이 없는 사문
(死文)이 처음부터 법 조항에 포함된 경우다.

자살에 대한 사회의 의무, '자살예방법'

이후 자살예방법은 지난 9년여 동안 총 일곱 차례 개
정되었다. 위에서 지적한 것과 같은 '생명존중' 식의 관념성이나
'기업의 책임' 같은 막연한 조항은 그대로이지만, 처음 제정 당
시보다는 더 구체적인 조항이 신설되어 말뿐인 법을 보완하고
실제적인 자살예방사업을 확장하게 했다. 몇 가지 중요한 것들
만 보자.

"제4조(국가 및 지방자치단체의 책무)"는 2017년과 2019년
두 차례 개정되었다. 국가기관이 도와주어야 할 "자살 위험자"
를 더 구체적으로 규정했다. "② 국가 및 지방자치단체는 (중략)
자살이 발생한 후 또는 자살이 미수에 그친 후 사후대응의 각
단계에 따른 정책을 수립·시행하여야 한다"는 조문에, "이 경우

자살시도자 및 그 가족 또는 자살자의 유족을 보호하기 위한 방안을 포함하여야 한다.〈개정 2017. 2. 8., 2019. 1. 15.〉"가 포함되었다. 자살(기도) 사건 이후 구체적으로 '보호'할 대상을 자살시도 당사자와 그 유족까지라고 명시했다. 이런 변화는 자살(기도)자 유가족에 대한 관심과 지식이 반영된 것이다.

또한 제11조의 "심리부검"에 대해서도 훨씬 구체적인 조항이 신설되었다. 법 조문에서 심리부검이란 "자살시도자 및 그 가족 또는 자살자의 유족에 대한 심리적 지원을 제공하기 위하여 자살행위 전후의 심리·행동변화 등을 바탕으로 자살원인을 분석하는" 것을 말하는데, 이는 자살예방정책에서 대단히 중요한 것이다. 어떤 인구집단(나이, 성별, 지역 등)에 속한 어떤 계층(직업, 소득 등)의 어떤 사람이 어떠한 정황에서 자살하게 되었는지를 구체적으로 조사하는 일이기 때문이다. 이전에는 제대로 된 자살원인 분석·연구가 거의 존재하지 않았다. 발표되는 자살 통계에서 '자살원인' 대부분은 변사 사건 현장에 대한 경찰 수사관의 수사 결과에 의존하여, 자살의 원인을 매우 거칠고 범박한 단일 언어로 추정한 것에 불과했다.[4] 엉터리였다.

'자살 보도 권고기준 준수'에 관한 법률 규정도 보충되었다. 자살 관련 언론 보도에서 흔히 '유해하다'고 말해지는 온갖 선정적인 내용, 즉 자살 방법과 장소, 자살 동기에 대한 단순한 묘사, 자살자·유가족의 신상정보, 자살에 대한 미화 등을 규제하기 위해 자살 보도 권고안이 처음 제시된 때는 2004년이었다. 그러나 실제로 인권이나 생명에는 아랑곳없이 주목경쟁에 더 치중하는 선정적인 언론은 이를 지키지 않으며, 언론의 선정적 보도가 이른바 '베르테르 효과' 등 자살 문제에 대한 부정적 사회화를 초래한다는 사회적 합의가 있었다.[5] 2017년 개정에서는 자살 보도에 대한 기준을 '권고'하고, 2018년과 2019년의 개정을 통해 자살예방법은 이를 단순히 '권고'하는 데서 조금 나아가 언론사의 '협조'를 요청하고 '노력'을 요구하는 조항도 삽입했다. 아래와 같다.

제19조의2(자살 보도 권고기준 준수 협조요청)
① 보건복지부 장관은 자살 사건 보도로 인한 자살의 확산을 방지하기 위하여 방송·신문·잡지 및 인터넷신문 등 언론에 대하여 제7조 제2항 제13호에 따른 자살 보도에 대한 권고기준을 준수하도록 협조를 요청할 수 있다. 〈개정 2019. 1. 15.〉
② 언론은 제1항에 따른 협조요청을 적극 이행하도록 노력하여야 한다. [본조신설 2018. 12. 11.][6]

그럼에도 여전히 '협조요청'과 '노력'에 머무르기 때문에 언제든 일부 언론사는 보도기준을 어기고 선정적인 보도를 한다. 특히 정치인이나 연예인의 자살 사건일 경우 이런 일은 매우 흔하다. 무책임한 언론에는 "누군가의 죽음이 빨리 팔아치워야 할 미끼상품으로" 매력 있기 때문이다.[7] 근래에도 개그우먼 박지선 씨의 유서와 구체적인 사연을 공개한 《조선일보》의 '단독' 보도가 큰 문제가 되었다.[8]

그런데 2019년 7월의 자살예방법 일부 개정안에는 온라인에서 이른바 '자살유발정보'를 유통하는 경우 처벌할 수 있게 했다. 즉 SNS와 커뮤니티, 기타 웹사이트에 올라오는 자살 관련 사진·동영상이라든가 "자살동반자 모집, 자살위해물건 판매·활용 등"에 관한 정보를 정보통신위원회 등이 나서서 적극적으로 찾아 지울 수 있고, 이런 정보를 생산·유통한 사람에 대해 2년 이하의 징역이나 2천만 원 이하의 벌금을 부과할 수 있다.[9] 꽤나 엄격한 단속과 처벌이다. 그러나 이와 달리 기성 언론사들에 대한 실질적 규제는 없다.

이런 점은 직장인의 자살 사건에 대한 기업의 책임 부분과도 비슷하다. 뒤에서 자세히 보겠지만, 직장생활을 통해 발생하는 여러 형태의 '갑질'과 과로는 30-40대 자살의 핵심 원인이다. 그런데 그런 사건을 유발한 개인은 처벌받을 수 있으나, 이에 관한 기업(주)의 책임은 법에 없다. 이에 관한 규정은 2017년이나 2019년의 개정에도 변함이 없다. 이 나라의 법은 개인에게는 엄격하고 기업과 언론사에는 약하다.

이상에서 보듯, 어쨌든 지난 약 10년간에 걸쳐 자살예방정책은 진화해왔고 지금도 확장하고 있다. 2014년부터는 중앙자살예방센터와 함께 중앙심리부검센터가 설치되었다. 이를 통해 한국형 심리부검 체크리스트도 만들어졌다. 각 경찰서별로 자살 사건을 전수 조사하고 보고서를 작성하기 시작했다. 만연한 자살 현상에 대한 한국 사회의 지식과 분석력은 이전과 비할 바 없이 커진 셈이다. 이제는 사회과학적·보건학적·심리학적 분석에 의해 어떤 계층·젠더·직업·연령 등의 사회적 요인과 문제상황이 복합적으로 작동하는지, 그리고 사람을 위협하는 위험요인을 추출하고 연령별·성별·직업군별 자살생각과 자살행동의 경로 패턴도 좀 알게 됐다.

아마도 비정치적인 문제로 보이기 때문인지 다른 정책과 달리 자살예방정책은 이명박 정부에서부터 대체로 지금까지 계승되어 문재인 정부도 나름대로 열심히 자살예방정책을 펴는 것처럼 보인다. "역대 정부 최초로 '자살예방 및 생명존중문화 확산'을 국정과제에 포함시"켰으며, "지자체·해외 사례 및 전문가·현장실무자 의견을 반영하여 관계부처가 합동으로", "자살예방국가행동계획"(2018. 1.)이라는 것을 마련했다. 그 일환으로 병원 응급실에 온 자살기도자를 관리(?)하고 돌보는(?) '응급실 기반 자살시도자 사후관리사업' 같은 것도 생겼다. 보건복지부 안에 자살예방정책과도 설치되었다. 중앙정부에서 자살예방업무가 상시적 업무가 되었고, 전국의 관련 업무를 총괄하고 산하 관련 기구를 통합하는 책임자와 제도가 생겼다는 뜻이다.

또 문재인 정부는 "자살예방 및 지역정신보건사업"의 작은 예산을 나름 증액해왔다. 2018년에는 국무총리실에서 "국민 생명지키기 3대 사업"을 시작하며 그 안에 자살예방사업을 끼워넣었다. 2019년 당시 이낙연 국무총리가 중앙부처 공무원들과 함께 '게이트키퍼(gate keeper)'라 불리는 '자살예방 생명지킴이' 교육을 받기도 했다. 2019년에 218억 원이었던 자살예방사업 예산은 2020년에 300억 원을 넘었다.[10] 또 2021년에는 보건복지부가 자살예방 및 생명존중문화조성사업에 368억 원(전년 대비 26.6% 증액)을 쓴다. 그중 가장 큰 비중을 차지하는 것은 '응급실 기반 자살시도자 사후관리사업'(126억 원)과, 정신건강복지센터의 자살예방사업 인력 지원(59억 원)이다. 이 인력 지원 예산은 2020년보다 228% 증액된 것이라 한다.[11]

자살예방정책의 영향

이 같은 자살예방정책은 실제로는 어떻게 영향을 미쳤을까? 한국 사회와 정부는 '자살예방'에 성공하고 있을까? 자살예방정책이 시행되기 직전인 2011년의 자살자 수는 총 1만 5906명, 자살률(인구 10만 명당)은 31.7명이었다. 2017년 자살자 수는 1만 2463명이고, 자살률은 24.3명이었다. 이 자살률은

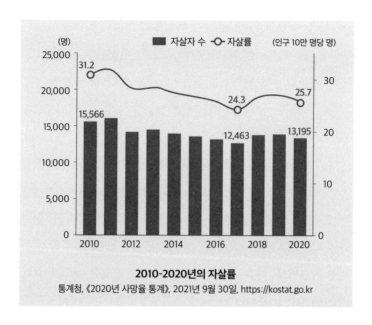

2010-2020년의 자살률

통계청, 《2020년 사망율 통계》, 2021년 9월 30일, https://kostat.go.kr

2010년대에 가장 낮은 것으로, 모든 연령대에서 자살률은 감소 추세에 있었다. 특히 60세 이상이 가장 많이 감소했다. 이렇게 된 데는 자살예방정책이 나름의 구실을 했다고 보인다.

정부 자료에서 크고 굵은 글씨로 써진 이런 자살예방사업의 목표는 다음과 같은 것이다.

2022년까지 자살률 20명 이내, 연간 자살자 수 1만 명 이내 달성

'16년 자살률 25.6명/자살자 13,092명 → '22년 17.0명/8,727명

※일본은 12년간(2003-2015) 30% 감소, 우리는 6년간

33.6% 감소 목표

　※ 매년 평균 7% 감소 가정 (최근 5년간 연평균 감소율 4.18%)

　◇ 2022년 말까지 5년간 누적 자살자 수 총 1.5만 명 감소,

　OECD 국가 중 자살률 1위 탈피 전망[12]

　도달할 수 있는 목표일까? 2017년까지 낮아지던 자살률이 2018년에는 다시 조금 높아져 10만 명당 26.6명을 기록했다. 그리고 2019년 자살 사망자는 1만 3799명으로, 2018년보다 또다시 소폭(129명, 0.9%) 증가했다. 이는 OECD 평균 자살률인 11.3명보다 두 배 이상 높은 수치다. 한국은 2003년부터 2019년까지 줄곧 OECD 국가 자살률 1위를 기록 중이었는데, 2017년에 그 자리를 잠시 리투아니아에 내줬다가 다시 1위로 복귀했다(리투아니아는 2016년까지는 OECD 가입국이 아니었다).

　2010년대의 자살예방정책사에서 2018년은 어떤 터닝포인트라고 할 수도 있다. 그러면 '코로나 사태'가 덮친 2020년의 자살률은 어땠을까? '사회적 거리두기' 때문에 집 안에 갇힌 사람들의 '코로나 블루'가 만연하고 실업, 가계 채무, 중소상공인 도산이 전 사회적으로 확산되었는데, 2020년의 자살률은 소폭 감소했다. 10대에서 30대까지는 증가했으나 60대 이후 고령층에서는 고루 낮아진 결과였다.[13] 그런데 2021년 7월 정부는 "감염병, 지진, 전쟁 등 국가적 재난 시기에는 사회적 긴장, 국민적

단합 등으로 자살 사망이 감소하는 경향이 있고, 코로나 우울 심리방역 실시(2020. 1월부터), 기초연금 인상, 재난지원금 지급 (2020. 5월, 9월) 등 시의적절한 정책도 자살 감소에 긍정적 영향을 미친 것으로 추정된다"고 자화자찬했다.[14] 코로나 영향이 장기화된 2021년에는 과연 어떻게 될까? 10-30대의 자살률은 어떻게 될까?

현재 수준의 '예방'정책이 과연 세계 최고의 자살률을 의미 있게 낮출 수 있을까? 또 과연 근본적으로 자살예방법과 그 시행 자체가 광범위하게 자살과 결부된 한국 사회를 어느 정도 바꿀 수 있을까? 결국 자살을 예방한다는 것은 과연 무엇인가?

유가족이 자살 사건에 대해 말하기, '심리부검'의 의의와 한계

자살예방정책 안에는 자살 현상에 대한 조사연구가 중요한 항목으로 포함돼 있다. 2014년 4월에 개설된 중앙심리부검센터는 "자살 유족과의 면담을 통해 고인의 사망에 영향을 끼쳤을 다양한 요인들과 삶의 전반적인 부분을 살펴보고, 이를 통해 자살예방전략 수립 근거를 마련하고 자살예방정책 수립에 기여하고자" 하는 기관이다. "전문가(정신건강의학과 전문의, 정신건강사회복지사, 임상심리전문가)의 상담을 통해 사랑하는 가족을 잃어 고통 속에 있는 유족들에게 건강한 애도를 할 수 있도록 돕고 있"다.[15] 자살자 유가족 중에서 홈페이지를 통해 신청한 사람들은 3시간 정도 소요되는 표준화된 '한국형 심리부검 체크리스트 2.1'이라는 프로그램과 "정신건강 전문가의 안내에 따라 고인의 삶에 대한 다양한 부분을 편안하게 이야기하실 수 있"다.[16]

중앙심리부검센터가 내놓은 자료 가운데 두 가지를 소개한다. 《2018년 심리부검면담 결과 보고서》와 〈2015-2019 심리부검면담 기초분석결과〉[17]다. 전자는 자살 유가족 121명의 면담을 바탕으로 자살 사망자 103명에 대한 심리부검 분석 결과를 모은 것이고, 후자는 2020년 11월 27일 열린 '2020 심리부검면담 결과 보고회'에서 중앙심리부검센터 면담운영팀이 발표한 자료다. 특히 후자의 자료는 2015-2019년 사이에 일어난 자살 사건의 유가족 683명에 대한 면담을 모아 자살 사망자 566명에 대해 조사한 것으로, 이는 그즈음까지 나온 심리부검 자료로는 대상 건수가 가장 많은 것이다.[18] 즉 자살 사건에 대한 가장 많은 '이야기'를 모은 자료다.

심리부검은 다른 방법의 자살 연구들과 마찬가지로 의의와 한계를 함께 지닌다. 우선 566명이라는 사망자 수는 2015-2019년 사이에 일어난 자살 사건(한 해 평균 1만 3307명, 총 6만 6537명)의 불과 0.85%에 해당할 뿐이라는 점을 지적할 수 있다.

그리고 면담한 유가족이 과연 6만 6537명의 자살 유가족을 대리·표상할 수 있는지 의문을 품어볼 수 있다. 이 자료에 의하면, 면담자 683명 중 여성이 499명(73.1%)으로 남성 184명(26.9%)에 비해 훨씬 많다.[19] 중앙심리부검센터 면담운영팀이 스스로 밝히고 있듯이, 주관적이며 감정적일 수밖에 없는 유가족의 언어로 자살 사건의 진실 전체를 말하기 어려운 점도 있다. 그럼에도 이 0.85%에 대한 조사연구의 가치를 무시할 수 없다. 우선 자살자와 유가족이 처한 구체적인 정황을 미시적으로, 또 서사화해서 알려주는 조사연구 자체가 어렵기 때문이다. 상상해보라. 자살 유가족과의 대화의 방법과 그 어려움에 대하여.[20]

심리부검은 자살예방정책에서 큰 의의가 있다. 자살이 복잡성을 지닌 한 사람의 존재에 일어나는 복합적인 사건이라는 점을 이해하는 것은 정말 중요하다. 심리적이고도 사회적인, 유전적이면서도 의학적인 원인과 배경이 있고, 그것과 한 사람이 지닌 '문제상황'이 복합 작용을 지속적으로 일으켰을 때 자살행동이 가능해진다. 다음의 그림은 그 작용 과정을 표현한 것이다. 자살의 진행 경과와 그에 대처하는 힘도 표현되고 있다. 이를 제대로 인식하는 것은 자살이라는 사회적·문화적·정치적 현상을 이해하고 대처하기 위한 제1의 조건이다.

누군가의 '자살원인'이라는 것을 단순화해 말하는 것은 실제 인간의 삶과 죽음을 이해하지 못하게 하며, 자살을 유발하는

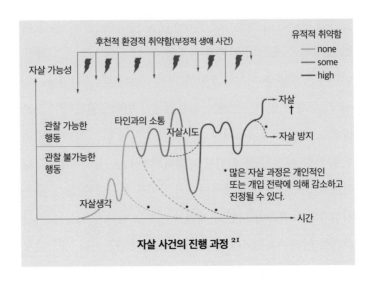

자살 사건의 진행 과정 [21]

이 사회의 어두운 진실을 곡해하게 만든다. 현재(2021년 10월) 생명존중희망재단에서 제공하는 자살 유가족을 위한 공간 '따뜻한 작별'(www.warmdays.co.kr)의 심리부검 신청 페이지에는 심리부검의 의미를 "자살 사망자의 가족 혹은 지인과 면담을 통해 고인 사망에 영향을 끼쳤을 다양한 요인을 살펴보고, 그의 삶을 통합하는 과정"이라 설명하고 있다. 누구의 삶이든 그것은 "다양한 요인"에 의해 구성되고, 한 사람의 존재라는 것이 그 요인들의 "통합"이라는 관점은 옳다. 어떤 한 사람이 자살에 이른 최후의 순간에 맞은 직접적인 고통과 고난, 비관과 책임, 죄의식과 문제상황 등으로 그 인생을 다 환원하기 어렵다. '정신질환으로', '부모와의 갈등으로', '신병을 비관하여'라는 식으로 단순히 의미화하는 것은 폭력적이다.

물론 자살의 문제상황을 만든, 상대적으로 더 중요한 요인이나 '주요 원인', '선행 요인' 등에 대해 말할 수는 있다. 그럼에도 자살한 사람이 살아온 상황을 설명할 수 있는 언표로는 너무 부족하다. 사람은 자살하기 위해 살아오진 않았지 않은가? 특히 여기에서는 자살생각에서 자살행동으로 가는 경로에 있는 다른 변수, 즉 삶을 지탱할 수 있게 하는 자살자와 주변인과의 관계와 소통, 구체적인 사회 상황 같은 결정적인 요소는 다 누락된다.

따라서 자살자의 삶 전체를 생각해볼 수 있게 하는 인문학적·문화학적 방법과 서사적 기술이 필요하다. 심리부검은 이런 문제의식을 담은 방법이라 할 수 있다. 그런데 3시간 정도 진행되는 표준화된 면담으로 그것을 다 밝히기란 어렵기 때문에, "심리부검은 고인이 자살에 이르게 된 원인을 탐색하고 설명할 수 있으나 자살원인을 '확언'하기 어려움"이라 한 말은 맞다.[22]

유가족에 대한 위로와 애도

'이야기하기'로 진행되는 심리부검은 자살 유가족에게는 큰 위로와 애도의 효과를 지닐 수 있다. 자살 사건 후 유가족이 당하는 고통은 타인들은 도저히 짐작하기 힘든 것이다. 그 충격, 죄의식, 상실감 등은 자살 유가족을 자살 위험이 가장 높은 집단으로 만들기도 한다. 정신과 전문의 전홍진은 심리부검을 위한 유가족과의 면담이 다음과 같은 효과를 지닌다고 했다.[23]

- 자살의 다른 원인 탐색하며 유족의 죄책감 경감
- 유족의 이타적 감정 경험
- 유족의 고립감 완화
- 타인과의 온정적인 관계 재정립
- 상실을 현실로 받아들이는 경험
- 자기 이해 능력의 증가

위의 '효과'들을 하나씩 뒤집어보면 역으로 자살 유가족의 고통이 무엇인지 짐작할 수 있다. 즉 자살 유가족은 자식, 부모, 형제의 자살 사건에 대해 '자기 탓'을 하며 엄청난 죄책감에 시달린다. 자살한 사람과 유대와 사랑이 깊었을수록 더 그럴 수 있다. 그리고 대부분의 경우 가족이 자살한 사실은 모르는 타인 앞에서는 숨겨진다. 대신 자살 사실을 아는 타인들로부터는 쉽게 상처를 입을 수 있다. 유가족은 자책감과 마음의 고통을 가지고 있는데, 그 타인들은(때론 가족도 마찬가지지만) 자살 사건에

대해 생각하고 말하는 방법을 모르기 때문이다. 그래서 가족 내
외에서 타인과의 관계가 달라지거나 끊어지기도 하고, 마음 깊
은 곳에서 죽음과 상실은 스스로도 받아들일 수 없는 사건이 된
다. 그러면서 유가족은 고립되고 '우울'을 안게 되는 경우도 허
다할 것이다.[24]

그러므로 가족 중 누군가가 자살했다는 사실과 자신의 마
음에 생긴 상처·죄의식 등을 입 밖으로 꺼내어 이야기하는 것
자체가 치유의 효과가 있고, 삶에 도움이 될 가능성이 크다. 따
라서 한국 사회에서는 지금보다 훨씬 더 많은 유가족이 심리부
검에 임하게 하는 것이 의미가 있다. 이를 통해 사회의 비참을
줄이고, 유가족이 겪는 고통을 경감시켜 자살률을 낮추는 효과
가 있을 수 있다. 그러기 위해서는 '심리부검'이라는 낯선 용어
를 좀 바꾸고, 연구조사를 위한 면담뿐 아니라 더 다양한 심리
상담 프로그램을 만들고 서비스하는 일이 필요하다.

제프리 잭슨(Jeffrey Jackson)이라는 미국 자살학협회 연구
자의 소책자에서 번역한 〈자살 유가족 권리장전〉[25]은 다음과 같
이 역설한다.

자살 유가족 권리장전

- 나는 자살로 인한 죽음에 대하여 책임감을 느끼지 않을 권리
  가 있다.

- 나는 희망을 느낄 권리가 있다.
- 나는 평화와 존엄성을 유지할 권리가 있다.
- 나는 자살로 떠난 사람들에 대하여 그가 죽기 직전 또는 죽을 당시의 상황과 관계없이 좋은 감정을 가질 권리가 있다.
- 나는 내 감정을 있는 그대로 살펴보고 수용하는 단계로 갈 수 있도록 나를 도와줄 상담자와 지원그룹을 찾을 권리가 있다.
- 나는 새로운 시작을 할 권리가 있다.
- 나는 살 권리가 있다.

'극단적 선택'에
이르는
경로들

《2018년 심리부검면담 결과 보고서》는 "심리부검 면담에서 추출된 자살 경로의 위험요인"을 개인 정신건강 영역, 가족 영역, 경제 문제 영역, 직업·직장 영역, 자살 관련 영역 등으로 크게 범주화하고, 이를 다시 세분하여 총 74개의 "자살 경로의 위험요인"으로 구분했다. 그리고 2020년에 중앙심리부검센터는 "성인기 이전 외상 경험 영역"과 그 안에 6개 위험요인을 추가하고 다른 항목을 조금 조정하여 총 82개의 위험요인으로 범주화했다.[26] 이에 따르면 21세기 한국인의 정신건강을 해치고 자살에 이르게 할 수 있는 원인은 다음과 같은 것들이다. 각 항목들과 삶의 고난의 연관 정도를 생각해볼 필요가 있다.

성인기 이전 외상 경험 영역(6항목)

• 부모양육 관련문제(부모의 이혼 및 불화, 양육자의 사망, 빈곤 등으로 방임됨) • 가정폭력 노출 및 피해 경험 • 부모의 음주문제 • 부모의 자살 • 아동학대 • 학교폭력

정신건강 영역(9항목)

• 우울장애 • 음주문제 • 우울 및 음주문제 복합 • 우울 및 불안장애 복합 • 양극성장애 • 불안장애 • 조현병(스펙트럼) • 기타 정신건강문제 • 정신건강문제 재발/악화

신체건강 영역(8항목)

• 암 • 부상/손상 • 만성질환 • 기능저하/만성질환 • 임신/출산/불임/유산 관련문제 • 갱년기문제/노인성 질환 • 기타 신체건강문제 • 신체건강문제 재발/악화

경제 영역(부채7항목+7항목)

• 부채(도박/주식, 보증, 사업자금, 주택, 과소비, 생계유지, 기타) • 독촉/상환 관련문제 • 지속적 빈곤 • 경제적 궁핍 • 수입지출 변동 • 가족관련 경제문제 • 사업부담 • 사업부진/사업실패

직업 영역(16항목)

•취업준비/구직 • 취업관련시험 준비/실패 • 취업 불안정 • 재취업곤란/이직곤란 • 무직 • 직장 유지의 어려움(잦은 이직) • 취업/이직 • 실직/퇴직 • 정년퇴직/은퇴 • 직무변화 • 복무상태 변화 • 업무부담 • 상사동료 관계문제 • 승진실패/누락 • 업무상 징계 • 업무상 과실

대인관계 영역(15=가족관계, 부부관계, 기타8항목)

• 가족관계문제(부모, 자녀, 형제/자매, 기타) • 가족질병 • 가족사별[자살 제외]

부부 = • 외도 • 이혼/별거 • 불화 • 배우자 질병 • 배우자 사별[자살 제외]

• 가족질병 • 가족사별[자살 제외] • 친구/지인 관계문제 • 주변인의 사망/질병[자살 제외] • 연애문제 • 대인관계 단절/철수

자살 관련 영역(4항목)

• 가족자살노출 • 자살노출 • 자살시도 • 자해

기타(10항목)

• 학업관련문제 • 학교 부적응 • 군 부적응 • 법적 문제 • 음주운전 관련문제 • 범죄피해 • 범죄가해 • 문제 발각/발고 • 주거환경 변화 • 기타

한국인의 82개 자살 위험요인

이들은 시간적으로 서로 다르게 작용할 수도 있는 "선행 요인"과 "잠재 요인"이 뒤섞인 것이다. 따라서 위의 위험 요인들은 서로가 서로의 원인이거나 결과일 수 있다. 그리고 실제로 자살 사건에서도 저 원인들은 복합적으로 작용한다. 2018년의 보고는 "자살의 경로에는 한 사례에서 최대 12개의 위험 요인이 포함되었으며, 평균 위험요인의 개수는 5.05개로 나타났다. 위험요인이 3개(23.3%)인 경우가 가장 많았으며, 4개(19.4%), 5개(17.6%) 순이었다"고 했다. 또 "생애 스트레스 사건을 분석한 결과, 평균 3.9개의 여러 스트레스 사건이 사망 당시까지 복합적으로 영향을 미친 것으로 나타났다"고 한다. 따라서 74개냐 82개냐 하는 것보다는 큰 범주의 영역과 '중대 요인'(2018년 조사보고), 그리고 그 중첩이 더 결정적이다.

"자살 경로의 고빈도 위험요인"(중대 요인)으로 꼽힌 15가지는 다음과 같다. 즉 이들은 유가족이나 관련 자료가 말해주는 '자살 서사'의 중요 화소(話素)들이다.

• 자살시도 • 우울장애 • 업무부담 • 가족관계문제(부부) • 정신건강문제(기타) • 정신건강문제 재발/악화 • 상사/동료관계 • 이혼/별거 • 음주문제 • 사업부진/사업실패 • 직무변화 • 지속적

빈곤 • 대인관계 단절/철수 • 부채(도박/주식) • 무직

2018년의 조사보고에서 자살 사건에 직접적으로 영향을 미친 중첩된 고빈도 중대 요인은 '자살시도'(36건), '우울장애'(32건)에 이어, '과도한 업무량'이나 '업무 요구 증가' 같은 직장 내 스트레스(30건), 부부간의 관계 문제(23건) 등으로 파악되었다. 이 같은 중대 요인들은 다음과 같은 방식으로 시간차를 두고 작동할 수 있다.

사망 전 1개월 이내 사망 근접한 시기에 가장 빈번한 위험요인은 자살시도(12건)인 것으로 나타났다. 사망 전 1개월부터 1년 이내의 높은 빈도로 나타나는 위험요인을 보면 우울장애(13건), 업무부담(12건), 자살시도(11건)였으며, 정신건강문제의 악화/재발이 9건, 상사/동료관계 문제가 있었던 경우가 8건인 것으로 나타났다. 사망 전 1년에서 5년 사이에는 우울장애가 8건으로 다른 위험요인보다 상대적으로 빈번하였으며, 정신건강문제 재발/악화, 무직이 각각 6건으로 나타났다.[27]

즉 한 개인에게 일어나는 자살 사건에서 가장 중요하고 빈번한 '선행 요인'은 자살시도 자체다. 다시 말해 자살을 시도했던 이들이 다시 자살시도를 할 가능성은 불과 1개월 정도일 수

있다. 이 기간에 그들을 살피고 보호하는 것이 매우 중요하다는 뜻이다. 그다음은 우울장애 등 정신건강의 악화와 직장 문제다. 자살 사건의 배경에는 1년 내의 우울증 발생과 악화, 그리고 직장에서 큰 문제가 있을 수 있다는 것이다. 이런 일에 비해 부부 관계나 음주 문제 등은 시간적으로 더 거리가 있는 요인이라는 것이다.

생애주기·연령대별 자살 요인

자살생각과 자살행동은 어떤 사회적 정체성과 인구학적 특성을 가진 집단에서 많이 일어날까? 이는 한국 사회를 이해하는 데나 자살예방정책을 수립하는 데 결정적으로 중요하다. 다시 말해 젠더·계층·직업·지역·연령대별로 서로 같거나 다르게 자살의 요인이 작동하는 방식을 제대로 파악할 수 있다면, 자살예방뿐 아니라 한국의 사회정책도 수준이 달라질 수 있을 것이다. 이와 관련해 상대적으로 접근하기 쉬운 노인·청소년 등의 자살에 대한 연구는 꽤 있지만 젠더·계층·직업·지역·연령대별 자살 경향과 요인에 관한 연구는 전반적으로 아직 많이 부족하다. 유가족 면담 자료를 정리한 중앙심리부검센터의 연구(2020년)는 연령대별 자살 경로를 나름대로 "심층분석"하여 언어화·시각화했다. 참고할 만하지만 둔탁하여 '심층'적이라 보기는 어렵다. 이를테면 해당 연구의 말미에 예시로 내세운, 40대 자영업자의 자살 문제에 대한 '예방개입'의 '전략'도 대체로 피상적이거나 비현실적이다. 40대 자영업자가 술을 많이 먹는 경향이 40대 자영업자의 자살을 부추긴다는 진단 아래 나온 예방책이 "스트레스를 해결하기 위해 음주를 사용하기보다는 커뮤니티를 형성할 수 있는 계기를 마련", "잠이 안 올 때, 고민이 있을 때 술은 도움이 되지 않음을 홍보"한다는 식이다. 사회와 인간에 대한 이해와 표현하는 언어 자체가 부족하기 때문에 이런 심리부검 연구는 훨씬 더 간(間)학제적일 필요가 있다.

그러면 서로 다른 연령대의 한국인들은 어떤 고난을 겪다가 자살을 택하는지 그 경향성을 간략히 살펴보자(중앙심리부검센터의 자료와 함께 접근 가능한 범위 내에서 여러 자살 연구를 활용했다). 10대부터 70대에 이르기까지 연령대별 '자살 요인'은 곧 한국인들의 생애주기 전체, 다시 말해 인생 전반에 깃든 고난들이라 할 만하다. 《2020 자살예방백서》에 의하면, 2019년 한국의 자살자 중에서 가장 많은 비중을 차지하는 연령대는 50대로, 한해 2812명이 스스로 목숨을 끊었다. 가장 높은 지위와 소득을 갖고 있고 인구 자체도 많은 50대가 가장 많이 자살하는 집단인 것이다. 또한 알려진 대로 한국의 자살률은 연령대가 높을수록 급증하여 80세 이상은 엄청나게 높다. 무려 69.8명(10만 명당. 이하 모두 동일)이다. 그런데 최근 5년간 노년층의 자살률은 감소했고 특히 70대(-4.0%)가 가장 많이 낮아졌다. 반면 20-30대 여성이나 10대의 자살률은 6.5%나 높아졌다.[28] 이러한 변화의 속내를 들여다보자.

10대 청소년: 따돌림, 학교폭력

통계청이 2020년 4월 27일 발표한 '2020년 청소년 통계'에서 청소년 사망 원인의 1위는 '고의적 자해'(자살)이며, 자살은 8년째 청소년 사망 원인 1위다. 안전사고로 인한 청소년 사망은 줄어들고 있지만 자살은 오히려 늘고 있는 것이다. 그리고 청소년 자살자 중 남자(10.0명)가 여자(8.1명)보다 조금 더 비중이 높다.

한국의 청소년은 자살생각, 우울감, 스트레스, 수면부족 등 자살 관련 건강지표에서 모두 취약한 것으로 나타났다. 청소년의 '자살생각률'은 13.3%, '자살계획률'은 4.4%, '자살시도율'은 3.1%나 됐다. 또 10명 중 4명은 평상시 스트레스를 많이 느끼며, 10명 중 3명은 최근 1년 내 우울감을 경험했다 한다. 남자보다 여자가 스트레스와 우울을 더 많이 느끼는 것으로 나타났으며, 중학교에서 고등학교로 올라가면 스트레스와 우울감을 더 심하게 느끼는 것으로 조사돼 있다.[29]

근년에는 초등학생부터 고교생까지 포함한 청소년들 사

이에서 자해 행동이 크게 늘어나 문제가 되고 있다. 여성가족부 산하 한국청소년상담복지개발원이 조사한 바에 따르면, 청소년 자해 상담은 2018년에서 2019년 사이에 세 배 이상 급증했고, 자살 관련 상담 건수도 2만 3915건(2017년)에서 4만 3238건(2018년)으로 두 배 증가했다 한다.[30]

2018년에는 초등학생들 사이에서 〈대가리 박고 자살하자〉라는 한 인디밴드의 곡이 '대박자' 또는 '자살송'이라는 이름으로 크게 유행했다. 이 노래에는 "있잖아 / 나는 개멍청이야 / 낮에 갔던 길은 밤에 못 가 개멍청이야/ (중략) / 엄마 나는 밥만 먹는 식충 / 엄마 미안해요 물론 아빠도 미안해 / 이 와중에 핸드폰비 때문에 텅장 됐네 / 나는 스물두 살 삼수생에 공익 새끼 / 대가리 박고 자살하자 / 나는 쓰레기 새끼에 대가린 멍청해 바보라고 해 / 내 대가리 속에는 우동만 잔뜩 있을 게 뻔해" 같은 가사가 포함돼 있다. 학부모들이 청와대 청원까지 올리자 교육부와 여성가족부는 이 노래를 청소년 유해매체물로 지정했다. 그러나 초등학생과 10대들이 부르는 '자살송'은 이 노래뿐만이 아니다.[31]

한국청소년상담복지개발원은 청소년 자해의 직접적인 원인으로 스트레스 같은 부정적 정서와 감정억제를 꼽았다 한다. "평소 부모나 친구에게 스트레스를 표현하지 못하고 참다가 더 이상 억제하기 어려울 때 자해를 택한다"는 것이다. 자해를 통해 "스트레스, 우울, 불안, 무력감 등 부정적인 감정이 줄어들고, 자신에 대한 죄책감이 없어지고, 공허한 삶에 살아 있다는 느낌을 받는다"고 한다.

한국의 부모나 친구는 왜 10대 청소년에게 스트레스가 될까? 자해나 자살생각을 극복한 10대는 "누군가 자신의 힘듦과 고통을 들어주는 것"을 원하며, "상담자와 부모, 친구의 공감과 지지로 극복했다"고 한다.[32] 그런데 이런 '극복' 이전에 애초에 초등학생 때부터 시작되는 경쟁과 학교폭력·따돌림 문제가 만연한 교육 현실을 고치지 않고 청소년 자해·자살 문제를 해결할 수 있을까?

20-30대: 청년 여성 자살률의 증가

2021년 초에 체육계와 연예계에서 한꺼번에 불거진 학교폭력 사건에서 피해자들이 말한 것처럼, 학창시절에 겪은 학교폭력과 따돌림은 한 사람의 인생에서 큰 트라우마가 된다. 그리고 성인이 된 이후에도 우울과 정신질환, 그리고 자살 문제로 이어질 수 있다.

중앙심리부검센터의 자료에 의하면, 20대 자살자는 "가족이나 연인, 친구 등 친밀한 관계에서" 반복된 갈등과 악순환을 경험했다. 즉 가정불화, 학교폭력, 또래관계의 어려움 등 성장기의 가정이나 학교가 "부정적 사건을 경험"하게 만드는 곳이다. 문제는 그들이 "성인이 된 이후에도 성장기에 시작되었던 대인관계 문제가 지속"되었다는 것이다.[33] 이를 통해 한국의 10-20 대가 겪는 고통의 상당 부분은 10대 시절 학교에서의 경험과 가족·연인·친구 등 '친밀한 관계'에 개재된 한국식 폭력성과 젠더 구조라는 것을 알 수 있다.[34]

한편 2020년 코로나 대유행 상황에서 20-30대 여성 자살률이 급격히 높아져 심각한 문제로 부각되었다. "조용한 학살"이라는 표현까지 등장할 정도였다.[35] 그 자살 상황의 실상은 아직은 정확히 모르지만, 2020년 20대 여성의 자살률은 19.3명, 30대 여성은 19.4명이다. 각각 같은 연령대의 남성보다는 낮은 수치이지만, 20대 여성의 자살률은 전년 대비 16.5% 증가했다. 20대 남성의 자살률도 10.2% 높아졌다. 그러나 30대의 자살률은 남녀 모두 그리 높아지지 않았다.[36] 어쨌든 코로나 사태 이후 전반적으로 '사회적 우울'이 높아지고 젊은층의 경우가 남녀를 막론하고 더 심각한 것은 사실인 듯하다.

보건복지부가 2021년 5월 6일에 발표한 '코로나19 국민 정신건강 실태조사'(한국트라우마스트레스학회 수행)에 따르면 코로나 이전보다 '국민'의 정신건강 상태는 많이 나빠졌다. "우울 위험군"은 "코로나19 발생 이전인 2018년(지역사회건강조사) 3.8%에 비해서는 약 6배 증가"했고, "자살생각 비율"은 16.3%

로 2018년 4.7%(《2020 자살예방백서》)에 비해 약 3.5배 높은 수준으로 나타났다.[37] 그중에서 연령별로 보면 20대·30대가 우울 평균점수와 우울 위험군 비율이 가장 높았다. 코로나 초기와 비교하면 "젊은층이 코로나19로 인해 정신건강에 부정적인 영향을 더 많이 받는 것으로 나타났다." 우울 점수와 우울 위험군 모두 여성이 남성보다 높게 나타났으며, 특히 20대·30대에 걸친 여성의 우울 위험군이 전 연령대에서 가장 높았다. 그런데 '자살생각' 비율은 남성이 17.4%로 여성 15.1%보다 조금 더 높았고, 20대 남성과 30대 남성이 각각 25.0%로 전체 성별·연령대 중 가장 높게 나타났다. 자살률은 2020년 통계에서 코로나 사태 1년차에서 오히려 약간 감소한 것으로 나타나고 있다. 그러나 잠정치 통계로 2021년에 들어서는 자살자가 상당히 늘어나고 있는 것으로 집계되고 있다.[38]

최근 한국의 젠더 구조를 여성 자살과 연관시키는 담론이 새삼 주목을 끌고 있다. 2010년대 중후반의 페미니즘 붐과 미투운동 이후에도 변하지 않는 젠더 구조와 여성억압이 문제로 지목된다. "청년 여성의 정신건강 문제는 단지 혐오, 인식, 태도 등의 문제가 아니다. 가부장적 성별분업, 성차별 등의 문제가 미해결 과제로 남아 있으면서 사회·문화·경제적 불평등이 병합하여 정신적 건강, 안녕과 행복에 실질적 영향을 미친다"는 것이다.[39] 이는 대체로 맞는 말이지만, 자살 현상의 확대에 대한 설명보다는 젊은 여성들의 '사회적 우울'이나 심리상황을 설명하는 데 더 적합한 것 같다. 코로나 상황에 겹친 여성 청년층 자살 문제는 여성의 고용위기 및 경제상황과 관계 단절 등에 원인이 있을 것이다. 코로나 상황에서 도·소매업, 여행·숙박업 등 대면 서비스업의 위기 때문에 여성 고용은 전례 없이 악화되었다.[40]

30대 직장인: 고용문제와 '직장 내 갑질'

이전에는 30대의 남성 자살률이 여성의 두 배나 되었다. 2017년 연령별·성별 자살자 수 통계를 보면 30대 남자 자살자 수는 60대와 비슷한 1200명 수준으로 많다.[41] 2020년 통계에서 30대 남자 자살률은 34.4명으로 같은 연령대 여성의 약 1.8배에 달하며, 지난 10년간 비슷한 수준으로 유지돼왔다.

30대는 생애주기상 본격적인 경제적·가정적 자립이 시도되는 시기다. 결혼과 취업, 출산과 육아 등의 과정을 겪으며 같은 세대 안에서 계급적 지위에 따라 삶의 방식의 분화가 완연해진다.[42] 오늘날 30대에서는 남성이든 여성이든 비혼자와 1인 가구가 엄청나게 많이 늘었다. "경제적 여유가 있다면" 남성들 중에는 여전히 결혼을 원하는 사람들이 다수지만, 여성들은 정반대 비율로 경제적 여유가 있다 해도 비혼을 지향한다. 이 불균형은 쉽게 깨지기 어렵다.[43]

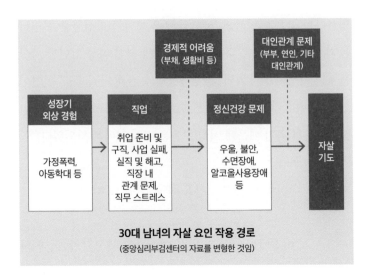

30대 남녀의 자살 요인 작용 경로
(중앙심리부검센터의 자료를 변형한 것임)

'고립된 삶'이 점점 더 확산해가는 가운데 경제적 고난과 직업상의 문제가 30대 청년들이 자살하는 이유가 된다. 간혹 대도시 한복판에서 '극단적 선택'을 하는 사람들이 있다. 직장인들이다. 2021년 1월과 2월에 각각 서울의 도심 한가운데에서 한국의 대표적인 대기업 직원인 남성이 투신하여 스스로 목숨을 끊는 사건이 발생해 꽤 크게 보도되었다.[44]

30대 자살에 관한 심도 있는 연구는 별로 없지만, 중앙심리부검센터의 심리부검 조사에서도 30대 자살자들에게 고용 안정성 문제와 직장 내의 폭력적 상황이 가장 심각한 '스트레스 요소'였음을 알 수 있다. 해고와 실업, 그리고 '갑질'이 자살을 격발한 요인이라는 것이다(직장 관련 자살 문제는 다음 절에서 다시 한 번 다루고자 한다). "직업문제"가 부채 등의 경제적 어려움을 발생시킬 뿐만 아니라, 이는 "동시다발적으로" 부부, 연인, 직장동료 및 상사와 대인관계에서의 문제와 연관된다고 했다. 다소 뭉뚱그려 혼란스럽게 표현했지만, 다음 그림에서 보는 바와 같이 경제적·직업적 문제는 다른 요인과 상호작용하는 주요 원인임을 알 수 있다.

주체가 겪는 외적 난관, 즉 경제적 난관과 대인관계의 어려움은 자살생각을 가진 사람의 내적 트라우마와 정신적 고통을 증폭한다. 물론 이런 과정은 자살 위험을 가진 모든 사람들에게 보편적인 것이긴 하지만, 적절한 직업을 갖고 수입을 누리는 것이 이 자본주의 사회에서 존재 자체와 얼마나 총체적인 관계를 갖는지 알 수 있다.

40-50대 중년 남성:
자살자도 가장 많은 세대

연령과 젠더를 함께 고려할 때, 한국에서 가장 많은 수의 자살자가 있는 집단은 40대와 50대 남성이다. 남성 자살률도 이 연령대부터 그야말로 폭증한다. 2019년 기준 남성의 자살률은 20대 21.6명, 30대 33.5명, 40대 44.5명, 50대 50.5명,

60대 54.2명, 70대 74.6명, 80세 이상 133.4명이다. 20대보다 40대가 두 배, 40대보다 80세 이상은 세 배 높다.

대한민국 중년 남성은 가장 문제가 많은 세대이자 계층으로, 생활세계에서나 사회세계에서 흔히 '민폐'를 끼치는 존재로 여겨진다. 중년 남성을 가리키는 '꼰대'·'오륙남'·'아재' 같은 단어도 한결같이 부정적인 뉘앙스를 지닌다. 이들은 공덕심이나 매너가 없고, 분노조절장애를 앓는 듯 막무가내로 행동한다는 것이다.

그런데 중년 남성이 공격하는 대상은 타인과 여성 같은 약자들만이 아니다. 그들이 공격하는 것은 바로 자기 자신(들)이기도 하다. 타인을 향한 공격성과 분노조절장애는 중년 남성 자신의 좌절감, 취약한 자존감, 불안 등의 왜곡된 표현이다. 자기 마음대로 되지 않는 상황에 예민해하며 뭐든지 폭력적으로 통제하려는 행태가 우울증의 예후라는 견해도 있다.[45]

지난 10년간 중년 남성의 우울증도 지속적으로 증가해왔다. 이에 대한 의학적 원인도 분석돼 있다. 일반적으로 40대 이후부터 남성호르몬이 줄어들고 이에 따라 세로토닌도 감소하면 우울증이 유발된다고 한다.[46] 남성의 갱년기 장애에 연관된 여러 신체 현상은 남성성의 약화와 연관되고, 이는 자신감의 상실과 우울·불안의 증대, 자존감의 하락 등 심리문제와도 이어져 있을 것이다. 역시 40-50대 남성을 위해서도 총체적인 사회적 변화와 함께 스스로의 변화가 필요하다.

이렇게 중년 남성의 자살 문제가 심각한 탓인지 심리부검 센터의 조사연구는 20대와 30대 자살자의 경우 남녀를 구분하지 않고 서술한 반면[47] 40대와 50대만은 남녀를 구분했다.

중앙심리부검센터의 자료에서는 40대 남성 자살자의 경우 "경제적 위기에서 발현된 심리적 위기"가 중요했다. "사업 운영 부진이나 주식 실패와 같은 경제적 문제가 선행 요인으로 작용하는 경우가 대다수를 차지"하고, "부채가 발생하거나 경제적 상황이 더욱 악화되면서 대인관계(가족·친구·연인 등) 갈등이 초래되고 직업적 문제가 불거지는 등 파생 문제가 연쇄적으로 발생"한다고 했다. 또한 50대 남성은 술을 비롯한 "물질 관련 문제의 연관성이 상대적으로 높게 나타"났다고 한다. 이때 "물질"이란 주로 술을 의미하며, 알코올중독 문제와 연관 있는 것으로 확인된 자살 사망자는 "자영업과 실업자, 단순노무 종사자로 고용 상태가 불안정"한 경우이기도 했다. 또 짐작할 수 있듯 알코올중독 문제는 "가족, 직업과 경제, 법적 문제가 동반되는 경우가 많"다고 했다.[48]

40-60대 중장년 여성:
돌봄, 가족, 갱년기 우울의 문제

나이가 들수록 자살률이 급격히 높아지는 남성과 달리 여성의 자살률은 연령대별로 큰 차이가 나지 않는다. 그래서인지 중년 여성의 자살 문제에 관한 연구는 상대적으로 적고, 대부분 상투적인 분석에 그친 것이 많다.

고립, 낮은 자존감, 경제적 문제 같은 보편적인 문제가 중년 여성의 자살에 영향을 미치는 원인들이다. 중앙심리부검센터의 자료에서 40대 여성은 "우울을 비롯한 정신건강 문제가 발생하고 사회적 관계로부터 철수하거나 관계를 단절하면서 심리정서적 지지기반이 더욱 취약해지며, 사업 부진 및 실패, 과중한 채무, 빈곤과 같은 경제적 스트레스가 가중되면서 정신건강 문제가 더욱 악화되며 사망"한다고 했다. 너무 당연한 것인지 몰라도 비정규직 노동자가 정규직에 비해 자살생각을 할 가능성이 높고, 특히 비정규직 여성 노동자는 자살생각을 할 가능성이 가장 높은 집단으로 조사된 연구도 있다.[49]

이 심리부검 연구는 50대 여성을 "돌보는 존재"라 지칭했는데, 50대 여성 자살자에게는 "가족 문제와 우울장애의 연관성이 상대적으로 높게 나타"났다 했다. "배우자의 음주, 폭력, 외도 등" "배우자의 문제행동이 지속되며 우울감, 불안을 비롯한 우

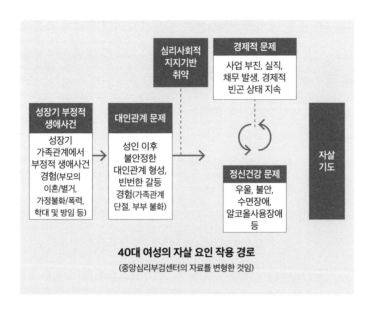

40대 여성의 자살 요인 작용 경로
(중앙심리부검센터의 자료를 변형한 것임)

울 증상이 발현"된다 했다. 또한 이런 경우 "특히 갱년기 증상과 맞물리며 정신건강 문제가 두드러졌고, 자살행동으로 정신건강 의학과 치료를 받았으나" 치료되지 않았다는 것이다. 문제상황에 처한 중년 여성에게는 가족(부부 사이)의 문제가 심각한 요인으로 작동하며, 50대 남녀 공통적으로 정신건강이 취약하다는 것을 알 수 있다.

　　60대 여성 자살자의 경우 "부부 관련 스트레스 사건을 경험한 이후 정신건강 문제가 발생하여 사망에 이르게" 된다고 했다. 이에 비해 60대 남성 자살자의 경우 "부부 관련 문제와 더불어 가족 관련, 직업 및 경제 관련, 신체건강 관련 문제가 연쇄적으로 발생하며 지지체계의 약화, 심리적 문제 증가 등으로 자살에 이르게" 된다고 했다. 부부 사이의 갈등과 건강 문제가 모든 중년에게 공통 문제임을 보여준다.

최고의 노인 자살률, 고통을 해결하는 수단으로서의 자살

이런저런 문제로 죽음에 대해 생각해본 적이 있거나 또 비교적 자주 주변인의 죽음을 경험하는 노인의 경우는, 다른 연령대의 자살과 다소 다른 존재론적 함의를 지닌다. 그럼에도 70세 이상 한국 노인의 자살률은 외국에 비해 지나치게 높아서 거의 20배 이상으로 나타나 있다.[50] 생애사를 걸쳐 현재 한국 노인이 경험하는 고통, 그리고 불안정한 경제상황과 가족의 문제가 영향을 끼치고 있을 것이다. 특히 자살률이 높은 집단인 농촌 노인의 자살을 연구한 정명희에 따르면, 농촌 노인은 자기 스스로보다도 "가족과 주변인들로부터 온 외부 압력의 충돌로 인해 생(生)과 사(死)의 갈등에서 오는 고통을 통제하기 위해 자살"을 생각하거나 선택하는 경향이 있다고 한다. 그야말로 문제와 고통을 해결하거나 스스로 통제하는 하나의 방법으로 자살이 선택될 수 있다는 것이다. 한국 농촌 노인에게는 역시 "자살을 하게 되기까지의 억압적인 가부장적 배경과 오랫동안 내재된 자살 위험요인들"이 있다. 그리고 이는 "가족과 외부로부터의 삶의 고통, 낮은 농업 수입으로 인한 경제적 어려움, 가족의 상실로 인한 외상, 알코올 문제와 가정폭력, 친족과 이웃으로부터의 소외와 고립으로 인한 폐쇄성과 공동체성 붕괴, 질긴 부양 부담, 배신과 상처로 인한 깊은 화(火)와 한(恨)의 경험"들이라 했다.[51]

중앙심리부검센터가 분석한 요인도 비슷하다. 즉 70대 이상의 노인 자살자에게는 신체 질환과 우울증이 중요한 요인으로 작용하는데, 배후에는 가족과 경제 문제가 있다. "만성질환, 노인성 질환으로 인한 기능저하, 통증으로 인한 고통이었으나, 근본적인 원인은 가족에게 짐이 되기 싫은 것, 질환으로 인한 경제적 부담, 가족의 관심 및 정서적인 지지 감소로 인한 외로움"이다. 더불어 "신체적인 질병으로 인해 지출의 증가, 병원비 지급으로 인한 부채 증가 등 연쇄적인 경제적인 어려움도 발생"한다는 것이다.

노인 자살률이 가장 높은 지역 중 하나인 강원도에서 약 500여 명의 노인을 대상으로 설문조사 연구를 한 김혜숙에 의하면, 노인들의 자살생각에서 추상적인 '삶의 의미' 같은 "영성적 요인"도 중요하지만 심리적 요인이 가장 중요한 요인이다. 그리고 노인들에게는 일반적인 의미의 경제적 지원도 중요하지만 무엇보다 당장의 경제적 어려움으로 인한 질환 및 질병 치료의 어려움이 더 중요한 요인이라 했다.[52] 자살에 결부된 노인의 삶과 마음도 당장의 현세적인 것에서 더 영향을 받는다는 점을 시사하는 연구 결과로 보인다.

　　노인의 경우 더 외롭고 다른 연령층에 비해 심리적으로나 경제적으로 더 취약하기 때문에 자살예방정책이 더 잘 작동하는 경향도 있을 것이다. 지자체·병원 등의 "공식적 채널"과 이웃·가족 등의 "비공식적 채널"이 함께 가동될 때 노인의 자살은 효과적으로 방어될 수 있다.[53] 실제로 2010년대에 다소라도 자살률이 낮아진 것은 지역의 병원과 지자체의 자살예방사업 덕분이기도 했을 것이다.

알면서도 고치지 못하는 것: 자살 문제의 전망

앞에서 본 것과 같이 모든 연령대에서 공통된 '문제 상황'은 무엇이었나?

첫째, 가족 등의 '친밀한 관계'는 실로 삶에서 '양날의 검'이라는 것이다. 부부관계를 비롯해 가족은 사람을 고통의 나락에 몰아넣고 존재 근거를 부정하여 자살의 상황에 이르게 할 수도 있고, 반대로 갖은 고난과 고통에도 버티게 만드는 힘이 될 수도 있다. 따라서 기존의 한국식 가족관계에서 가정폭력과 낡은 가부장 중심주의를 제거하는 일이 너무나 중요하다. 이는 단지 여성과 어린아이 같은 가족 구성원뿐 아니라, 가해자의 자리에서 폭력을 행사하지만 결국 나중에는 고립과 배제에 이르게 되는 남성을 위한 일이기도 하다.

둘째, 생애주기 동안 겪는 경제적 곤란이 자살 현상에 결정적인 영향을 미치고 있음을 알 수 있다. 젊은이에게는 직장과 정기적인 수입이 필요하다. 이는 20-40대의 자아존중감과 대인관계에 직결되는 문제다. 또 노인들은 당장 먹고살 것이 없거나 수입이 없어지면 질병의 고통과 비참이 가중된다. 너무 당연한 것인가? 최근 여기저기서 논의되는 '일자리 보장제'나 기본소득 등의 복지 대안은 이런 견지에서 의미가 있다.

셋째, 학교와 직장 등에서의 인간관계. 이 문제는 상당히 복잡하고 다양하지만 그중 우리에게 알려진 객관적인 형태를 띤 문제는 젠더폭력과 학교폭력(그리고 따돌림 문제)이다. 이전보다 한국 사회는 이 문제들에 대해 훨씬 예민해졌지만, 근본적으로 근절하지는 못하고 있다. 저러한 폭력을 야기하는 근저를 고치지 못하기 때문이다.

마지막으로, 위의 고통들이 서로가 서로의 원인과 촉발 요인이 되면서 서너 개 이상 겹치고 누적되면 한 인간의 삶 자체가 위기에 처하게 된다는 사실이다. 또 그런 과정을 겪다 보면 자기도 모르게 우울증 같은 정신질환이 생기거나 타인과의 갈등이 나타나 고통은 가중된다. 결국 인간은 스스로 목숨을 끊는 방법으로 그 고통에서 탈출하기를 꾀하게 된다. 이것이 오늘날 한국인들이 각각의 생활세계와 연령대에서 당하는 고통이다.

그러면 이 중에서 정부의 정책과 타력으로 '개입'하고 '예방'할 수 있는 건 과연 무엇일까? 우리는 이제 한국 사회와 개개인의 삶에 드리운 어둡고 무서운 심연을 좀 더 알게 됐지만, 그것을 잘 고치지 못하고 '자살공화국'을 유지하고 있다. 이는 한국 사회의 구조적·문화적·정치적 한계다. 그 폭력성과 잔인함에 우리는 자신도 모르는 사이에 방관자로 또는 가해자로 연루되어 있다. 강조하건대, 자살에 작용하는 모든 요인과 문제상황은 다름 아닌 바로 우리가 다니는 학교, 직장, 그리고 우리가 사는 가정과 마을의 일상 공간에서 빚어지는 것이다.

노동과 자살:
'과로'와 직장인 자살의 경로

그중 직장과 노동에 관련된 것만 조금 더 깊이 보자. 장향미 등의 연구에 의하면, 2014년부터 2018년 사이 5년 동안 966명의 노동자(또는 그 가족)가 직장생활에서 얻은 정신질환에 대해 산재를 신청했다. 그중 35%인 176명이 자살로 사망했다. 또 그중에서 약 80%가 '과로와 스트레스'로 자살한 것으로 나타났다.[54]

중앙심리부검센터가 유가족에 대한 면담 연구를 바탕으로 2018년 9월에 발표한 103명 심리부검 분석 결과에는, 30-40대 직장인이 어떤 경로로 '극단적 선택'에 이르렀는지가 설명돼 있다. 그들이 겪은 '스트레스 사건'의 세부 내용을 다중 응답하게 한 결과, '직장 내 대인관계 문제'를 겪은 자살 사망자가 24명, 퇴직 및 해고 등 '실업 상태'로 인한 스트레스를 겪은 것으로 파악된 사망자는 18명, '이직 또는 업무량 변화'는 17명이었다.

그래서 자살의 경로가 만들어진다. 자료를 그대로 인용하면 "부서 배치 변화, 업무부담 가중 → 상사 질책, 동료 무시 → 급성 심리적·신체적 스트레스 → 사망"이다.[55] 이 비극이 완성되는 시간은 놀랍게도 불과 평균 5개월 미만인 것으로 조사돼 있다. 즉 다른 부서 발령이나 과중한 업무를 맡게 된 직장인이 상사의 압박이나 동료의 따돌림 같은 상황이 겹치면 곧 '극단적 선택'을 할 수 있다는 것이다.

과연 직장이란 어떤 곳인가? 왜 '사회적 잔인성의 체제' 중 직장과 노동이 최전선일까? 비극을 야기한 직장 내 따돌림이나 공격성의 거시적 배후는 무엇일까? 바로 자본과 효율의 논리, 경쟁의 압박일 것이다. 그리고 이 모든 것을 합친 자본주의의 현 단계, 즉 '신자유주의'다.

갑질하는 직장 상사나 사장이 내가 죽기를 바랐을까? 나와 경쟁하는 동료가 내가 스스로 목숨을 끊기를 바랐을까? 한국과 비슷하게 많은 직장인이 자살하는 일본에서는 '과로자살' 같은 개념이 많이 쓰인다고 하는데,[56] 얼마 전 우리나라에서도 노동자의 자살을 '과로'라는 개념으로 의미화하는 중요한 연구서가 나왔다.

한국과로사·과로자살유가족모임이 쓰고, 한국노동안전보건연구소가 기획한 《그리고 우리가 남았다》(2021)는 "과로사·과로자살 사건에 부딪힌 가족, 동료, 친구를 위한 안내서"라는 부제를 달고 있다. 이 책은 한국의 '과로사·과로자살'의 현황을 살피고 실제로 가족과 친구 등이 급작스럽게 과로사하거나 자살한 이들의 목소리를 정리했다. 이 책을 보면 한국 사회는 아직도 한참 멀었다. 산재 신청이 얼마나 어려운지, 한국의 번영과 부가 얼마나 깊고 넓은 착취 구조로부터 주어진 것인지를 알 수 있다.

이 책은 노동자가 겪는 물리적·신체적 과로뿐 아니라 직장 내부의 괴롭힘과 대인관계 때문에 겪는 스트레스를 '과로'라고 지칭했다. 그런데 직장 내 따돌림·괴롭힘이나 (구조화된) 폭력까지도 '과로'로 개념화하는 것은 혼란을 초래할 수 있는 것 아닐까? 가해의 문제를 분명하게 해야, 자살자가 수용해야 했던 정신적 '과로'의 상황이 타자와 환경으로부터 주어진다는 점이 명확해지지 않을까?

2021년 5월, 네이버 본사에 근무하던 40대 개발자가 업무상 스트레스를 호소하는 메모를 남기고 '극단적인 선택'을 했다. 네이버 노조가 성명을 내고 "고인이 생전 과중한 업무 스트레스와 위계에 의한 괴롭힘을 겪은 것으로 파악하고 있다"며 문제를 제기하고, 이에 네이버의 대표가 사과하면서 재발 방지를 약속했다. 이후 한국 IT업계의 '직장 내 괴롭힘'과 '끼리끼리' 문화 등의 척박한 환경이 문제되었다.[57] 이 '척박한 환경'은 성과주의나 이로 인해 야기되는 잔인성의 체제가 네이버라는 직장 안에 있다는 뜻이다.

물론 비단 네이버에만 있는 것은 아닌 그 잔인성의 체제는 다음과 같은 피라미드식 구조로 이루어질 것이다. 첫째, 성과와 이윤을 짜내(야 하)는 기업과 그 상황. 둘째, 그것을 '경영'의 구체적인 논리와 '노동'의 방침으로 만드는 경영 시스템. 셋째, 이에 복속하며 성과를 만들어내는 중간적 관리체계와 상황. 넷째, '노동' 현장의 노동과정과 작업장 정치. 경영자나 중간관리자가 아닌 사람들조차도 성과가 떨어지는 동료를 괄시하거나 배제하게 되는 문화는 이들의 합력일 것이다. 그중 어떤 중하급 관리자들은 (무의식적으로) 잔인하게 노동을 관리하며 인권을 침해하고, '저(底)성과자'와 '일 못하는 사람'을 무시하고 배제한다. '현장'에서 직접 자살을 유발하는 것은 이 마지막과 넷째 요인이다. 그러나 그런 가해 또한 강요된 것인 경우가 많다.

'잔인성의 체제'의 최전선

주 52시간 근무제나 각종 직장 내 갑질 근절 같은 일

이 직장인의 사람다운 삶에 얼마나 중요한지 굳이 말할 필요가 있을까? 앞에서 살펴본 대로 정부는 자살예방과 국민의 정신보건에 나름대로 노력(?)을 하고 있다. 그러나 그런 사후적인 '예방'과 '보건'도 직장에서 노동시간이 늘거나 반대로 고용 상황이 불안정하고, 학교와 가정에서 불안·폭력·학대·차별이 그대로면 아무 소용이 없다. 그리고 실제로 자살예방정책에 반하는 언행과 정책들이 자행되면서 세계 최고의 자살률을 유지하는 데 기여하고 있다. 과연 이 역행하는 주범들은 누굴까?

첫째, 청와대다. 2019년 여름과 가을, 고속도로 톨게이트에서 일하는 여성 노동자들이 한국도로공사의 직접 고용을 호소하며 투쟁했다. 그러자 이호승 청와대 경제수석은 청와대 브리핑에서, '어차피 톨게이트 수납원은 없어질 직업'이라 했다.[58] 또한 '과로공화국'에서 삶의 구원과 출산장려책의 일환으로 시행된 주 52시간제에 대해, 대통령 직속 4차산업혁명위원회 장병규 위원장은 "획일적 주 52시간제는 국가가 개인의 일할 권리를 막는 것"이라 말했다.[59] '사람이 먼저다'와 정면충돌하는 이런 친(親)기업식 사고의 누적이야말로 사회적 잔인성을 증폭해왔을 것이다.

둘째, 법원과 국회다. 2008년 8월, 불과 22세 나이의 젊은 이가 SBS 본사 건물 옥상에서 투신하여 스스로 목숨을 끊었다. 한 프로그램에서 일하던 이른바 '막내작가'였다. 이 일을 계기로 방송사에서 일하는 작가 등 여러 종류의 비정규직 스태프가 얼마나 열악한 노동 환경에서 갑질과 학대, 인간적 모욕을 견뎌가며 일하는지가 알려졌다.[60] 그러나 별로 달라진 게 없었다. 그로부터 8년 뒤인 2016년 10월, 채널 tvN의 신입 프로듀서였던 27세의 이한빛 씨가 스스로 목숨을 버렸다. 유가족과 지인들이 그의 자살원인을 추적한 결과, 그가 근무하는 내내 과도한 업무뿐 아니라 상사의 갑질과 권위적인 조직문화 때문에 고통 받았다는 것이 드러났다. 전 직장이었던 CJ 방송사 때부터 고인은 계속 (방송계에서 고질이라는) 폭언과 갑질, 과로, 열정페이를 강요받았다. 그뿐만 아니라 방송사가 일상적으로 행하는 비정규직·계약직·외주업체에 대한 갑질을 대신 떠맡기도 했다.[61]

2020년 겨울, 고 이한빛 씨의 아버지가 대한민국 국회 앞에서 거의 30일 동안 단식농성을 했다. 발전소에서 일하다가 산재로 사망한 24세 청년 김용균 씨의 어머니인 김미숙 씨 등과 함께 중대재해기업처벌법 제정을 위해서였다. 그러나 '촛불정부'는 '5인 미만 사업장 적용 제외, 50인 미만 사업장 적용 유예' 규정을 둔 누더기 법안을 통과시켰다. 전 검찰총장이며 2021년 11월 현재 유력 대권 후보라는 윤석열의 '120시간 노동' 발언도 이런 배경에서 나온 것일 테다. 근로기준법이 무시되는 일상적인 노동자의 상황과, 또 그것을 정당화하는 '스타트업' 등과 같은 여러 핑계에 대해 제대로 알지 못한 채, 단편적으로 자본의 논리를 내뱉은 결과다.

2020년 9월에는 건국대학교가 운영하는 파주의 한 골프장에서 경기보조원(캐디)으로 일하던 27세의 배 모씨가 스스로 목숨을 끊었다. 동료들의 증언과 유가족의 조사에 의해 그녀가 골프장의 상사로부터 '직장 내 괴롭힘'을 당했음이 밝혀졌다. '네가 코스 다 말아먹었다', '느리다, 뛰어라', '뚱뚱하다고 못 뛰는 거 아니잖아' 등 외모 비하가 담긴 공개 질책을 들었다 한다. 이런 일이 반복되자 배 씨는 갑질하는 상사에게 항의하는 글을 카페에 쓰는 등의 행동을 했지만 해고당했고, 결국 자괴감과 우울을 이기지 못했다. 배 씨는 남긴 일기에서 "또다시 주눅이 들었다. 자존감이라는 게 존재하는 걸까. 나를 너무 괴롭히는 것 같아 괴롭다"고 적었다.[62] 이 사건에 대해 고용노동부는 골프장에 시정 지시만 내렸다. 골프장 캐디는 이른바 '특수고용직'이어서 근로기준법상 '직장 내 괴롭힘' 관련 조항의 직접 적용도, 산재 신청도 어렵다는 것이다. 국회의 친기업 성향과 법의 허술함이 직장 내 갑질과 자살을 재생산하도록 방치하는 셈이다.

요컨대 직장, 학교, 가정에서의 갑질, 과로, 폭력, 젠더폭력, 따돌림, 아동학대, 차별이 생산되는 구조는 그대로 둔 채 '정신과 약 먹으라', '보건소에 가서 상담하라'는 식의 자살예방정책으로는 한계가 있다는 것이다. 그러면서 자살률이 낮아지기를 바라는 공무원이나 정치인의 관료적 마인드야말로 자살예방정책의 적인지 모른다.

자살예방사업 업그레이드?
'사회적 정신건강'을 향한 길

물론 자살예방사업도 아직 개선할 것이 많으므로, 사업 자체에 더 많은 지원과 투자가 이뤄지면 어느 정도 자살률이 낮아질 수 있을 것이다. 예컨대 한 사람이 자살을 시도하여 대형병원 응급실에 가면 정신과 의사와 상담하게 되고, 원하면 '자살시도자 사후관리사업'의 대상이 되어 생명사랑위기대응센터가 '상담'과 '관리'에 들어간다. 이 같은 자살예방사업 '현장'의 역량이 강화되어 더 나은 상담 서비스와 관리가 이루어진다면 더 많은 생명을 구할 수 있을 것이다.[63]

그런데 정작 일선 '현장'의 실무자들도 고용불안과 갖가지 트라우마에 시달리며 힘겹게 일한다.[64] 전국의 자살예방센터, 정신건강복지센터의 자살예방사업 실무자들을 비롯해 대형병원 응급실의 '자살시도자 사후관리사업' 실무자들은 대부분 비정규직 사회복지사나 간호사들인데, 그들에 대한 처우 개선이 시급하다. 그들이 더 큰 전문성과 고용안정성을 갖고 일한다면 자살률은 좀 더 낮아질지 모른다.

2021년 1월, 정부는 '제2차 정신건강 복지 기본계획'을 발표했다. 코로나 사태가 장기화하면서 "낮은 행복지수와 높은 자살률 등 사회의 정신건강 수준이 악화되고 있기 때문"에, "기존의 정신질환자를 대상으로 하던 정책을 전 국민으로 확대"한다는 것이다. 그 "6대 전략과 핵심과제" 안에 "정신건강 고위험군"과 "중독 및 자살 고위험군"에 대한 정책이 포함돼 있다.

그중 자살률을 낮추기 위한 방법으로, "자살 고위험군을 선제적으로 발굴"하기 위해 경찰·소방의 "생명존중 협력 담당관에 대한 교육을 정례화하고, 생명지킴이" 제도를 업그레이드하고 교육도 강화한다. "자살시도자·자살 유족 등 고위험군 사후관리"도 강화하고 지자체와 정신건강복지센터, 자살예방상담전화의 전담 인력도 좀 더 확충된다.[65] 이는 현재의 틀 안에서 자살예방정책 자체를 강화하고 '국민' 정신건강에 대한 정책을 나름대로 긍정적으로 전환한 것이다.

자살의 현상 자체가 아닌 '원인'(정신건강)에 대해 좀 더 진일보한 접근이 이뤄진 것으로 볼 수도 있다. 동시에 한국의 생명정치가 정신·심리 영역으로 좀 더 확장하면서 디지털 테크놀로지를 통한, '인구'의 정신(건강)에 대한 통제 가능성이 높아졌다는 의미일 수도 있다. 코로나 사태는 '기술-생명정치'를 극적으로 강화하는 계기가 되고 있는데,[66] 그 영역이 단지 감염병 통제만이 아니라 정신건강의 영역에도 이를 수 있다는 것이다.[67] 정부는 보건의료 연구개발(R&D) 중 정신건강 영역을 "비대면

중재기술 개발, 디지털 치료제, 환자 인권 보호를 위한 스마트 병동 등 정신건강에 특화된 R&D"로 확충할 계획이다. 또한 "청소년 대상 24시간 모바일 정신상담 시스템에 빅데이터·인공지능(AI) 분석 기능을 추가해, 학생의 자살 징후를 신속하게 파악하고 필요한 경우 지원기관과도 연계할 계획"이라 한다.[68] 자살 문제의 사회적 책임을 강조하는 자살예방정책이 국가의 정신 (건강) 통제와 연결될 수도 있음을 알 수 있다.[69]

'자기책임주의'라는 이데올로기의 덫

자살예방사업 자체가 자살에 대한 사회 전반의 인식과 상황을 바꾸는 일로 연결될 필요가 있다. 일반인을 대상으로 더 많은 '게이트키퍼' 교육이 시행되고, 각급 학교에서 더 제대로 된 자살예방교육이 실시된다면, 자살률을 낮추는 효과뿐 아니라 자살 위기를 초래하는 (학교 또는 일상에서) 각 문제상황에 대한 인식과 문화가 달라질지 모른다.[70] 이를 통해 '자살예방'은 자살에 관한 근본적인 사고방식과 태도를 바꾸고 사회 전체를 개혁하는 데까지 나아가야 한다.

현실에서 자살 문제에 관한 가장 큰 이데올로기적 장애는 '자기책임주의'다. 자살이라는 사건은 개인의 몸에서 개인의 행동으로 일어나는 사건이기 때문에 '자기' 선택처럼 보인다. 그러나 '스스로의 선택'이라는 측면은 자살이라는 복잡한 현상의 한 면에 불과하다. 자살이 (개인의) 선택이라는 생각은 기실 한 사람에게 작용하는 사회적 관계와 그 압력과 고통을 무시한다. 자살 생각과 자살행동을 유발하는 주요 원인으로 간주되는 우울이나 조울 같은 정신질환도 사회적인 것이다. '사회적 우울증' 같은 개념은 우울증이 역사적으로 시대에 따라 변화해왔음을 보여준다.[7]

신자유주의가 광범위하게 퍼뜨린 자기책임주의는 그 자체로 허구이며 신화다. 그 세계관은 삶과 세계를 성공과 실패라는 유치하고 이분법적인 틀로 본다. 물론 그것은 그 자체로 오류이며 사회적 잔인성을 증대시키는 지배계급의 이데올로기다.

2018년의 심리부검 보고에 나타난 "경제적 문제로 인해 자살"한 사람들의 경우를 생각해보자. 이 문제상황에 대해 심리부검 대상자들에게 다중 응답하게 한 결과, 자살에 작용한 원인으로 "부채"가 46명으로 가장 많았고, "수입 감소"로 인한 어려움이 14명, "지속적 빈곤"이 9명 등이었다. 다시 "부채"의 원인을 다중 응답하게 한 결과, "주택 임차 및 구입"이 14명, "기타 생활비"가 11명, "재테크, 투자"가 8명으로 나타났다. 서로 뒤엉켰을 이 '원인'들 중에서 개인은 어떤 상황에 대해 '자기 책임'이 있는가? 모든 상황이 '자기 책임'인가?

자본주의 사회에서는 재테크, 주택 구입, 대출 등 모든 금융행위가 한 사람의 성인 개개인이 책임지고 선택해야 하는 일이다. 그러나 경기 변동이나 집값 상승 같은 일은 언제나 구조적이고 정치적인 일이다. 최근의 집값 폭등과 그에 대한 개인들의 선택에 대해 생각해보자. 어떤 이들이 집값 폭등 전에 서울의 마포·용산 같은 곳에 집을 살 수 있었나? 그것은 오로지 그 사람들의 선택과 운이었나? 한국 사회의 자살률을 단번에 확 높인 1997년 IMF 경제위기와 2008년 글로벌 금융공황처럼, 경기 변동과 경제위기는 이제 한 국가 단위를 넘어서서 개인들에게 강요된다. 그 앞에서 대부분의 개인과 가난한 사람들은 무기력할 수밖에 없다.

자본주의와 근본적 연관을 맺고 있는 (경제적) 자유주의는, 모든 개인이 독립적이고 이성적인 판단력과 행위능력을 가진 존재라는 것을 전제한다. 그러나 이는 신화이며 허구다. 모든 개개인은 애초에 서로 다른 부모 밑에서 서로 다른 능력을 갖고 태어날 뿐 아니라, 출발선부터 이미 주어진 불평등을 (평생) 감당해야 한다. 또 한 사람의 일생에서도 능력을 발휘하여 스스로의 힘으로 먹고살 수 있는 기간은 제한되어 있다. 인간은 성인이 되기 전 오랜 기간 생존 자체를 부모나 부양자에게 의지해야 하고, 노년에서 죽음에 이르는 기간 동안에도 노동 능력을 잃는다.[72] 어린이나 노인뿐 아니라 임신·출산 중의 여성이나 장애인의 경우에도 보호와 부양이 필요하다. 따라서 타인의 돌봄과 그

에 대한 의지는 모든 인간에게 필수적이다.[73]

반면 무시무시한 자본주의적 무한경쟁은 어떤 인간이라도 언제든 파산이나 불구적 상황으로 밀어 넣을 수 있다. 이 경쟁은 너무나도 무서운 것이어서, 사실상 누구든 타인에 의한 인적·경제적 조력이나 국가·제도의 보호, 또는 스스로 익힌 술수와 간지 없이 버티기 어렵다. 이를 잊어서는 안 된다. 무한경쟁 한국 사회의 '승자'는 '개천 용' 아니면 '금수저'일 텐데, 전자는 개발연대의 환경이, 후자는 부모 잘 만난 운 덕분에 그렇게 됐을 것이다.

이 외에도 자살 문제를 개별자의 의학적 문제로만 환원하거나 무조건 죄악시하는 종교 논리로는 자살 문제에 대한 제대로 된 접근이 어렵다는 점은 말할 필요도 없다. 이런 인식은 입체적이고 사회적인 자살예방정책의 수립과 집행에 방해가 된다.

'죽음의 스펙터클'

2021년 4월, 중앙자살예방센터와 중앙심리부검센터를 통합하여 새로 한국생명존중희망재단이 출범했다. 한국의 자살예방정책을 주도하는 이들은 기존의 두 기관을 통한 자살예방사업이 충분히 '가시적인' 성과를 못 내고 있다는 판단을 내린 모양이다.[74] "다각적인 노력에도 불구하고 우리나라의 자살률은 1996년 OECD 평균을 상회한 이후로 획기적으로 낮아지지 않는 상황"이라 쓰고 있다. 새로 만들어진 한국생명존중희망재단 홈페이지(www.kfsp.org)는 자살 문제와 사후관리를 위한 정보뿐 아니라 자살 위기에 처했거나 자살예방 활동이 필요한 사람들을 위한 포털 사이트처럼 운영되고 있다. 통합적 자살예방정책이 효과를 낼 수 있을지는 아직 미지수다.

자살을 생각하는 사람에게 우리가 해줄 수 있는 일도 있다. 우선 그의 말을 경청하는 것, 그리고 그에게 작용하고 있을 4-5개쯤의 여러 고통 중 당장 치명적인 상황을 만들고 있는 문제를 회피하거나 중지하게끔 하는 것이다. 그래서 그 단단한 고통의 매트릭스가 조금이라도 틈이 벌어져 사람이 탈출하도록 하는 것이다. 물론 이런 개인적 조력도 한 주체에게 닥치는 고통이 너무도 크고 강한 것일 때는 제한적일 수밖에 없다.

한국이 이제 개발도상국이나 중진국이 아니라 선진국으로서의 모순을 앓고 있다는 진단이 맞을지도 모른다. 코로나 사태 이후 '추월의 시대'니 '선도국'이니 하는 말들이 많이 떠돌아다니는데, 이 나라는 분명 경제력, 군사력, 소프트파워, (형식적) 민주주의의 측면에서 다양하고 큰 성취가 있다. 그러나 그 화려한 외관을 한 꺼풀만 벗기면 피가 강처럼 흐르는 '극단적 선택'이라는 절망이 창궐한다. 오늘날의 'K-번영'은 여전히 혐오와 차별, 그리고 지속불가능성 위에 구축돼 있다.

몇 해 전 이탈리아 철학자 프랑코 '비포' 베라르디(Franco 'Bifo' Berardi)가 한국을 방문하고 난 뒤, 이런 양면을 관찰하고 쓴《죽음의 스펙터클》에서 한국 사회의 특징을 네 가지로 짚었다. 끝없는 경쟁, 극단적 개인주의, 일상의 사막화, 생활 리듬의 초가속화다.[75] 이런 상황을 멈추거나 늦추어야만 자살과 이를 부추기는 광증과 폭력을 줄일 수 있지 않을까?

그런데 이렇게 거시적이고 추상적인 수준에서 생각하지 않더라도 할 일들이 있다. 이를테면 포괄적 차별금지법을 제정해야 하고, 직장인의 회사에서의 자살 사건을 더 적극적으로 산재로 다뤄야 한다. 또한 학교, 마을, 가족이 바뀌어야 한다.[76] 기존의 것과 다른 공동체를, 인간의 연대를 만들어 '혼삶'과 '경쟁'을 극복해야 가능한 일이다. 과연 가능할까?

그리고 계속 자살에 대해 더 많은 지식을, 더 많은 사람들이 고루 나눠 가지도록 더 많이 이야기해야 한다. '극단적 선택'이라 말하는 데 그치지 말고, 고통이 생겨나 퍼지는 곳을 직시하고 더 정확한 개념을 낮지만 강한 목소리로 이야기해야 한다.

주

서설: 끝나지 않은 5월, 1991년

1   재심 판결이 나던 그날 기자회견의 보도자료에 나오는 이야기다.
2   1970-1980년대 반독재 투쟁의 상징이자 운동권의 선배였던 시인 김지
     하는《조선일보》에 〈죽음의 굿판을 걷어치워라〉라는 제목의 칼럼을 기고
     하여 대학생과 운동권이 죽음을 시위에 이용한다는 저주를 퍼부었고, 서
     강대학교 총장 박홍은 분신자들의 배후에 '어둠의 세력'이 있다는 기자회
     견을 했다.
3   기형도의 시 〈입 속의 검은 잎〉을 변형한 말.
4   2013년 12월 코레일 노조 파업 이후 무려 4200여 명의 노동자가 직위해
     제된 상황에서, 한 고려대학교 경영학과 학생이 붙인 대자보에서 유래한
     인사말이자 유행어(?)였다. 깊어지던 '이명박·박근혜' 시대 보통 사람들
     의 암울함과 민주주의의 후퇴를 적실하게 표현하여 큰 반향을 불러일으
     켰다.
5   민주화운동기념사업회 사료커넥션. 1991년 5월 투쟁(https://archives.
     kdemo.or.kr/collections/view/10000103) 등 참조.

6 오늘에 이르러 이 문제를 정리한 김정한,《비혁명의 시대-1991년 5월 이후 사회운동과 정치철학》, 빨간소금, 2020 등을 보라. 2021년 '5월 투쟁 30주년'을 맞아 어느 때보다 활발하게 1991년을 재조명하는 움직임이 활발했는데(〈잊혀진 투쟁, 91년 5월〉,《오마이뉴스》 2021.4.26~5.31과 민주화운동기념공원(www.eminju.kr) 등 참조), 주로 '열사'들을 중심으로 한 '민주화' 투쟁으로 의미화하는 경우가 많았다(권경원 외,《1991, 봄-잃어버린 이름들을 새로 쓰다》, 너머북스, 2021 등 참조). 물론 이전보다 훨씬 진전된 역사적 평가도 시도되고 있다. 특히 민주화운동기념사업회,《91년 봄 민주화운동 30주년 기념 학술토론회-1991년 열사 투쟁과 한국 민주주의》, 2021.6.25 등을 참조하라.

7 김귀정의 삶·죽음과 어머니 김종분에 대해서는 민병래, 〈내 이름은 김종분, 91년에 죽은 성대 김귀정이 엄마여-김종분의 왕십리 노점 30년 세월〉,《오마이뉴스》 2019.4.19과 다큐멘터리 〈왕십리 김종분〉 등을 참조.

8 김정한, 〈1980년대 운동사회의 감성-애도의 정치와 멜랑콜리 주체〉, 《한국학연구》 33, 인하대학교 한국학연구소, 2014.

9 이창언, 〈분신자살의 구조와 메커니즘 연구〉, 민주화운동기념사업회,《기억과 전망》 21권, 2009, 149면.

10 '열사'에 대한 총괄적이고 실증적인 정리로는 임미리,《열사, 분노와 슬픔의 정치학》, 오월의봄, 2017을 참고할 것.

11 천정환,《촛불 이후, K-민주주의와 문화정치》, 역사비평사, 2020의 1부를 참조.

12 2020년은 '전태일 열사 50주기'를 맞는 해로서, '전태일 50주기 범국민행사위원회'가 주관하고 운동단체들과 일부 공공기관이 참여하는 여러 행사가 열렸다. 이 행사 전후에 비정규직과 이주노동자, 여성 노동자 등에 대한 차별을 상기하며 '노동 현실은 변함이 없다, 전태일 정신을 이어나가자'라는 언표가 많이 나왔지만, 동시에 과거의 '기념의 정치', '열사의 정치'에 의존하는 양태에 대해 비판하는 논의도 있었다. 라이더유니온의 박정훈 위원장은, 여전히 50년 전 노동운동가 전태일을 지금 시대에 다시 불러내는 건 '안전'하기 때문이라 지적했다. 그는 전태일은 당연히 위

대한 인물이지만 "지금 노동운동에서 해야 할 일은 (약하고 소외받는) 또
다른 노동자들을 찾는 일"이며, "그런 노동자를 찾아내는 것이 전태일이
했던 일이다"라고 했다. 〈50년 전 전태일, 이제 그만 불러내자 – [토론회]
전태일 50주기의 현재적 의미〉, 《프레시안》 2020.7.26; 임미리, 〈훈장 수
여, 전태일 정신의 박제화〉, 《경향신문》 2020.11.12.

13 에드워드 사이드, 장호연 옮김, 《말년의 양식에 관하여》, 마티, 2008에
서 이를 'timeliness', 즉 '시의(적절)성'이라 한다. 영어에서 '요절'은
'untimely death'라 번역된다.

14 이런 부름에 관한 최초의 그리고 집합적인 사건은 1987년 7월 9일 이한
열의 장례식('애국학생 고 이한열 열사 민주국민장')이 서울 시내에서 열렸을
때, 문익환 목사가 "전 나이 일흔 살이나 먹은 노인입니다. 이제 살 만큼
인생을 다 산 몸으로 어제 (감옥에서) 풀려나와 보니까, 스물한 살 젊은이
의 장례식에 조사를 하라고 하는 부탁을 받았습니다"라는 첫마디로 시작
해 스물다섯 명 열사의 이름과 광주 2천여 영령을 호명한 일이다.

15 〈'유서대필 조작 사건' 손해배상소송 강기훈 씨 인터뷰 – "2년 지났는
데 꿈쩍도 않는 대법, 나 죽은 뒤에 결정 내리려 하나"〉, 《경향신문》
2020.9.29.

16 〈죽기 하루 전 직원들 월급을 챙겨놓다〉, 《한겨레》 2014.1.24.

17 위의 기사.

1부 열사

01 열사의 정치학, 기원에 대하여

1 이 책의 제1부는 저자의 다음과 같은 글들을 바탕으로 다시 쓰고 재구성
한 글이다. 〈광주, 박승희와 이남종의 죽음〉, 《말과 활》 5호(2014년 5·6월);
〈열사의 정치학과 그 전환 – 2000년대 노동자의 죽음을 중심으로〉, 《문화
과학》 74호(2013년 6월), 문화과학사.

2 "그 이상의 명확한 목표가 있지는 않았지만, 민주화의 역전을 막고 더 민

주적인 방향으로 나아갈 것을 요구했다"고 '민주화' 중심으로 평가할 수도 있다. 〈"87년 386의 승리사관, 91년 5월은 사라졌다" – [인터뷰] 김정한 서강대 트랜스내셔널인문학연구소 HK연구교수 下〉, 《프레시안》 2021.5.19.

3   민주화운동기념사업회 홈페이지의 '미디어·자료〉열사정보' 페이지 (https://www.kdemo.or.kr/patriot/name/%E3%84%B1/page/1)를 말한다. 비슷한 자료관이 전국민족민주유가족협의회(www.ugh.or.kr) 또는 민족민주열사·희생자 추모(기념)단체 연대회의(http://www.yolsa.org)와 민주노총 열사추모 홈페이지(http://yolsa.nodong.org/)에도 있다.

4   그러나 '열사=애국자'는 많은 경우에 나타나는 현상이다.

5   20세기 이후 '열사(烈士)'는 세 가지 용법으로 쓰여왔다. 첫 번째는 조선시대와 같은 문맥의 '충신 열사' 식의 용법이다. 1920년대 문헌에서도 비슷한 용법이 발견된다. 즉 "렬사 충신…" 등의 계열이다. 이광수의 《단종애사》 같은 소설에도 보인다. 중국의 고사에 나오는 '열'도 국가 혹은 국왕에 대한 충성을 의미한다. 두 번째는 해방 이후 대한민국에서 주로 사용된 용법으로, 대개 독립운동을 하다가 숨진 "李奉昌 烈士, 유관순 열사, 이준 열사" 등처럼 사용된 사례다. 마지막이 1980년대 이후 민주화운동의 과정에서 주로 사용된 사례다. 한편 일본인 학자의 책에서 열사를 사회구조뿐 아니라 '한국적 한'과 결부시킨 경우도 있다(眞鍋祐子, 《烈士の誕生-韓國の民衆運動における「恨」の力學》, 平河出版社, 1997).

6   북한에는 남쪽의 국립묘지에 해당하는 '애국열사릉'이 있다. 그리고 "애국열사릉에는 조국의 해방과 사회주의 건설, 나라의 통일위업을 위해 투쟁하다가 희생된 열사들과 당 및 국가, 군대의 간부들, 과학·교육·보건·문화예술·출판·보도 부문 공로자들의 유해가 안치돼 있다"고 한다. 즉 북한 사람들도 우리처럼 넓은 의미의 '열사' 개념을 사용한다. 정창현, 〈애국열사릉 백광옥 해설강사 – [연재] 정창현의 '북녘 여성을 만나다'(12)〉, 《통일뉴스》 2013.6.14.(http://www.tongilnews.com/news/articleView.html?idxno=102943)

7   은정태, 〈의사(義士)와 열사(烈士)〉, 《역사비평》 통권74호(2006년 봄),

305~310면.

8   '피해자화'는 민주화운동을 폄하하기 위한, 또는 그 정당성을 주장하는 도구로 삼기 위한, 전혀 반대인 두 방향에서 올 수도 있다. '열사'라는 명명이 간혹 영웅화를 내포한다면, '희생자'는 '피해자화'를 내포하는 것이다.

9   〈고문 후유증에 생활고…5·18 유공자 자살 잇따라〉, 《경향신문》 2011.3.3; 김명희, 〈5·18 자살의 계보학 – 치유되지 않은 5월〉, 비판사회학회, 《경제와 사회》 제126호(2020년 6월) 등이 이 문제를 연구했다.

10   최동은 1980년 성균관대학교 국어국문학과에 입학한 뒤 1984년부터 노동운동에 투신하다 1990년에 분신하여 운명했다.

11   김홍중, 《마음의 사회학》, 문학동네, 2009, 39면.

12   김홍중, 같은 곳.

13   베르톨트 브레히트의 시 제목이며, 박일문이 차용한 소설 제목이기도 하다.

14   김홍중, 앞의 책, 41면.

15   〈상복을 벗고 최강서 동지가 남긴 뜻을 향해 투쟁할 것입니다〉, 《참세상》 2013.1.5.

16   〈노동자의 실망과 자살, 그리고 절박함〉, 《주간경향》 2013.1.2.

17   〈잇단 노동자 자살, 1단 보도조차 않는 조중동〉, 《미디어오늘》 2012.12.24.

18   '민주화운동 관련자 명예회복 및 보상 심의위원회'에서 민주화운동 관련자로 인정받은 사람들 이외에도 수록돼 있다.

19   〈각종 행사로 폭동 되새겨〉, 《연합뉴스》 1993.4.29.

20   2013년 4월 25일 성균관대학교 문과대 건물 입구에 '제66대 사학과 학생회 강한예감' 명의로 붙은 대자보에서 발췌.

21   임미리의 《열사, 분노와 슬픔의 정치학》도 이를 문제 삼은 논저다. 임미리는 '열사' 자체와 그를 둘러싼 저항운동 내부의 권력관계, 그리고 "특정한 죽음만이 열사로 호명됐다"는 점에 착안했다. 임미리, 앞의 책, 11면.

22   〈고 김춘봉 씨 희생은 비정규직에 대한 구조적 타살 – [기자회견] 민노총·민노당 고 김춘봉 노동자 희생에 대한 입장 발표〉, 《오마이뉴스》

2004. 12.30.

23 〈기아차 화성지회 비정규직 해고자 윤주형 씨 조합원 자격〉,《노동과 세계》(http://worknworld.kctu.org) 2013.1.29.

24 조돈문·김인재,〈노동자 자결 사태와 대책〉,《민교협 회보》제51·52호(2004년 6월), 65-81면.

25 〈고공농성 중인 현대차 노동자, 한때 의식불명〉,《프레시안》2012.12.24.

26 국립국어원《표준국어대사전》의 '자결' 뜻풀이로, 지금은 거의 쓰이지 않는 '자처(自處)'와 동의어다.

27 온라인 기념의 공간에서는 투쟁의 과정이나 투쟁 현장의 주변에서 사고사를 당한 경우도 '열사'로 분류해두었지만 여기서는 다루지 않았다.

28 민주노총 열사추모 홈페이지의 '김병구' 페이지(http://yolsa.nodong.org/232).

29 위와 같은 곳. 민주화운동기념사업회 홈페이지에는 '학살 원흉 처단'에 대한 서술은 없다.

30 민주화운동기념공원 홈페이지의 '묘역〉사이버참배'의 '김병구' 페이지(https://www.icheon.go.kr/minju/selectBbsNttView.do?key=2528&bbsNo=93&nttNo=200014).

31 위와 같은 곳.

32 위와 같은 곳.

33 민주노총 열사추모 홈페이지의 '기혁' 페이지(http://yolsa.nodong.org/541).

34 '녹화사업'은 전두환 정권의 보안사령부가 학생운동에 참여한 대학생들을 강제징집한 후 강압과 세뇌 교육 등을 통해 프락치(정보원)로 만든 일을 말한다. 특히 1981년에서 1983년 사이에 집중적으로 저질러진 것으로 의문사진상규명위원회 등에 의해 조사된 바 있다. 1000명 이상이 이 사업의 대상이 되었고, 그중 6명이 목숨을 잃은 것으로 알려져 있다. 박래군,〈박래군의 인권 이야기 - '녹화사업'을 아시나요?〉,《한겨레21》제978호, 2013.9.11 등을 참조.

35 민주노총 열사추모 홈페이지의 '김두황' 페이지(http://yolsa.nodong.

org/1162).

36 〈정경식 열사 민주노동자 장례 안내〉,《통일뉴스》 2010.9.3.

37 차성은, 〈'여중생 투쟁' 승리의 숨은 주역, 제종철 열사〉,《민중의 소리》 2007.6.13.

38 민주노총 열사추모 홈페이지의 '육지희' 페이지(http://yolsa.nodong. org/80).

39 민주노총 열사추모 홈페이지의 '최명아' 페이지(http://yolsa.nodong. org/670).

40 최미경의 추도글. 최명아 동지 추모문집 중. 최명아 동지 추모사업회 홈페이지(http://samchang.or.kr/mem_choi/index.html).

41 〈미련하리만치 헌신적인 삶을 살았던 최명아 열사 – [노동자역사 한내] 이달의 노동열사〉,《프롤레타리아 네트워크뉴스》 2010.2.8.(http://blog. daum.net/pnn518/11296233)

42 이근원의 추도글. 최명아 동지 추모문집 중. 최명아 동지 추모사업회 홈페이지. '꼴통'은 엄주웅의 추도글에도 나오는 표현이다.

43 위와 같은 곳에 실린 주진우 및 김미영의 추도글.

44 최장집, 〈한국 민주화의 실험〉,《한국 민주주의의 이론》, 한길사, 1993; 김원, 〈전태일 분신과 노동열사 탄생의 정치〉,《역사학연구소 전태일 40주년 심포지엄 발표문》 2010.10. 재인용.

45 김원, 〈전태일 분신과 80년대 '노동열사' 탄생의 서사들〉, 민족문학사연구소,《민족문학사연구》 vol., no.59, 2015.

46 천정환, 〈세기를 건넌 한국 노동소설(2) –《노동자의 이름으로》에 나타난 열사, 진정성 그리고 1990년대〉,《반교어문연구》 67집, 2020.4.

47 그래서 전국민족민주유가족협의회와 '노동자역사 한내' 등의 단체는 '열사'의 생애 기록 작업을 하고, 출판사 삶이보이는창과 소설가 안재성·윤동수 등은 '노동열사'의 전기나 그를 모델로 한 소설화 작업을 해왔다. 안재성,《부르지 못한 연가 – 김시자 평전》, 삶이보이는창, 2006; 윤동수,《당신은 나의 영혼 – 이현중·이해남 평전》, 삶이보이는창, 2008; 김순천,《인간의 꿈 – 두산중공업 노동자 배달호 평전》, 후마니타스, 2011 등 참고.

48 　조현연, 〈1980년대 이후 한국 사회와 '죽음의 정치'〉, 이병천·이광일 편,
　　《20세기 한국의 야만 2》, 일빛, 2001; 임미리는 열사의 자살 전반을 저항
　　적 자살로 간주하고 그 유형을 "당위형 열사"와 "실존형 열사"로 나눴다.
　　그중 후자는 "신자유주의 시대 들어 전체 열사의 대부분을 차지했으나
　　자살의 고립화로 저항적 자살과 일반적 자살의 구분이 어렵게 됐다"고
　　주장했다. 임미리, 앞의 책, 285면.

49 　남종석, 〈계급투쟁과 개인들의 '숭고함'〉, 《레디앙》 2013.1.29; 남종석,
　　〈노동자운동, 숭고의 시대를 넘어〉, 《더 나은 진보는 불가능할까》, 두두,
　　2019, 3부 3장.

50 　남종석, 〈계급투쟁과 개인들의 '숭고함'〉, 《레디앙》 2013.1.29.

51 　'열사 정치'에 대해서는 Hwasook B. Nam, 〈Reading Chun Tae-il:
　　Making Sense of Worker Self-immolation in 1970s South Korea〉,
　　2012 AAS(Toronto, 3.9) 및 김원 등의 글을 참조할 것.

52 　이 노보의 제1호(2010년 7월 5일)는 그 외 〈전태일 열사 정신 계승! 열사
　　를 다시 보자! 열사를 우리 삶 속에서 되살리자!〉, 〈故정법영 열사 32주
　　기 추모식 안내〉, 〈이 주의 열사〉 등의 기사로 구성돼 있다.

53 　〈현대차 분신 노동자 "오른쪽 바퀴는 정규직, 왼쪽은 제가 달았는데…"〉,
　　《한겨레》 2010.11.23. "황 씨가 언급한 고 류기혁 씨는 황 씨처럼 현대자
　　동차 울산공장에서 비정규직으로 근무하다 2005년 9월 노조 사무실 옥
　　상에서 목을 매 자살했다. 류 씨는 2005년 법원이 현대자동차의 하청업
　　체가 불법 도급업체라고 판결한 뒤 비정규직의 정규직화를 요구하며 노
　　조 활동을 해왔다."

54 　〈이인휘 작가 '노동자의 이름으로' 북콘서트 "노동자가 자각하며 자기 인
　　생 찾아 나가야"〉, 《매일노동뉴스》 2018.7.20.

55 　예를 들어 문동환, 《떠돌이 목자의 노래》, 삼인, 2009; 고은, 《바람의 사
　　상》, 한길사, 2012를 보라. 1990년대까지의 전태일-이야기의 제작 수용
　　에 관해서는 천정환, 〈'전태일 이야기'와 영화 '아름다운 청년 전태일'의
　　제작 수용 과정〉, 연세대학교 미디어아트연구소, 《한국 뉴웨이브의 정치
　　적 기억》, 연세대학교출판부, 2007 참고.

56 〈김대중 후보 년두회견 공명선거협의기구 제의〉,《동아일보》1971.1.23. (1면)

57 민종덕, 〈전태일 추모가〉, 작성자 〈함께 가자〉, https://blog.daum.net/aas1860/208

58 네이버 디지털아카이브에서 《동아일보》,《경향신문》을 기준으로 한 것이다.

59 최근 만들어진 다큐멘터리 〈전태일의 누이들-미싱 타는 여자들〉 등을 참조.

60 '전태일'이라는 표상을 제재로 하여 만들어진 여러 가지 조어와 상징물 가운데 대표적인 것이 '전태일 정신'이다. 예컨대 전태일의 기일 즈음에 열리는 전국노동자대회는 메이데이(노동절)에 열리는 대회를 제외하면 한국에서 가장 큰 규모의 노동자대회인데, "전태일 정신 계승"이라는 말을 대회 명칭 앞에 쓴다. 이 "전태일 정신 계승 전국노동자대회"가 시작된 것은 1987년 노동자 대투쟁 이후부터다.

61 오성환, 〈한국 분신의 상징적 의미〉,《비교민속학》12집, 1999, 428-429면.

62 김원, 앞의 글.

63 민주노총 열사추모 홈페이지 참조.

64 민주화운동기념사업회 '열사정보'의 관련 자료(https://www.kdemo.or.kr/patriot/name/%E3%85%82/page/3/post/575).

65 《사라진 정치의 장소들》에서 김원·신병현 등은 이를 "'민주노조'(운동) 정치양식"으로 규정하고 지칭한다. 이에 대해서는 토론이 필요하겠으나 일단 이 글에서 나는 '전투적 노동조합주의 문화양식'과 그것을 동일한 것으로 취급하려 한다. 김원·심성보·이황현아·신병현·이희랑,《사라진 정치의 장소들》, 천권의책, 2008, 31면.

66 김영수·김원·유경순·정경원,《전노협 1990-1995》, 노동자역사 한내, 2013, 390면.

67 이창언, 〈분신자살의 구조와 메커니즘 연구〉, 민주화운동기념사업회,《기억과 전망》21권, 2009, 165면.

68 천정환, 〈열사의 정치학과 그 전환-2000년대 노동자의 죽음을 중심으

로〉,《문화과학》제74호(2013년 여름) 참조.

69   이에 관한 자세한 논의는 정고은, 〈1980년대 노동소설에 나타난 죽음의
      양상 연구〉, 성균관대학교대학원 석사논문, 2016 참조.

70   안재성,《부르지 못한 연가 – 김시자 평전》, 삶이보이는창, 2006, 21면.

71   이 망각된 사건에 아직 공식적인 이름은 없다. 1996년 8월 13일부터 8월
      20일에 걸쳐 '전대협'의 후신인 '한총련'(한국대학총학생회연합)이 연세대
      학교에서 8·15 범민족대회를 열자 경찰은 강경 해산에 나섰고, 이에 맞
      서 한총련 대학생 2만여 명이 연세대에서 8일간 점거 농성을 벌였다. 경
      찰은 물과 전기 공급을 차단하고 학생들을 폭력적으로 진압하여 5000여
      명을 연행하고 400여 명을 구속했다. 이 과정에서 경찰에 의한 폭력 사태
      는 물론 다수의 성희롱이 발생했다. 그러나 학생운동을 좌경·용공·폭력
      의 이미지로 매도하는 데 성공했으며, 1997년 한총련 출범식을 계기로
      한총련을 이적 단체로 규정하고 전국 각 대학의 학생회 간부들을 2년간
      에 걸쳐 무차별 탄압했다. 이 사태를 계기로 한국 학생운동은 크게 위상
      이 실추되고 조직력이 약해졌다. 이에 관한 기록과 정리는 별로 없다. 최
      근의 신희주, 〈'97년, 오직 한총련만 싸웠다. 그리고, 산산이 부서졌다 –
      [연재] 응답하라 한총련 1991-1997 (29)〉,《민플러스》2021.9.24(http://
      www.minplusnews.com/news/articleView.html?idxno=12165) 같은 연재
      가 있다.

72   정준희, 〈잊혀진 1991년, 잊게 한 권력 – 이중폭력과 파워엘리트의 변환,
      그리고 권력을 창출하는 언론〉, 민주화운동기념사업회,《91년 봄 민주
      화운동 30주년 기념 학술토론회 – 1991년 열사 투쟁과 한국 민주주의》,
      2021.6.25는 특히 이에 초점을 맞춘 글이다.

73   안재성, 앞의 책, 219면.

74   서영호·양봉수 열사 정신 계승사업회 홈페이지(http://remember.liso.net/
      html/lifeybs.asp?stype=ybs)에 의하면, 1990년대 후반 이후 현대자동차
      '노동열사'는 서영호(1995), 최경철(1999) 외에도 류기혁(2005, 비정규직),
      남문수(2005), 박종길(2011), 신승훈(2012) 등이 있다.

75   박삼훈의 삶과 죽음에 대해서는 민주화운동기념사업회 홈페이지 및

〈대우조선 박삼훈 동지의 죽음에 대해〉,《주간울교협통신》준비1호, 1995.6.23.(출처: 블로그 〈한걸음 또 한걸음〉 http://blog.jinbo.net/plus/5?category=2)

76 〈철도노동자 분신자살〉,《한겨레》1995.9.5.(23면)

77 '전태일을 따르는 노동자대학' 홈페이지의 '열사방'(http://dli.nodong.net/RUN/mgr/yolsa_mgr.php?act=view&seqno=40).

78 김영수·김원·유경순·정경원,《전노협 1990-1995》, 노동자역사 한내, 2013, 148면.

79 김경훈, 〈동광기연, 용역 동원 농성장 침탈-25일, 지게차에 용역 태워 유리창 깨고 진입 시도〉, 전국금속노동조합,《금속노동자》2017.1.26. (http://www.ilabor.org/news/articleView.html?idxno=6113)

80 김영수·김원·유경순·정경원, 앞의 책, 148면.

81 위의 책, 147-148면.

02 오월 혹은 요절: 죄의식의 계승과 젊은 죽음에 관한 두 개의 고찰

1 이 글의 일부는 〈광주, 박승희와 이남종의 죽음〉,《말과 활》5호(2014년 5·6월)에 실렸고, 또 다른 버전의 영어 번역문은 〈Untimely Death and Martyrdom after May 1980: Suicide in the South Korean Democracy Movement Seen through the Case of Pak Sŭnghŭi〉라는 제목으로 Charles R. Kim, Jungwon Kim, Hwasook B. Nam and Serk-Bae Suh 편,《Beyond Death: the politics of suicide and martyrdom in Korea》, University of Washington Press, 2019에 실렸다.

2 이창언, 〈분신자살의 구조와 메커니즘 연구-학생운동을 중심으로〉, 민주화운동기념사업회,《기억과 전망》21권, 2009, 161면.

3 요사(夭死), 요상(夭殤), 요서(夭逝), 요찰(夭札), 요촉(夭促), 요함(夭陷), 조서(早逝), 횡요(橫夭)와 유의어인 이 말은 영어로 잘 번역되지 않는다.

4 윤대선,《레비나스의 타자철학》, 문예출판사, 2009; 손유경,《고통과 동정》, 역사비평사, 2006, 36면.

5 1970-1980년대 민중주의의 형성과 그 정치적 태도에 대해서는 Hwasook Nam,《The Making of Minjung: Democracy and the Politics of Representation in South Korea》, Cornell University Press, 2007; 김원,《잊혀진 것들에 대한 기억-1980년대 한국 대학생의 하위문화와 대중정치》, 이후, 1999 등을 참조.

6 임미리, 앞의 책 등.

7 이창언,〈분신자살의 구조와 메커니즘 연구-학생운동을 중심으로〉, 민주화운동기념사업회,《기억과 전망》21권, 2009.

8 조현연,〈한국의 민주주의 투쟁과 역사적 희생-'분신투쟁'〉, 김진균 외,《저항 연대 기억의 정치 1》, 문화과학사, 2003; 한홍구,〈광주민중항쟁과 죽음의 자각〉,《창작과 비평》148호(2010년 여름), 405-407면에서도 비슷한 논의가 나온다. "광주에서의 죽음, 그리고 광주에서 비롯된 죽음은 이미 우리 곁에, 우리 안에 들어와 있었"다는 것이다.

9 KBS광주와 5·18기념재단이 2017년에 함께 만든 다큐멘터리〈그날, 5·27〉에서, 5월 27일 그 새벽을 끝까지 지켰던 시민들 한 사람 한 사람이 과연 누구였으며, 과연 어떤 마음으로 거기 남았는지를 꼼꼼하게 묻고 헛헛하고도 진솔하게 말하고 있다(https://youtu.be/dJiREAuPmNI).

10 위와 같은 곳.

11 윤상원은 전남대학교를 졸업하고 광주 지역에서 활동한 노동운동가였다. 광주항쟁의 지도부에서 헌신하며 5월 27일 최후의 항쟁에서 도청을 사수하다 목숨을 잃었다. 윤상원을 비롯한 그들에 대한 조명이 최근 오히려 활발해졌다.《윤상원 평전》과《윤상원 일기》등이 새로 간행되었으며, 영화〈김군〉같은 영화도 만들어졌다. 또 고등학교 1학년생으로서 5월 27일 새벽 최후의 항전에서 숨진 안종필 군과 YWCA 항전에서 끝까지 싸운 이연 씨의 삶/죽음도 공식적인 5·18 추모 행사에서 문제인 대통령에 의해 기려졌다. 김상집,《윤상원 평전》, 동녘, 2021; 황광우 편,《윤상원 일기》, 글통, 2021;〈문 대통령이 참배한 '5·18 유공자' 이연은 누구?〉,《한겨레》2020.5.18 등을 참조.

12 김원,〈전태일 분신과 80년대 '노동열사' 탄생의 서사들〉, 민족문학사연

구소,《민족문학사연구》vol., no.59, 2015.

13 김명희, 〈5·18 자살의 계보학 – 치유되지 않은 5월〉, 비판사회학회,《경제
    와 사회》제126호(2020년 6월)가 이 문제를 집중적으로 탐구한 바 있다.

14 5·18기념재단 5·18 사진 아카이브(http://photo.518.org)에서 이 사진들
    을 볼 수 있다.

15 이창성,《28년 만의 약속》, 눈빛, 2008, 6면.

16 자살생존자는 자살기도(자살행동)를 했으나 목숨을 구한 사람이 아니라,
    자살자와 직간접적 관계를 가지고 있어 자살 사건의 영향을 받은 사람을
    뜻하는 단어다(천정환,《자살론》, 문학동네, 2013을 보라). 한 명의 자살이 적
    게는 5명, 넓게는 28명에게 영향을 미친다는 연구가 있다. 한국에서 1일
    평균 38명이 자살한다고 치면 하루 190명에서 1064명의 자살생존자가
    생기는 셈이다(〈자살 이후, 자살생존자가 남는다〉,《경향신문》 2020.11.21).

17 홍광석, 〈1991년 광주 오월 小史 2 – 자주, 민주, 통일의 불꽃 박승희〉,
    《광주in》 2011.4.28 등을 참조.

18 이는 박승희 부친의 증언이다. 기타 관련된 사항은 박승희정신계승사업
    회 홈페이지(http://cosmos91.org)와 이 단체가 2011년에 발간한 문집·다
    큐멘터리 등을 참조.

19 〈박승희 열사 추모문화제, 19일 광주 망월동서 열려〉,《연합뉴스》 2021.
    5.18.

20 박승희 열사 추모문집 발간위원회 엮음,《해방의 코스모스 – 박승희 열사
    추모문집》, 심미안, 2011.

21 자살자 중에서 유서를 남기고 가는 사람은 의외로 그리 많지 않으며, 유
    서를 남기는 경우에도 수신자와 메시지가 명확한 경우는 더 적다. 박형
    민, 〈1997년~2006년 유서 분석과 '소통적 자살'에 관한 연구〉, 서울대학
    교대학원 사회학과 박사논문, 2008을 참조 바람.

22 박승희정신계승사업회 홈페이지(http://cosmos91.org).

23 조영래, 전순옥 옮김,《A Single Spark: The Biography of Chun Tae-
    il》, 돌베개, 2003.

24 박승희정신계승사업회 홈페이지.

25 위와 같은 곳.

26 위와 같은 곳.

27 이창언, 〈분신자살의 구조와 메커니즘 연구 - 학생운동을 중심으로〉, 민주화운동기념사업회, 《기억과 전망》 21권, 2009, 167면.

28 이창언은 위 글의 마지막에 "순교에 대한 인식은 PD(민중민주주의 변혁론)도 크게 다르지 않았다"고 한마디를 곁들여놓았다. 알다시피 NL과 PD는 각각 1980년대 운동의 논리(조직)를 대표하는 약호인데, 이창언은 이념과 운동에의 '순교'라는 태도에서 양자가 비슷했다고 주장한 것이다. 위의 논의는 민족주의와 민중주의를 뒤섞고 있지만, 사실 이 둘은 '교리'의 내용과 그 수용 방법에 차이가 있었다.

29 물론 이는 양가적인 심성이며, NL은 '적'이나 전략적 목표를 향해서는 곧잘 다른 감정정치를 동원한다. 박찬수, 《NL현대사 - 강철서신에서 뉴라이트까지》, 인물과사상사, 2017; 임미리, 《경기동부》, 이매진, 2014 등을 참조.

30 그럼으로써 그들은 정치적으로 일원성을 가질 것을 역설적으로 요구받는다. 가부장이나 남성이 주로 그 주도 역할을 맡는다.

31 전국반외세반독재애국학생투쟁연합(애학투련)이 반외세 자주화, 반독재 민주화, 조국통일의 3대 구호를 내걸고 결성식을 하다가 경찰의 탄압에 맞서 1986년 10월 28일부터 31일까지 건국대학교 건물을 점거하고 농성을 벌였다. 무려 1525명이 연행되고 그중 1288명이 구속됐던 최대의 사건이었는데, 이 농성 투쟁의 와중에 '미군 철수', '양키 고 홈' 등의 구호가 나왔다.

32 북한이 1989년 7월 평양 세계청년학생축전을 개최하면서 조선학생위원회 명의로 전국대학생대표자협의회(전대협)에 초청장을 보내자, 전대협은 한국외국어대학교 3학년생 임수경을 남한 대표로 북한에 보냈다. 당연히 당국의 허락을 받지 않고 보냈기 때문에 큰 파문이 일었다. 특히 북한에 의해 '통일의 꽃'이라는 칭호까지 받게 된 임수경이 부모가 기자와 공직자 생활을 한 중산층 가정의 '평범한' 딸이었다는 점 때문에 남한 중산층들은 충격을 받았다.

33 박승희 부모님의 추도사 참조. 박승희 열사 추모문집 발간위원회 엮음, 《해방의 코스모스 – 박승희 열사 추모문집》, 심미안, 2011, 121-123면.

34 〈동지를 생각하며 – 병상일지〉, 박승희의 친구가 작성한 이 글은 민주화 운동기념사업회 홈페이지에 게재돼 있다(http://www.kdemo.or.kr/site/notification/event/650).

35 다큐멘터리 〈내 가슴 속의 코스모스〉에서 부모, 친구 등의 증언을 참조.

36 5월 투쟁의 열기가 식던 1991년 6월 3일, 한국외국어대학교에서 당시 국무총리 서리에 임명된 전 문교부 장관 정원식에게 학생들이 달걀, 밀가루 등을 집단으로 투척한 사건이다. 정원식은 1989년 전교조 교사 대량 해직에 앞장선 전두환 정권의 인물이었는데, 그가 달걀과 밀가루를 잔뜩 뒤집어쓴 모습과 학생들의 폭력성을 프레임화한 언론 보도 때문에 학생운동은 큰 상처를 받았다. 5월 투쟁이 일찍 패배로 종결되는 데에 이 사건이 적극적으로 활용되었다. 경찰은 이 일을 빌미로 외국어대 학생을 310명이나 잡아들였다.

37 T. W. 아도르노가 《계몽의 변증법》에서 쓴 용어법에 의거함.

38 페터 슬로터다이크, 박미애·이진우 옮김, 《냉소적 이성 비판》, 에코리브르, 2005 참조.

03 고독한 죽음들: 2000년대 이후의 노동열사

1 조돈문, 〈자유시장경제 모델로의 이행과 노무현 정권의 노동정책 – '사회통합적 노사관계'와 예정된 실패〉, 《민주사회와 정책연구》 통권 10호 (2006년 하반기), 196-197면.

2 조돈문, 위의 논문.

3 상세한 내용은 윤동수, 《당신은 나의 영혼 – 이현중·이해남 열사 평전》, 삶이보이는창, 2008.

4 이현중·이해남 열사 정신 계승사업회 다음카페(http://cafe.daum.net/fornodonghaebang/).

5 이 유서의 내용은 김민호, 〈이해남 열사, 당신은 나의 영혼입니다 – 사

람다운 삶, 노동하는 인간의 고귀함을 일깨워준 당신〉,《미디어충청》
2011.11.16에서 인용한 것이다(http://www.cmedia.or.kr/news/view
php?board=news&nid=15062).

6 〈노 대통령, "노동담화 어정쩡" 관계 장관 질타〉,《한겨레》 2003.11.5.

7 조돈문, 앞의 논문.

8 이용석 씨의 삶과 죽음에 대해서는 '이용석 노동열사 정신계승사업회' 홈
페이지(http://www.leeyongsuk.or.kr/) 참조.

9 위의 홈페이지.

10 위의 홈페이지.

11 위의 홈페이지. 이용석 평전《날개 달린 물고기》(이인휘, 삶이보이는창,
2005)에서의 표현이다.

12 〈노조 조직률 2000년 이후 최고…처음으로 '제1노총' 된 민주노총〉,《한
겨레》 2019.12.25.

13 〈비정규노동자 노조 조직률 하락세〉,《내일뉴스》 2011.10.24; 〈"제1노총
보다 노조 조직률이 더 중요하다"–임기 3년차 김명환 위원장 인터뷰〉,
《노동과 세계》, 2020.2.11.

14 현대중공업 사내하청지회, 〈살아생전의 투쟁 기록〉,《울산노동뉴스》
2011.2.14.(http://blog.daum.net/pnn518/11297215)

15 위와 같은 곳.

16 전국언론노동조합 배달호 동지 〈유서 전문〉(http://media.nodong.org/
news/articleView.html?idxno=1987).

17 〈김주익 씨 유서 전문〉,《경향신문》 2003.10.17.

18 김진숙, 〈김주익 추도사〉,《연합뉴스》 2003.11.9.

19 〈홍익대 '장기농성' 미화원에 거액 손배소〉,《연합뉴스》 2011.6.29.

20 〈철도노조 파업에 100억 배상금〉,《한겨레》 2011.3.24.

21 〈노동자 '벼랑' 내모는 손배·가압류 1000억〉,《한겨레》 2011.4.22.

22 〈'쌍용차 파업' 이번엔 110억 청구소송〉,《한겨레》 2011.2.10.

23 〈대우自 勞組 상대 손배소 불법파업피해 5億 청구〉,《경향신문》
1991.8.11.(14면) 등.

24 〈회사 측 노조 상대 손배소송 93년 이후 25건 청구〉, 《매일경제》 1995.9. 26.(39면) 등.

25 국제노동기구(ILO)에서도 노조의 파업에 대해 무분별한 손해배상 청구나 가압류를 하지 말라고 한국에 지속적으로 권고해왔다. 미카엘 라이터러 주한유럽연합대표부 대사도 2019년 1월 한국을 방문해, 노동조합의 파업에 형법상 업무방해죄를 적용해 처벌해온 관행을 개혁 대상으로 지목하는 등 "ILO 핵심협약 국회 비준과 노동관계법 및 행정 개혁"을 요구했다 한다. 오연서, 〈'노조 파괴' 손배·가압류…노조원 개인 책임부터 제한해야〉, 《한겨레》 2019.1.25.

26 김인재, 〈이명박 정부 노동정책의 평가와 과제〉, 민주주의법학연구회, 《민주법학》 50권, 2012.

27 노중기, 〈한국 노동정치와 국가 프로젝트 변동〉, 《산업노동연구》 Vol.16, No.2, 2010.

28 주로 언론에 보도된 내용을 바탕으로 만든 자료이기 때문에 일부 오류가 있을 수 있음을 양해를 구한다. 자료 정리에 도움을 준 김영일 선생에게 감사의 뜻을 전한다.

29 예컨대 이원철·하재혁, 〈비정규직과 자살생각의 관련성〉, 《대한직업환경의학회지》 제23권, 제1호, 2011.

30 윤주형 씨 자신이 어느 노동언론과의 인터뷰에서 한 말이라 한다. 〈해고노동자의 죽음, '조직도 노조도 동지도 차갑다…'〉, 《시사인》 284호, 2013.2.26.

31 위의 글.

32 〈고 윤주형 씨 동지 장례 일정 갈등, 정규직 노조, 해복투 악의적 선전〉, 《레디앙》 2013.2.1.

33 '노동열사'들 중 유서를 남기지 않는 경우도 적지 않다. 특히 급박한 투쟁현장의 분신 사건들이 그렇다.

34 〈복직투쟁 비정규직 또 목숨 끊어〉, 《한겨레》 2013.1.29.

35 윤주형 씨가 속했던 정파 조직에서는 탈퇴한 그를 비난했다 한다. 앞의 기사들 참조.

36 한병철,《피로사회》, 문학과지성사, 2012; 조주은,《기획된 가족》, 서해문 집, 2013 참조.

37 10대의 경우 2009년 자살률이 2008년보다 40.7%나 증가하면서 '자살' 이 사망 원인 1순위가 됐다. 30대 역시 2009년에 자살률이 26.9% 늘어 나, 2008년에 이어 사망 원인 1순위가 '자살'이다(〈자살률 '무서운 상승곡 선'〉,《한겨레》 2010.9.9). 2010년 20대의 자살률은 인구 10만 명당 24.4명 이다. 20대 여성의 자살률도 빠르게 증가하고 있다 한다(〈제 명에 못 죽는 20대 여성들…왜?〉,《한겨레》 2009.8.21).

38 남종석, 〈계급투쟁과 개인들의 '숭고함'〉,《레디앙》 2013.1.29.(http:// www.redian.org/archive/49601)

39 남종석, 위의 글.

2부 애도의 정치, 증오의 정치

04 노무현 애도사事/史: 한국 정치의 감정구조에 대하여

1 〈"이 죽음으로부터 자유로운 사람 없어"〉,《레디앙》 2009.5.23.(http:// www.redian.org/archive/24651)

2 최장집,《민주화 이후의 민주주의》, 부키, 2002는 노무현 정권 초기에 널 리 읽히기 시작했다. 이 책은 새로운 차원의 정당 민주주의로서 당시 '양 당'의 과잉 대표성을 고쳐야 한다는 결론을 담았다.

3 마사 C. 누스바움, 박용준 옮김,《정치적 감정 – 정의를 위해 왜 사랑이 중 요한가》, 글항아리, 2019; 은용수 편, 서울대학교 국제문제연구소,《감정 의 세계, 정치》, 사회평론아카데미, 2018.

4 이 같은 집단적 '슬픔'과 애도 현상은 역사적으로 유례가 없지 않다. 근대 이후 고종과 순종의 인산, 김구·육영수·박정희의 죽음 때도 비슷한 일이 있었다.

5 〈지지율 역전 지속…민주당 27.9% vs 한나라 24%〉,《노컷뉴스》 2009.

6.4.

6   데리다의《마르크스의 유령》에서의 '유령' 개념 등을 참고.

7   〈"친노인 나는 폐족입니다"〉,《중앙일보》 2007.12.27.

8   http://news.khan.co.kr/kh_news/khan_art_view.html?art_id=200903051906095

9   김준일 팩트체커, 〈"문재인 정치하고, 유시민 책 쓰고, 안희정 농사지어라" 사실?〉,《뉴스톱》 2018.3.6.

10   여론조사전문기관 '리서치 뷰'가 실시한 2020년 12월 정례 정치지표 조사 결과 "전현직 대통령 호감도 조사에서 박정희 전 대통령이 3년 연속 1위를 기록"했다. "31%를 얻은 박정희 전 대통령이 2018년 말부터 3회 연속 선두를 달리는 가운데 노무현(22%), 문재인(21%), 김대중(8%), 이명박(6%), 김영삼·박근혜(2%) 순으로 뒤를 이었다(무응답 8%)." 〈전현직 대통령 호감도 '박정희31%-노무현22%-문재인21%'〉,《폴리뉴스》 2021.1.2.

11   막스 베버, 이상률 옮김,《직업으로서의 정치》, 문예출판사, 2017.

12   〈노무현 전 대통령 "정치, 하지 마라"〉,《경향신문》 2009.3.5.

13   칼 슈미트, 김효전·정태호 옮김,《정치적인 것의 개념》, 살림, 2012; 성정엽, 〈칼 슈미트의 '정치적인 것'의 개념〉, 민주주의법학연구회,《민주법학》 제72호, 2020 등을 참조.

14   성정엽, 위의 논문.

15   엘리아스 카네티, 강두식·박병덕 옮김,《군중과 권력》, 바다출판사, 2010 참조.

16   이를테면 할리우드 영화와 미국 대통령의 문화 표상을 분석한 수잔 제퍼드, 이형식 옮김,《하드 바디(Hard body)》, 동문선, 2002를 참조할 만하다.

17   그 내용은 "와이프나 '입속의 혀' 같은 대통령 측근들을 조심하라"는 것이었다. 조국, 〈'팔간(八姦)'을 경계하십시오.〉,《중앙일보》 2003.2.27.

18   박신홍,《안희정과 이광재》, 메디치미디어, 2011, 218면. "이광재는 3월 강원 태영평정(태백-영월-평창-정선)에서 출마하겠다고 공식 선언했다. 이광재는 생각했다. 40대 이성계가 되는 것은 곧 나만의 땅을 갖는 것이

다. 내가 내 힘으로 땀 흘려 일굴 수 있는 땅, 내가 책임지고 가꾸고 봉사할 수 있는 땅, 내가 나만의 비전과 정책을 실현시킬 수 있는 땅."

19 〈[무언설태] 홍세화 '文, 임금 아닌 대통령으로 돌아오기 어려워'〉,《세계일보》2021.1.11.

20 이광재, 〈"노무현·문재인은 비유하면 태종…세종 시대 올 때 됐다"〉,《매일경제》2020.5.10; 〈青대변인 "태종이었던 文대통령, 남은 임기는 세종으로"〉,《중앙일보》2020.5.11; 〈문재인, "세종대왕처럼 국민과 소통하는 대통령 될 것"〉,《한국경제》2017.4.27 등 참조.

21 여론조사 기관마다 다소 다르다. 〈노 대통령 국정 지지도 5.7%로 최저치 갱신〉,《프레시안》2006.12.6 등을 참조.

22 물론 이와 반대되는 정동도 있었다(〈'盧 전 대통령 서거' 시민들 "안타깝다" VS "무책임하다"〉,《뉴시스》2009.5.23). 보수세력은 노무현의 자살을 무책임하고 어이없는 것으로 간주하기도 했다. 5월 23일《조선닷컴》의 노무현 자살에 관한 기사에서 독자들의 '찬성'을 가장 많이 받은 '덧글'은 다음과 같은 것이었다. "대한민국을 부정하고, 국민 알기를 개떡으로 알고, 헌법을 부정하고, 방정맞은 주댕이 때문에 남상국 사장을 죽음으로 몰고, 부인에 아들, 딸, 조카사위 등 모든 부정부패를 하다가 걸릴 것 같으니 이제는 자살이라…애초에 동네 통장감을 대통령으로 뽑은 국민들의 잘못이로다."

23 〈봉하마을 6일간의 기록〉,《연합뉴스》2009.5.28.

24 천정환, 〈애도의 한계와 적대에 대하여 – 무감·비공감·반애도의 매개(자)들〉, 노명우 외,《팽목항에서 불어오는 바람 – 세월호 이후 인문학의 기록》, 현실문화, 2015.

25 그래서 이는 "자살을 통해 누명을 벗고 명예를 회복하려는 동기"가 강한 이른바 '명예자살'의 일종으로 간주될 수 있다. 배상훈, 〈[배상훈 프로파일러의 범죄도시] (3) 명예자살과 불명예자살 그리고 명예살인〉,《주간경향》1269호, 2018.3.27. 한국에는 "어떤 사람이 실질적으로 범죄를 저질렀거나 그 사람이 누명을 쓸 만한 상황이 벌어졌을 때 일단 자살을 하면 그 누명이 벗겨지고 결백이 보증된다고 보는" 문화가 있다고 볼 수 있다.

26 〈NYT "이 대통령, 퇴임 직후 정치보복 당할 가능성"-"대중의 분노는 청와대와 검찰의 수상한 유착관계로 쏠리고 있다"〉,《프레시안》2009.5.25. (https://www.pressian.com/pages/articles/58727#0DKU)

27 시민 분향소는 장례 이후에도 시비 거리가 되었다. 6월 24일에는 군 출신의 극우 인사가 운영하는 '국민행동본부'라는 단체와 고엽제 전우회가 시민 분향소를 파괴하고 영정 사진을 강탈하는 일도 있었다.

28 〈'노무현 상주' 문재인, 10년 전 오늘 조문객들에게 부탁한 말〉,《한겨레》2019.5.24.

29 〈백원우 대신 MB에 사과한 문재인 "꼭 같은 마음이었다"〉,《헤럴드경제》2017.5.26.

30 정수복,〈노무현의 삶과 죽음이 한국 사회에 던지는 의미〉, 대한기독교서회,《기독교사상》53(7), 2009.7. 52–62면은 노무현이 "도덕성과 이상주의 때문에"(55면) 자살했다고 했다.

31 〈노무현 전 대통령, 유서 전문〉,《한겨레》2009.5.23.

32 〈"노풍은 광기"-이인제 부정적 입장 분명히〉,《매일신문》2002.4.26.

33 지주형,《한국 신자유주의의 기원과 형성》, 책세상, 2011 등을 참조.

34 〈고은 시인 "盧대통령의 언어는 대통령 언어 아니다"〉,《동아일보》2007.6.14. 그 외 다음을 참조. 이태동,〈위기감의 뿌리를 생각할 때〉,《동아일보》2003.5.22;〈[사설] 反엘리트주의, 反지성주의〉,《동아일보》2004.10.29; 유재천,〈'닫힌 언론관' 언제까지〉,《동아일보》2003.6.3;〈[최정호 칼럼] 허무주의 혁명의 시대?〉,《동아일보》2007.6.13.

35 노무현,《성공과 좌절 – 노무현 대통령 못다 쓴 회고록》, 학고재, 2009, 179면.

36 하지율,〈일베는 왜 노무현 투신에 열광할까? – [누리꾼 탐구생활⑫] '충(蟲)' 윤리, 자유가 아닌 '추락'을 지향한다〉,《오마이뉴스》2015.9.10.

37 예컨대 방송인 김진표는 2012년 6월 케이블 채널인 XTM에서〈탑기어 코리아〉프로그램을 진행하다가, 헬기가 추락하는 장면을 보면서 '떨어지다'라는 의미로 "운지를 하고 맙니다"라는 표현을 사용해 일부 누리꾼의 비난을 받았다. 결국 이에 대한 사과문을 발표해야 했다. 〈김진표 반성

문 게재 "'운지'가 그런 뜻인 줄은…"),《한경닷컴》스타뉴스, 2013.9.23.

38 김진국(논설주간), 〈[중앙시평] 노무현의 장사꾼 화법〉,《중앙일보》
    2013.7.6 등을 참조.

39 〈노건호, 김무성에 "전직 대통령 죽음으로 몰아" 직격탄〉,《한겨레》
    2015.5.23.

40 〈노건호 '작심 발언' 두고 SNS 반응 '극과 극'〉,《한겨레》2015.5.25.

41 〈반기문 전 총장, 퇴주잔 논란 속 김해 봉하마을 방문 뒤늦은 참배〉,《연합
    뉴스》2017.1.17.

42 인터넷서점 알라딘의 책소개(https://www.aladin.co.kr/shop/wproduct
    aspx?ItemId=56810442).

43 《내 친구 노무현》이라는 소설도 "미안합니다 정말 미안합니다"라는 장으
    로 시작한다.

44 인터넷서점 알라딘의 책소개(https://www.aladin.co.kr/shop/wproduct
    aspx?ItemId=56810442).

45 〈이명박 "노무현 죽음에 대한 정치보복"〉,《경향신문》2018.1.17; 〈문 대
    통령 "이명박 정치보복 운운에 분노"…전·현 정권 정면충돌〉,《연합뉴스》
    2018.1.18.

46 〈이낙연 '사면론' 패러독스…"이명박-박근혜 정치보복 시인하는 꼴"〉,
    《굿모닝충청》2021.1.3.

47 인터넷 교보문고 등의 책소개에서 가져온 것이다.

48 〈김두관 상임고문 '노무현정신계승연대' 만들어진다〉,《오마이뉴스》
    2021.2.1.

49 〈추미애, '노무현 영정' 꺼내자 진중권 "정략적 이익 위해 대중의 '원한' 활
    용"〉,《서울경제》2020.12.3.

05 죽음, 책임, 명예: 대한민국 공직자들의 자살

1   김홍중,《마음의 사회학》, 문학동네, 2009의 주장이다. 김홍중은 이런 '속
    물'을 지칭하는 데 '스놉(snob)'이라는 용어를 사용했다.

2   자살의 복합적 요인을 단순화하는 '이유'를 대체하는 개념으로서 '문제상황', '맥락'이라는 용어를 사용한다.

3   〈참여정부 이후 검찰 수사 중 10명 자살 – 고위층의 "자살 신드롬" 2004년 무려 5명 잇따라 목숨 끊어〉, 《노컷뉴스》 2009.5.24 등의 허다한 관련 기사가 있다.

4   〈검찰 수사 받던 피의자 5년간 33명 자살〉, 《한국일보》 2012.10.16.

5   연성진·안성훈, 《검찰 수사 중 피조사자의 자살 발생원인 및 대책 연구》, 한국형사정책연구원, 2014.

6   연성진·안성훈, 위의 보고서, 40면. 공직자 자살에 대한 연구는 거의 수행되지 않고 있다. 김영종, 〈공직자의 부패와 자살에 관한 탐색적 연구 – 공직동기(PSM)를 통한 자살예방을 중심으로〉, 한국부패학회, 《한국부패학회보》 v.22, no.1 같은 연구가 있으나 도식적인 설문 연구다.

7   〈대검 인권부, 중앙심리부검센터와 '수사 중 자살 원인 분석' 업무협약〉, 《법률신문》(lawtimes.co.kr) 2020.2.12.

8   연성진·안성훈, 앞의 보고서, 88면.

9   〈자살 공무원 유서에서 드러난 검찰의 현실〉, 《뉴시스》 2011.4.6.

10   〈자살 경산시청 공무원 폭행 의혹 검사 무혐의〉, 《매일신문》 2011.8.10. 그 외 〈경산 공무원 자살 사건 폭행 의혹 검사 무혐의 '시끌시끌'〉, 《중앙일보》 2011.8.9 참조.

11   천정환, 《자살론》, 문학동네, 2013 참조.

12   연성진·안성훈, 앞의 보고서, 13면. 그리고 이 보고서는 "자신의 고통이나 문제상황에 따른 부수적인 부담을 다른 가족이나 친지에게 전가하지 않기 위해 자살을 하는 등의 배려형 자살이나 회피형 자살, 해결형 자살", 그 외 "고발형", "비난형" 등으로 분류하기도 했다. 그러나 이 같은 분류는 상당히 '관료적 사회과학'적인 것 아닌가? 자살자들의 개별성이 그런 분류로 포착되기 어렵다.

13   〈홍준표, 노회찬 겨냥 "책임회피…자살 미화 사회 정상 아냐"〉, 《한겨레》 2018.7.29.

14   〈인간적 감수성이 부족했던 조선일보 1면 – [아침신문 솎아보기] 대다

수 신문, 노 의원 노동운동과 진보정치 궤적 짚으며 애도〉,《미디어오늘》
2018.7.24.

15 〈"문재인 재기해!" 구호 외친 혜화역 시위…일부 참석자들 "너무 나갔
다"〉,《국민일보》2018.7.7.

16 최근에 나온 케이틀린 도티, 임희근 옮김,《잘해봐야 시체가 되겠지만》,
반비, 2020; 케이틀린 도티, 임희근 옮김,《좋은 시체가 되고 싶어》, 반비,
2020 같은 책을 보라.

17 천관율,〈삶을 '갈아 넣은' 한국 진보정당사〉,《시사인》499호, 2017.4.12.

18 조현연 노회찬재단 특임이사,〈노회찬, '진보정당 영원한 조직실장' 오재
영을 만나다 ─ [노회찬 OOO를 만나다] '미완의 기록'으로 본 노회찬과
오재영〉,《프레시안》2019.3.22.

19 노회찬재단 홈페이지(http://hcroh.org) 참조.

20 6411번 버스는 서울 구로구에서 출발해 강남구 개포동까지, 서울을 가로
질러 두 시간 넘게 먼 거리를 다니는 버스다. 2012년 노회찬 의원이 진보
정의당 당 대표 수락 연설에서 언급해 세상에 회자되었다. 노회찬에 의하
면 그 먼 거리를 새벽 4시부터 다니는 6411번 버스는 첫 차부터 구로와
신도림 일대에 사는 가난한 노동자들 때문에 초만원이 된다고 한다.

21 청와대 행정관 등이 그 주요 구성원이라 한다.〈[정윤회 문건 후폭풍] '십
상시' 멤버 10명 누구?〉,《시사위크》2014.12.3.

22 〈'간첩 증거조작' 조사받던 국정원 과장 자살시도〉,《한겨레》2014.3.24.

23 〈"자살할 이유 없는 유서…국정원 정상 아니다" ─ 자살에 이어 '직원 일
동' 성명서 발표까지〉,《오마이뉴스》2015.7.21.

24 〈국정원 직원 자살, 여전히 남는 의문 3가지〉,《오마이뉴스》2015.8.10.

25 〈[데스크시각 ─ 송세영] 어느 변호사의 죽음〉,《국민일보》2017.11.8.

26 〈박범계 "검찰, 국정원 변호사 사망 의혹 반드시 밝혀내야"〉,《뉴시스》
2017.11.27.

27 〈변창훈 검사 투신 직전 아내와 함께 있었다…사건 전말은〉,《중앙일보》
2017.11.7.

28 〈고 변창훈 검사 빈소에 검찰·야당 정치인 등 조문객 줄이어(종합)〉,《연

합뉴스》 2017.11.7.

29 〈"변창훈 검사 죽음, 정말 비극적…" 끝내 눈물 흘린 윤석열〉,《오마이뉴스》 2019.7.8.

30 〈'국정원 직원 사망' 타살? 자살? 유서 내용 "먼저 떠나게 돼 가족에게 미안" 업무 관련 내용X〉,《서울경제》 2019.1.7.

31 〈중요 사건 때마다 번개탄으로 자살?…국정원 직원 '잔혹사'〉,《아주경제》 2019.1.7.

32 PD수첩팀, 〈[PD수첩 예고] 국정원에서 벌어진 일명 '하얀 방 고문'! 그 실체는?〉, MBC 뉴스, 2021.6.1.(https://imnews.imbc.com/news/2021/society/article/6217647_34873.html) 유튜브에서도 이 〈국정원과 하얀 방 고문－공작관들의 고백－PD수첩 MBC210601방송〉을 볼 수 있다(https://www.youtube.com/watch?v=jol0wma_98c).

33 〈박관천의 황당한 '권력 서열' 강의〉,《동아일보》 2015.1.8.(A4면)

34 〈최 경위 친형 "동생을 믿는다, 인간적 회의 느꼈을 것"〉,《오마이뉴스》 2014.12.15.(http://www.ohmynews.com/NWS_Web/View/at_pg.aspx?CNTN_CD=A0002063106)

35 〈故최 경위 형 "굶기고 소변금지…가혹행위 있었다"〉, CBS '김현정의 뉴스쇼', 2016.12.6.

36 〈崔경위 자살 하루 전 80대 노모 찾아가 "죄 지은 것 없으니 걱정 말라" 결백 주장〉,《동아일보》 2014.12.17; 〈['정윤회 文件' 파문] 崔경위(靑문건 유출 혐의), 영장 재청구 방침에 극단적 선택한 듯〉,《조선닷컴》 2014.12.15.

37 〈崔경위(靑문건 유출 혐의), 영장 재청구 방침에 극단적 선택한 듯〉,《조선닷컴》 2014.12.15 참조.

38 〈'청와대 문건 유출' 혐의 최 경위, 자살 장소는…가족에게 억울함 호소, 동료에 대한 배신감 등 겹쳐 극단적 선택한 듯〉,《뉴데일리》 2014.12.20.(http://www.newdaily.co.kr/news/article.html?no=228364)

39 〈故최 경위 형 "굶기고 소변 금지…가혹행위 있었다"〉, CBS '김현정의 뉴스쇼', 2016.12.6.

40 위의 기사.

41 〈[단독] "정윤회 문건 수사 때 우병우의 민정비서관실서 회유했다"〉, 《중앙일보》 2016.11.11.

42 위의 기사.

43 한국기자협회 웹진(http://journalist.or.kr/)에 실린 기사에 따르면, 최 경위는 서울경찰청장 부속실에 있을 때 몇몇 기자들과 친하게 지냈고 특히 유서에서 언급한 두 기자와 가깝게 지냈다고 했다. 〈취재원이 유서에 남긴 '잊어버린 저널리즘'〉, 한국기자협회 웹진 2014.12.16.(http://m.journalist.or.kr/m/m_article.html?no=35221)

44 〈[단독] 채널A "최경락 유서에 '조선일보에 배신감' 적었다" − "최 경위, 조선일보 기자 실명 거론해"…조선일보, "없는 단어 사용한 짜집기" 명예훼손 말라〉, 《미디어오늘》 2014.12.14.

45 〈세계일보 기자 "'정윤회 문건' 보도 후 자기검열"〉, 《뉴스1》 2017.1.12.

46 위의 기사.

47 〈법원 "세계일보 전 사장 해임은 '정윤회 보도' 靑외압 때문"〉, 《연합뉴스》 2018.5.25 등.

48 〈['정윤회 文件' 파문] 崔·韓경위, 朴경정이 만든 문건 복사 유출 의혹〉, 《조선일보》 2014.12.4.

49 〈조국이 이렇게 반격할 줄은 몰랐을 거다 − [하성태의 인사이드아웃] 태도 돌변한 언론·악플러들〉, 《오마이뉴스》 2020.10.29; 〈보수 유튜버 우종창 법정구속…"조국 명예훼손" 징역 8개월〉, 《동아일보》 2020.7.18 등을 참조.

50 〈2020년, 1월부터 12월까지 언론계 강타했던 사건은〉, 《미디어오늘》 2020.12.25.

51 〈KBS노조 "징벌적 손해배상 언론법 반대" 릴레이 시위…격려 나선 野〉, 《조선일보》 2021.8.3.

52 〈임명장 받은 김오수 "6대 중요 범죄 직접수사 최대한 절제"〉, 《한국경제》 2021.6.1 등의 기사 참조.

53 〈경찰인권센터, '최경락 경위 사건 진상 규명' 진정서 특검 제출〉, 《연합뉴

스》2016.12.30.

54 〈'심상시 문건 유출자' 故최경락 경위 사건〉, jtbc '이규연의 스포트라이트' 110회, 2017.7.27 방영분 등.

55 〈'정윤회 문건' 유출 박관천 집유·조응천 무죄 확정(종합)〉,《연합뉴스》 2021.1.14; 〈'정윤회 문건' 최초 유출자 집유 확정〉,《뉴스1》 2021.2.5.

56 〈우병우 항소심서 징역 1년…'불법사찰' 유죄·'국정농단 방조' 무죄〉, 《한겨레》 2021.2.4; 〈'국정농단' 무죄에 할 말 많은 우병우〉, MBC 뉴스, 2021.2.4 등.

57 〈[이슈시개] "우병우 변호사잖아"…여운국 임명 반대 청원〉,《노컷뉴스》 2021.1.29.

58 〈[단독] "정윤회 문건 수사 때 우병우의 민정비서관실서 회유했다"〉,《중앙일보》 2016.11.11.

59 〈"김태우 사건, 정윤회 문건과 비슷…동생 같은 억울함 없어야"〉,《중앙일보》 2018.12.26.

60 관련한 논의는 정원옥, 〈국가폭력에 의한 의문사 사건과 애도의 정치〉, 중앙대학교대학원 박사논문, 2014 등을 참조.

61 자살학에서도 이른바 '도피이론'이라는 것이 있다. 도피이론에서 자살은 혐오적인 자기인식에서 벗어나기 위한 행동이라는 관점으로 분석된다. 즉 스스로 설정한 기준과 기대에 크게 못 미치는 사건들에서 '실패'로인해 스스로 느끼는 고통이 자살의 원인이 된다는 설명이다. 자신에 대해 부정적인 평가를 할 수밖에 없는 인지적·정서적 상태에서 벗어나기위해 비합리적이고 극단적인 조치까지 수용하고, 자살을 자기와 세계에서 탈출하기 위한 노력의 궁극적인 단계로 본다는 것이다. Baumeister R. F.(1990), 〈Suicide as escape from self〉,《Psychological Review》 Vol.97, p.90-113; 고은영 외, 〈사회부과적 완벽주의와 자살사고의 관계〉,《한국심리학회지 - 상담 및 심리치료》 Vol.25, No.1, 2013, 63-68면 등 재인용.

62 다카하시 요시토모, 변은숙 옮김,《자살의 심리학 - 고독의 병》, 알마, 2007에서의 용어다.

63 천정환, 〈애도의 한계와 적대에 대하여 – 무감·비공감·반애도의 매개(자)들〉, 노명우 외, 《팽목항에서 불어오는 바람》, 현실문화, 2015 참조.

64 천정환, 〈자살을 대하는 우리의 자세〉, 《경향신문》 2018.7.30.

3부 잔혹한 사회, 취약한 인간

06 연예인의 자살과 한국 사회: 2000년대 이후의 '잔인성 체제'

1 이동연, 〈자살 권하는 사회 – 청소년과 연예인 자살의 의미계열〉, 《문화과학》 통권 제74호(2013년 여름).

2 이명원, 〈스펙터클로서의 연예인의 죽음〉, 《생명연구》 14, 2009, 111–134면.

3 국민건강보험공단 조사 결과, 2014년 9만 3천 명이었던 공황장애 진료 인원은 2018년 15만 9천 명으로 크게 늘었다. 〈연예인들만 걸린다?…일반인 공황장애 4년간 70.5%↑〉, SBS, 2019.12.24.

4 〈"완치됐다" 김장훈 앓던 공황장애, 알고 보니 많은 연예인들이…〉, 《아주경제》 2020.12.29.

5 이동연, 앞의 글.

6 〈"그녀의 죽음은 우리 세대의 패배"〉, 《시사인》 56호, 2008.10.7.

7 최진실 씨가 두 자녀를 두고 세상을 떠나면서 전남편 조성민 씨에게 자동으로 친권이 넘어가는 상황 때문에 논란을 거쳐 제정된 법이다. 이 법은 이혼 후 단독 친권자의 사망 때, 남아 있는 부 또는 모가 저절로 자녀의 친권자로 지정되는 제도를 폐지한다는 것을 핵심으로 한 것이다. 남은 부 또는 모가 저절로 친권자가 되는 대신 가정법원이 심사를 거쳐 친권자 및 미성년후견인 선정에 개입할 수 있도록 했다.

8 심우일·최강민·박우성 외, 《신데렐라 최진실, 신화의 탄생과 비극》, 문화다북스, 2015; 위키백과의 '최진실 자살' 관련 항은 최진실과 그 죽음에 관한 상세한 자료 모음이다.

9 정옥숙·이이림, 《엄마가, 미안해 그리고 사랑해》, 웅진윙스, 2011.

10 〈[우리 시대의 요정] 최진실 죽음의 內幕 – 그녀가 평소 듣기 좋아했던 말은 "아이 러브 유"〉,《월간조선》2008.11.

11 최근 '부동산 투기'의 견지에서 이 문제를 다룬 연구로 최서현, 〈한국 중산층 여성의 주택실천과 '투기화된 삶'〉, 연세대학교대학원 박사논문, 2020.

12 정옥숙·이이림, 앞의 책.

13 〈최진실 자살 직전 마지막 통화자 김 기자, '최진실의 마지막 유언' 공개 – 마지막 7분 34초 동안 세상에 꼭 전해달라던 유언〉,《퀸》222호(2008년 11월), 291–303면.

14 최진실 씨의 어머니에 의하면, 최진실 씨는 아들딸에게 다음과 같은 마지막 메모를 남겼다고 한다. "아무 말을 할 수가 없구나! / 그저 / 사랑하는 내 아들, 내 딸 / 상처받지 말기를… / 찡그리지 말기를… / 아파하지 말기를… / 울고 있지 않기를… / [체념]하지 말기를… / 사랑받고 있기를… / 사랑하고 있기를… / 그리고, 사랑할 수 있기를… / 너희들밖에는 안길 수 없는 어머니의 품을 잊지 말기를…"

15 책에는 최진실 씨가 죽기 얼마 전에 겪은 일들이 비교적 상세하게 기록되어 있다. 한국 여성에게 따라붙을 수 있는 온갖 나쁜 '소문'과, 주변으로부터의 고립까지 야기하게 된 소문의 폭력성과 이에 잘 대처하지 못한 상황이 겹쳐 있다.

16 이시림·이수현, 〈한국 아이돌, 그들은 어떻게 살아남는가? – 한국 아이돌 산업 생태계의 생존과 성공 요인〉,《미디어, 젠더&문화》34(2), 2019, 51–98면.

17 경쟁에서 탈락한 여성 '아이돌' 지망생은 고급 성매매 시장의 유혹을 받게 되기도 한다.

18 김현경, 〈아이돌을 둘러싼 젠더화된 샤덴프로이데(Schadenfreude)의 문화정치학〉,《한국언론정보학보》80(6), 2016, 115–142면.

19 〈'설리 사망 보고서' 유출한 소방공무원 1명 더 있다〉,《한겨레》2020.3.12.

20 〈연예인 사망에 마지막까지 저널리즘 내버린 언론〉,《미디어오늘》

2019.10.15.

21   위의 기사.

22   〈생전부터 사후까지…언론은 끊임없이 그녀를 괴롭혔다 – 악플 시달리
      던 유명인의 극단적 선택, 언론은 책임서 자유로울 수 있나〉, 한국기자
      협회 웹진 2019.10.23.(http://www.journalist.or.kr/news/article.html?
      no=46756)

23   〈[다시, 보기] 설리 다큐가 기획의도와 달리 실제로 보여준 것〉, 《CBS노
      컷뉴스》 2020.9.14.

24   홍숙영, 〈여배우의 몸과 권력, 그리고 저항 – SBS의 고 장자연 자필편지
      사건 관련 보도를 중심으로〉, 《한국콘텐츠학회논문지=The Journal of
      the Korea Contents Association》 v.11 no.12, 2011.

25   김지혜, 〈설리, 가장 폭력적인 곳에서 가장 전투적으로 싸웠던〉, 《경향신
      문》 2020.10.15.

26   유정화, 〈한국에서 베르테르 효과에 대한 연구 – 유명인의 자살이 일반인
      의 자살에 미치는 영향〉, 고려대학교 보건대학원 석사논문, 2008.

27   송윤주, 〈유명인 자살 보도 전후의 일반인 자살시도 양상의 비교〉, 연세
      대학교대학원 의학과 석사논문, 2011; 〈'연예인 모방자살'은 진실 – 서울
      대병원 신상도 교수팀 '자살증가율 입증' 논문 국제학술지 게재〉, 《동아일
      보》 2012.3.27. 이들은 대형병원 응급실에 내원한 자살기도자의 수를 조
      사한 것이다.

28   정나은, 〈지난 13년간의 TV방송 자살뉴스 내용분석 – 베르테르 효과와
      파파게노 효과에 주목하여〉, 한양대학교대학원 광고홍보학과 석사논문,
      2014.

29   정나은, 위의 논문.

30   〈2019 젠더 10대 뉴스 – 잇단 여성 연예인의 죽음…"사회적 타살"〉, 《여
      성신문》 2019.12.22.

31   〈故샤이니 종현 유서 공개…"우울은 날 집어삼켰다"〉, 《연합뉴스》 2017.
      12.19 등에 유서 전문이 공개돼 있다. 이 책에서는 그 일부를 인용했다.
      종현의 유서는 죽음을 작정한 자의 고독한 내면을 예민한 자의식과 명징

한 언어로 풀어냈다는 점에서, 이 책의 제1부에서 소개한 기아자동차 노조 활동가 윤주형 씨의 유서에 비견될 만한 것이다.

32 다음 기사들을 참고. 〈샤이니 종현의 죽음에 대한 정신과 의사의 한마디〉,《정신의학신문》 2017.12.20; 〈샤이니 종현 유서, 주치의는 왜⋯이럴 수가〉,《헤럴드경제》 2017.12.19; 〈김현철 정신과 의사, 故종현 주치의 비난⋯네티즌 반응은?〉, MBN, 2017.12.19.

33 〈[단독] 연예인 100여 명 얼굴 합성⋯경찰 '딥페이크 음란물' 수사 착수〉,《한국경제》 2020.4.19.

34 김곡,《관종의 시대》, 그린비, 2020의 제목이기도 하다.

35 죽음이나 질병을 V-log로 보여주는 경우도 있다. 이 경우는 조금 다른 접근을 요한다.

36 김곡, 앞의 책 참조.

37 "기획업자 또는 소속 임직원이 청소년 대중문화예술인에 대해 사회 상규에 위배되는 폭력 또는 성폭력을 행사하거나 학대를 한 경우에는 계약을 해지할 수 있"음은 물론, "방송 촬영 등 활동시간 준수에 대한 내용이 기획사와 계약서에 명문화"된다. "대중문화예술산업발전법상 선언적 성격의 청소년 연예인 용역시간 준수 의무에 대한 실효성 강화 차원"이었는데, 이 법에서 "청소년 연예인의 용역시간은 △15세 미만 주당 35시간 이내, 오후 10시~오전 6시 금지, △15세 이상 주당 40시간 이내, 오후 10시~오전 6시 금지(합의한 경우 1일 1시간, 1주일 6시간 한도 연장 가능)로 규정돼 있다." 정부, 〈[정책브리핑] "청소년 대중문화예술인 표준 부속합의서 제정"〉, 2019.3.5.

07 보이는 심연, 고착된 구조: 2010년대 이후 한국 사회의 자살과 자살 예방정책

1 이 최초 법안의 의의와 한계에 대해서는 천정환,《자살론》의 제7장 "근대 국가와 사회의 대응"을 참조.

2 박형민,《자살, 차악의 선택 - 자살의 성찰성과 소통 지향성》, 이학사,

2010을 참조.

3   법제처 국가법령정보센터(https://www.law.go.kr).

4   이런 '원인'의 역사와 그에 관한 비판도 천정환,《자살론》을 보라. 그런데 여전히 이런 통계는 사용되는 경우가 적지 않다.

5   언론의 자살 보도 태도에 대해서는 연구가 꽤 많다. 김유리, 〈자녀 살해 후 자살 사건에 대한 신문기사 분석〉, 이화여자대학교대학원 사회복지학과 석사논문, 2017; 정나은, 〈지난 13년간의 TV방송 자살뉴스 내용분석 – 베르테르 효과와 파파게노 효과에 주목하여〉, 한양대학교대학원 석사논문, 2014; 이유리, 〈자살 보도 권고기준으로 본 포털 뉴스의 유명인 자살 보도 행태 및 권고기준 준수방안 연구 – 2019년 보도를 중심으로〉, 서울대학교 보건대학원 석사논문, 2020 등을 참조. 이 중 이유리의 연구에 따르면, 자살 보도 권고기준 시행 이후 자살 보도에서 기대효과는 확인되고 있지 않으며, 오히려 권고기준을 지키지 않은 보도가 증가하고 있다. 유명인 자살 사건이 발생할 때마다 뒤따르는 자살에 대한 우려도 증가하는 상황이다.

6   법제처 국가법령정보센터(https://www.law.go.kr).

7   〈50건 넘는 '박지선 기사' 쏟아낸 조선…왜 변하지 않냐면 – 누군가의 죽음이 빨리 팔아치워야 할 미끼상품으로 전락〉,《오마이뉴스》2020.11.4.

8   〈신문윤리위, '조선일보' 박지선 유서 공개 보도에 '경고'〉,《한겨레》 2020.12.28.

9   보건복지부, 대한민국 정책브리핑(www.korea.kr), 2019.7.15.

10   〈[삶에 사표 던지는 아버지들] 자살예방 예산 文정부 218억까지 늘렸지만…日 7508억 비해 턱없이 부족〉,《서울경제》2019.3.11.

11   김근영, 〈올해 정신건강 복지예산 4065억 원…전년 대비 27% 증액〉,《마인드포스트》(http://www.mindpost.or.kr) 2021.3.17.

12   관계부처 합동,《자살예방 국가행동계획》, 2018.1.23.

13   통계청(https://kostat.go.kr),《2020년 사망율 통계》, 2020.9.30.

14   보건복지부·한국생명존중희망재단, 〈[보도자료]《2021 자살예방백서》〉, 한국생명존중희망재단(http://www.spckorea.or.kr), 2021.7.5.

15 한국생명존중희망재단 홈페이지의 '따뜻한 작별'(http://www.warmdays.
co.kr/sub.php?menukey=22).

16 "면담을 원하시는 분은 다음의 내용을 기입해주시기 바랍니다. 작성하
시는 모든 내용은 비밀이 유지됩니다"라고 중앙심리부검센터 홈페이지
에 안내되어 있다. http://www.psyauto.or.kr/sub/autopsy_04_write.
asp(2021.1.5 접속)

17 곽아름, 〈2015-2019 심리부검면담 기초분석결과〉, 중앙심리부검센터
면담운영팀, 《2020 심리부검면담 결과보고회》, 2020. 중앙심리부검센터
의 센터장은 성균관대 의대 삼성서울병원 정신건강의학과 전홍진 교수
이며, 그 팀이 조사연구한 자료다.

18 서종한·최선희·김경일, 〈심리부검 기반 자살유형 연구〉, 한국보건사회연
구원, 《보건사회연구》 제38권 제2호, 2018 같은 연구도 있으나 78건을
대상으로 한 정도다.

19 배우자, 부모, 자녀가 자살한 경우의 유가족이 각각 32.8%, 24.9%, 23.4%
선이었고 형제가 자살한 경우는 조금 적다. 실제로 어떤 계층, 어떤 상황
의 유가족이 심리부검면담을 신청하게 되는 것인지 더 깊은 조사가 필요
해 보인다.

20 전홍진은 심리부검의 "제한점"이 다음 네 가지라 했다. "정보 제공자의 인
원 수 및 고인과 관계의 불균형, 면담 당시 정보 제공자의 정신적 상태 통
제 어려움, 자살 사망과 면담 사이 시간차 유지의 어려움, 면담원의 특성
통제의 어려움". 전홍진, 〈심리부검이란 무엇인가〉, 중앙심리부검센터 면
담운영팀, 《2020 심리부검면담 결과보고회》, 2020.

21 D. Wasserman, C. Wasserman, 《Oxford Textbook of Suicidology
and Suicide Prevention: A Global Perspective》 또는 《The European
Psychiatric Association(EPA) guidance on suicide treatment and
prevention》, Published online by Cambridge University Press, 15
April 2020, D. Wasserman, Z. Rihmer et al에 나오는 그림을 저자가 변
형하고 번역한 것이다.
https://www.cambridge.org/core/journals/european-psychiatry/

article/european-psychiatric-association-epa-guidance-on-suicide-treatment-and-prevention/0B2F8E2BC1EBFB28E43EA6C2DC5E2C50에 그림의 영어 원본이 있다.

22 전홍진, 앞의 글.

23 위의 글.

24 앞의 곽아름의 자료에서는 심리부검에 임한 유가족이 "우울문제 571명(83.6%)", "불면문제 243명(35.6%)", "음주문제 262명(38.4%)"를 갖고 있다고 했다.

25 제프리 잭슨, 강동구보건소·강동구정신건강센터 등 옮김, 《SOS, 자살로 사랑하는 사람을 잃은 이들을 위한 책》, 2011.

26 이는 심리부검의 개별적 결과들을 귀납한 것인데, 사례를 나름대로 종합한 2020년의 보고에서는 이 범주는 다소 달라졌다. 즉 범주화하는 명확한 틀이 없다는 것이다.

27 중앙심리부검센터, 《2018년 심리부검면담 결과 보고서》, 2019.

28 '2020 자살예방백서' 발간(https://mdon.co.kr/mobile/article.html?no=27665).

29 여성가족부 발간 《2020년 청소년 백서》와 보도자료(http://www.mogef.go.kr/nw/enw/nw_enw_s001d.do?mid=mda700&bbtSn=708245).

30 〈청소년 자해 상담, 1년 새 3배 늘었다〉, 《한겨레》 2019.5.29. 다음의 논문들을 보면 학교급별·연령별 그 광범위함을 짐작할 수 있다. 이동귀 외, 〈청소년 자해 행동―여중생의 자살적 자해와 비(非)자살적 자해〉, 한국심리학회, 《상담 및 심리치료》 제28권 제4호, 2016; 안영신 외, 〈청소년의 비자살적 자해 행동에 관한 연구〉, 한국정서행동장애학회, 《정서·행동장애연구》, 제33권 제4호, 2017.

31 〈쉽사리 퍼지는 '자살송'…막아도 구멍 숭숭〉, 《한국일보》 2018.9.17.(14면)

32 〈청소년 자해 상담, 1년 새 3배 늘었다〉, 《한겨레》 2019.5.29.

33 중앙심리부검센터, 《2020 심리부검면담 결과보고회》 자료(http://www.psyauto.or.kr/main.asp).

34 자살과 긴밀히 연관된 아동학대와 데이트폭력 등의 범죄 또한 '친밀한 관계', 즉 가족과 연인 사이에서 빈번히 일어나고 있다. 이창무·박미랑,《왜 그들은 우리를 파괴하는가》, 메디치미디어, 2016과 박미랑의 강의 등을 참고.

35 〈'조용한 학살', 20대 여성들은 왜 점점 더 많이 목숨을 끊나〉,《한겨레》 2020.11.13.

36 통계청,《2020년 사망원인통계 결과》.

37 전국 거주 19-71세 성인 2110명을 대상으로 한 온라인 설문조사 결과다. 조사 내용은 "코로나19로 인한 두려움, 불안, 우울, 코로나19 감염에 대한 낙인, 일상생활 방해 정도, 심리적 지지 제공자, 필요한 서비스" 등이었다. 보건복지부, 〈2021년 1분기 '코로나19 국민 정신건강 실태조사' 결과 발표 보도 참고자료〉, 2021.5.6.

38 한국생명존중희망재단 홈페이지, '2019-2021년 월별 자살 사망자 수' 참조(https://spckorea-stat.or.kr/korea04.do).

39 장숙랑·백경흔, 〈청년 여성의 자살 문제(2019)〉,《사회건강연구소》 2020.3.13.(http://www.ishealth.org/bbs/board.php?bo_table=s3_1&wr_id=37)

40 반면 "가사 상태의 여성 비경제활동 인구"는 유례없이 늘었다. 여성가족부, 〈코로나-19 이후 여성고용 변화 분석 및 정책과제 모색〉, 2020.10.30 등을 보라.

41 https://www.sedaily.com/NewsVIew/1VGGKGORK2

42 박상은, 〈결혼과 비혼, 기로에 선 30대 – 비혼과 출산 포기, 자발적 선택인가 강제된 선택인가〉,《오늘보다》 2017.5.(http://todayboda.net/article/7301)

43 〈30대 남성 10명 중 7명 "결혼 원해"…여성은 68%가 "비혼"〉,《중앙일보》 2020.9.24.

44 〈강남 빌딩에서 대기업 직원 극단적 선택…타살 혐의는 없어〉,《머니투데이》 2021.2.18; 〈쇼핑몰 투신 남성 지인 청원 "어린 딸 둔 성실한 가장이었다"〉,《동아일보》 2021.1.21.

45 김경우 정신의학과 블로그, 〈남성 우울증, 남자에게 찾아온 경고 신호〉(https://m.blog.naver.com/psychiat/221541123493) 등 참조.

46 삼성서울병원 홈페이지, 〈[건강 이야기] 남성 갱년기 우울증, '은밀하게 위험하게' 온다(감수: 삼성서울병원 정신건강의학과 전홍진 교수)〉(http://www.samsunghospital.com/home/healthInfo/content/contenView.do?CONT_SRC_ID=33618&CONT_SRC=HOMEPAGE&CONT_ID=6175&CONT_CLS_CD=001027)

47 사실 이 연구 전반이 남성에 관한 조사 건수 자체가 연령대별로 30~40개 사례에 불과할 정도로 극히 적다. 연구의 한계를 드러내는 측면이다.

48 한편 신영훈, 〈실업 상태에 있는 중년의 생활사건 스트레스가 자살생각에 미치는 영향 – 무망감과 사회적 지지의 효과〉, 계명대학교대학원 박사논문, 2020은 40~65세의 실업 상태에 있는 중년 성인 400명을 설문조사하여, "중대한 생활사건 스트레스와 자살생각의 관계에서 무망감의 매개 효과"와 "일상 생활사건 스트레스와 자살생각의 관계에서도 무망감의 매개 효과" 등을 조사했다. 무망감과 지지 효과가 자살생각에 미치는 영향력을 잘 보여주는 연구다.

49 김영래, 〈성별 고용 형태에 따른 자살생각 차이 분석〉, 연세대학교 사회복지대학원 석사논문, 2017.

50 〈노인 자살률 높은 한국, "연간 노인 1000명 중 13명 자살시도"〉, 《세계일보》 2015.12.29.

51 정명희, 〈농촌 노인의 자살시도 경험〉, 이화여자대학교대학원 사회복지학과 박사논문, 2017.

52 김혜숙, 〈노인의 자살생각에 영향을 미치는 요인에 관한 연구〉, 상지대학교대학원 사회복지학과 박사논문, 2017.

53 신수민, 〈노인의 공식·비공식 자원과 자살생각의 관계에 대한 다층분석 연구〉, 연세대학교 사회복지대학원 박사논문, 2020.

54 장향미, 〈코로나 시대, 한국의 과로사와 과로자살〉, 《오마이뉴스》 2020.12.21.(대한직업환경의학회 가을학술대회, 2020.11.14 발표문을 요약한 것이다.)

55 중앙심리부검센터, 《2018년 심리부검면담 결과 보고서》, 2019.

56 가와히토 히로시, 김명희·노미애·다나카 신이치 공역, 《과로자살》, 한울, 2019와 이 책의 부록으로 실린 김명희, 〈한국의 과로자살 – 결코 낯설지 않은〉, 그리고 김현호(삼현공인노무사), 〈조속한 입법으로 직장 괴롭힘에 의한 극단적 선택 막아야〉, 《매일노동뉴스》 2018.8.7 등을 참조.

57 〈네이버 개발자 죽음의 증언…IT업계선 "바닥 좁고 학연 세다"〉, 《중앙일보》 2021.5.31.

58 〈'없어질 직업'에 매달린 우리의 노동〉, 《경향신문》, 2019.10.26.

59 〈장병규 "주 52시간제 획일적 도입은 일할 권리 막는 것"(종합)〉, 《연합뉴스》 2019.10.25.

60 〈공룡에게 먹힌 꿈, 막내작가 무한노동 – 방송국 최하층 계급 '막내작가', 계약서 한 장 없이 벌어지는 노동착취 현장〉, 《한겨레21》 제734호, 2008.11.7.

61 〈'혼술남녀' 피디였던 형이 스스로 목숨을 끊었습니다〉, 《한겨레》 2017.4.18.

62 〈폭언·모욕에 극단적 선택한 캐디에 "직장 갑질 맞지만, 법 적용 안 돼"〉, 《한겨레》 2021.2.21.

63 현재 다음과 같은 '개입'의 매뉴얼이 사용된다고 한다. 국립정신건강센터, 《정신과적 응급상황에서의 현장 대응 안내 2.0》, 2018; 연세대학교 원주산학협력단, 《응급실 기반 자살시도자 사후관리사업 매뉴얼 개발》, 2016; 중앙심리부검센터, 《애도 개입》, 2014.

64 권세원·허영혜·김혜진·송대규·정아원, 《자살예방사업 실무자 근로현황 및 정신건강》, 중앙자살예방센터, 2019.

65 보건복지부, 보도자료.

66 Ngai-Ling SUM, 〈A Cultural Political Economy of the Covid-19 Crises: Digital-Health Imaginaries and the Making of Techno-Bio-Necropolitical Capitalism〉(나일링 섬, 〈코로나19 위기의 문화정치 경제학: 디지털-보건이라는 상상과 기술-생명정치 자본주의의 형성〉), 제1회 성균 국제 문화연구 연례 포럼(The 1st Sungkyun Annual International Forum on Cultural Studies) 발표문, "포스트코로나 시대, 포스트 문화연

구"(http://www.klbksk.com/wiki/index.php/SICSForum_1st) 등을 참조.

67 권덕철 보건복지부 장관은 "그간 정신건강 문제는 우리 사회의 뿌리 깊은 편견, 사회적 관심 부족으로 인해 정책의 사각지대로 남아 있었으며 그로 인한 부담은 당사자와 가족에게 지워졌다"라며, "정신건강 문제에 대한 국가 책임과 공공성을 강화하고, 정신건강 문제에서 소외받는 국민이 없도록 노력하겠다"라고 했다. "코로나19 장기화로 국민 정신건강이 위협을 받고 있는 상황을 해소하기 위해 (중략) 기존 정신질환자를 대상으로 했던 정책을 전 국민으로 확대하고, 향후 5년간 2조 원을 투자할 계획이다." 정부의 〈복지로〉 사이트의 '복지 뉴스·이슈' 2020.11.30. (https://bokjiro.go.kr/nwel/welfareinfo/livwelnews/news/retireve NewsDetail.do?boardSid=308&dataSid=6694299)

68 위와 같은 곳.

69 정책 차원에서 자살 문제에 대한 접근은 비교적 활발하다. 다음의 논문들을 참고할 수 있다. 이상명, 〈자살예방을 위한 법정책적 개선방안〉, 한국법정책학회, 《법과 정책연구》 제18권 제1호, 2018; 이상준, 〈한국 자살예방정책의 개선방안 연구〉, 전북대학교 행정대학원 석사논문, 2019; 박영미, 〈노인장기요양보험제도가 지역 자살률에 미치는 영향 분석〉, 안동대학교대학원 박사논문, 2020; 김정수·김영래·정아원 외, 〈지방자치단체의 자살예방정책 추진 현황과 개선 방향 – 전국 지자체 자살예방계획서의 내용분석〉, 비판과대안을위한 사회복지학회, 《비판사회정책》 55, 2017.5; 전미선·한승혜, 〈서울시 지역사회기반 자살예방사업의 효과성 분석 – 자살 고위험군의 자살시도에 대한 정책의 조절효과를 중심으로〉, 서울연구원, 《서울도시연구》 제21권 제1호, 2020.3; 배인정, 〈자살예방 게이트키퍼 교육과 자살률의 상관관계에 대한 실증분석 – 지역별 비교를 중심으로〉, 서울대학교 행정대학원 석사논문, 2018.

70 조성돈, 〈자살률이 다시 증가하고 있다〉(기독교윤리실천운동 홈페이지, 2019.10.22)는 이를 '병원 중심의 자살예방정책'에서 "일반인들도 피부로 경험할 수 있는 자살예방운동"이 필요하다고 했다(https://cemk. org/14701). 배인정, 〈자살예방 게이트키퍼 교육과 자살률의 상관관계에

대한 실증분석 - 지역별 비교를 중심으로〉, 서울대학교 행정대학원 석사논문, 2018.

71 사이토 다마키, 이서연 옮김, 《사회적 우울증》, 한문화, 2012.

72 그래서 '금치산(禁治産)', '준(準)금치산'의 개념이 있고 장애인이나 어린이는 경제적 주체의 범주에서 제외되기도 한다.

73 이 허구에 대한 상세한 비판은 에바 F. 커테이, 김희강·나상원 옮김, 《돌봄 - 사랑의 노동》, 박영사, 2017을 참조.

74 한국생명존중희망재단 홈페이지(www.kfsp.org)에 소개된 재단 설립 취지는 다음과 같다. "자살예방체계 구축과 운영·지원에 중추적 역할을 담당하고, 과학적 근거에 기반한 정책 수립 지원 및 자살예방 교육·홍보, 지역사회 자살예방사업 기획 및 평가, 자살 고위험군 관리사업 등의 업무를 수행할 수 있도록 '한국생명존중희망재단'을 설립하고자 한다."

75 프랑코 '비포' 베라르디, 송섬별 옮김, 《죽음의 스펙터클 - 금융자본주의 시대의 범죄, 자살, 광기》, 반비, 2016.

76 김지연, 〈건강생성이론(salutogenesis)에 근거한 자살 기전 분석과 예방정책〉, 서울대학교 보건대학원 박사논문, 2016은 양적·질적 접근 방법을 사용하여 종합적으로 자살 문제와 자살예방정책에 대해 논한 논문이다. 이 논문은 《죽음의 스펙터클》의 입장과 비슷한 논지를 편다. 저자는 "정부의 경제적 긴급지원 서비스나 정신보건 서비스, 자살 위험군의 지속적 사례 관리, 치명적 자살수단 접근 제한, 언론보도규제정책, 의료인 대상 자살예방교육"뿐 아니라 "최상의 건강과 삶의 질을 확보하기 위한 향상 요인", 즉 "정부 수준에서 안정적 소득 지원을 위한 다양한 정책들과 포괄적 차별금지 정책, 그리고 지역사회 수준에서는 지역공동체의 부활을 위한 다양한 사례와 노력들"이 필요하다 했다. "자살을 일종의 성찰의 과정을 거치는 문제 해결 과정이라고 한다면, 위기를 극복할 수 있는 문제 해결 능력을 향상시키기 위한 다양한 저항자원에 대한 개발과 증진에 집중하는 것이 자살예방을 위한 개입 지점이 될 수 있다"는 주장이다.